Friedrich Joachim Günther

Sammlung von Musterbriefen deutscher Schriftsteller

und von Aufgaben zur Nachbildung für höhere Bildungsanstalten der weiblichen Jugend

Friedrich Joachim Günther

Sammlung von Musterbriefen deutscher Schriftsteller
und von Aufgaben zur Nachbildung für höhere Bildungsanstalten der weiblichen Jugend

ISBN/EAN: 9783743480940

Hergestellt in Europa, USA, Kanada, Australien, Japan

Cover: Foto ©Thomas Meinert / pixelio.de

Manufactured and distributed by brebook publishing software (www.brebook.com)

Friedrich Joachim Günther

Sammlung von Musterbriefen deutscher Schriftsteller

Sammlung

von

Musterbriefen

deutscher Schriftsteller

und

von Aufgaben zur Nachbildung

für

höhere Bildungsanstalten der weiblichen Jugend

von

Dr. Friedr. Joach. Günther.

Zweite Auflage.

Bleicherode.

Verlag von Eduard Ruebiger.

1865.

Brief an meine Tochter anstatt der Vorrede.

Ungeachtet Du, meine liebe Tochter, früher nach gewöhnlicher Weise Unterricht über das Briefschreiben bekommen und die einzelnen Regeln alle gelernt hast, welche in den Lehrbüchern der Rhetorik und in Briefstellern aufgestellt werden; so klagst Du doch jedesmal, wenn Du an eine Dir etwas ferner oder an eine über Dir stehende Person schreiben sollst, daß Du nicht recht wüßtest, wie Du es anfangen solltest, einen erträglichen oder gar einen guten Brief zu Stande zu bringen. Und dennoch kann ich Dir sagen, daß ich mit den Briefen, die Du bisweilen aus der Fremde und erst jüngst noch bei deiner längeren Abwesenheit aus dem elterlichen Hause an Vater oder Mutter geschrieben hast, nicht gerade unzufrieden gewesen bin. Freilich eigentliche, echte Briefe waren sie auch noch nicht. Wohl hatten sie eine Anrede, eine Einleitung, einen Körper, einen Schluß und Unterschrift und Aufschrift, d. h. es fehlte ihnen nichts von den Aeußerlichkeiten, welche den Brief von anderen Aufsätzen unterscheiden; aber wenn ich gerade den Körper ansah, so konnte ich den in der Regel ganz gut von den andern lostrennen und ihn im besten Falle für eine Erzählung oder Beschreibung ausgeben, sonst freilich nur für ein Sammelsurium zusammenhangloser Sätze, Nachrichten und Bemerkungen, er hatte also nichts Besonderes,

Eigenthümliches, nichts Briefmäßiges. Ich weiß, daß Du diesen Tadel gern hinnimmst, weil Du selber über Deine Briefe am wenigsten Freude hast; aber ich weiß auch, daß Du schon eine Entschuldigung auf der Zunge hast, gegen welche mein Tadel keine Berechtigung mehr zu haben scheint. Du willst nämlich sagen, daß Du einmal keine Anlage zum Briefschreiben habest, daß Du, je mehr Du dich quältest, je mehr Du an der Feder kautest und dich zersännest, nur desto schlechtere Früchte deines Nachsinnens erntetest, daß es also in diesem Punkte mit Dir nie was Ordentliches werden könnte. Aber weißt Du auch wohl, daß nur die feigen Schützen gleich die Flinte ins Korn werfen? Das sollst Du nicht thun, sondern vielmehr Deinen Vater erst ruhig anhören, Dir merken, was Du nach seiner Meinung beim Briefschreiben bisher versäumt hast, die Rathschläge, die er Dir geben will, ordentlich beherzigen und befolgen und Dich dann fleißig üben, wozu Dir die folgenden Bogen den sorgfältig ausgewählten Stoff darbieten wollen.

Zuerst will ich Dich an eine Thatsache erinnern, die etwas Merkwürdiges an sich hat. Du weißt, daß es Redner gegeben hat und noch gibt, welche die zu haltenden Reden mühsam vorher aufschreiben und dann wörtlich auswendig lernen, hingegen wieder andere, welche wohl vorher überlegen, was sie reden wollen, aber die Form ihrer Rede erst in dem Augenblicke, wo sie dieselbe halten, hervorbringen. Jene Redner — das wollen wir gar nicht leugnen — geben ihren Zuhörern oft wahre Meisterstücke von Beredtsamkeit, nach Form und Inhalt trefflich ausgearbeitete Vorträge, während man bei diesen nicht selten wohlgegründete Ausstellungen an Beidem machen kann. Und doch, wenn man auf die Wirksamkeit beider sieht — und diese ist natürlich stets die Hauptsache — so macht man bald die Erfahrung, daß die Redner, welche so zu sagen frei sprechen, ihre Zuhörer viel mehr fesseln, ergreifen und zu gewünschten Entschlüssen geneigt machen. Woher kommt das? Du sagst, die letzteren wären die fähigeren, geschickteren, weil sie ja im Stande wären, so ohne Weiteres dem Inhalte die entsprechende Form zu geben. Das ist aber lange nicht immer der Fall, sondern im Gegentheile, gerade unter jener ersten Klasse gibt es eine große Anzahl sehr gründlich gelehrter, wissenschaftlich tüchtiger und äußerst gewissenhafter Männer, welche in allen diesen Stücken mit den Rednern der zweiten Klasse wetteifern können, welche also wenigstens ebenso fähig und geschickt zu nennen sind. Du willst wissen, woher denn sonst die größere Wirksamkeit komme. Ich will Dir's sagen. Siehst Du, wenn der frei sprechende Redner vor die Versammlung seiner Zuhörer tritt, so hat er zuerst bloß die Absicht und das Gefühl, daß er ihnen etwas zu sagen habe. Er beginnt, er redet einige Sätze — Und siehe da, er macht mit seinen auf den Gesichtern der Zuhörer bald ruhenden, bald umherschweifenden Augen die Wahrnehmung, daß seine Zuhörer erst ihm auch etwas sagen möchten, dann durch Mienen und Geberden, durch Zeichen des Beifalls oder des Mißfallens ihm wirklich etwas sagen, und von diesem Augenblicke an fühlt er sich nicht mehr als einen einsam Sprechenden, sondern als einen in lebendigem Gespräche Begriffenen, er fängt an, die Blicke und Geberden der Versammlung in Sprache zu übersetzen und darauf, seien es Fragen, Zweifel oder sonst etwas, zu antworten, er drängt sich immer tiefer mit der Form seiner Rede in die geistige Gemeinschaft mit seinen Zuhörern ein, er tritt in ein Verhältniß der geistigen Wechselwirkung; je mehr er versteht, desto mehr wird er verstanden, je mehr er verstanden wird, desto mehr wird er begeistert, und je mehr er begeistert wird, desto tiefer bringt seine Rede zum Herzen, desto zwingender wirkt sie auf Herz und Willen der Zuhörer. Du siehst also, die wirksame Rede ist ein im Geiste des Redners gehaltenes Gespräch.

Aber, mein liebes Kind! Du mußt nicht gleich ungeduldig werden und die letzten Zeilen schon schneller und flüchtiger lefen, weil Du das noch gar nicht kommen siehst, worauf Du eigentlich begierig bist. Du willst ja lernen, was Dir noch zum Briefschreiben fehlt, und wer was lernen will, muß auch hübsch aufpassen und darf nicht vorschnell aburtheilen, ob etwas zur Sache gehört, oder nicht. Also fange nur immerhin eine halbe Seite vorher noch einmal zu lesen an und präge Dir das recht ein, was ich von der Rede sagte, daß sie ein im Geiste geführtes Gespräch des Redners mit seinen Zuhörern und, äußerlich angesehen, doch nur die Anrede eines Einzelnen an Viele sei. Und wenn Du das recht gefaßt hast, so versuche selbst, davon eine Anwendung auf den Brief zu machen. Ich behaupte nämlich, daß der gute Brief auch nichts anderes sein dürfe, als ein im Geiste geführtes Gespräch des Schreibenden mit dem abwesenden Empfänger, aber, äußerlich angesehen, nur eine Zuschrift des Einen an den Andern.

Wie kann man aber, fragst Du, ein Gespräch mit einem gänzlich Abwesenden führen? Das willst Du Dir allenfalls gefallen lassen, daß ein Redner sich die Mienen und Geberden seiner vor ihm gegenwärtigen Zuhörer ausdeute und darauf wie auf einen Einwand oder Zweifel antworte. Aber wie soll man sich ausdeuten, was ein zwanzig oder hundert Meilen entfernter Freund beim Lesen meiner ersten Briefsätze sagt oder fühlt oder mit seinen Mienen ausdrückt? Du hast darin ganz Recht, daß es nicht ebendasselbe beim Briefschreiber, wie beim Redner, ist; auch will ich darin Dir nicht Unrecht geben, wenn Du behaupten wirst, daß es für den Briefschreiber schwerer ist, ein solches Geistergespräch zu führen. Es ist schwerer, aber nicht viel; es kommt nur darauf an, sich die Sache recht deutlich zu machen. Vorweg gebe ich freilich zu, daß man an gänzlich unbekannte Personen, von denen man gar nichts, weder durch ihre Lebensstellung und ihr Wirken, noch durch Hörensagen, weiß, selten einen Brief schreiben kann, welcher jenen Anforderungen entspricht. Indessen glücklicher Weise kommt man nur sehr selten in die Lage, an solche Personen schreiben und dann einen wirklichen Gesprächs- brief schreiben zu müssen, so daß ich Dir von dieser Schwierig- keit und von den Mitteln, sie zu überwinden, hier nichts zu sagen brauche. Ja, ich kann Dir sogar versprechen, daß, wenn es Dir erst hinlänglich gelungen ist, an Deine nächsten Freundinnen einen richtigen, wirklichen Brief zu schreiben, und wenn Du dann, auf Grund der in der folgenden Sammlung gestellten Aufgaben, auch einige Uebung gehabt hast, an s. g. gedachte Personen Dich brieflich zu wenden, Du auch vor einer solchen Aufgabe, mit einem Dir wildfremden Menschen brief- lich zu reden, nicht allzu sehr zurückschrecken würdest. Doch das jetzt bei Seite! Ich will Dir's hier an einem Beispiele darlegen, wie man einen Gesprächsbrief zu Stande bringt.

Du bist jüngst vier Wochen auf dem Lande gewesen, bei meinem lieben Freunde, dem Pastor Trautmann, und hast besondere Freude an dessen ältesten Tochter, der Dir etwa gleichaltrigen Auguste, gehabt. Du möchtest mit dieser in einen Briefwechsel kommen und hast Deinen Wunsch auch ihr schon zu erkennen gegeben. Mir ist nun für Deine eigene Ausbildung im Briefschreiben nichts lieber, als eine solche Ge- legenheit, wirkliche Briefe in einem gewissen regelmäßigen Turnus schreiben zu müssen. Du weißt, daß ich vor länger als einem Viertel Jahrhundert Lehrer an einer höheren Töchter- schule gewesen bin. Da wünschten meine Schülerinnen auch, recht fertige Briefschreiberinnen zu werden. Ich gab ihnen Veranlassung dazu, ließ nach eigener Wahl je zwei zu einem Briefwechsel zusammentreten, gab jedem Paare ein starkes Schreibheft, bestimmte ungefähr den Stoff für den ersten Brief, setzte fest, daß jeden Montag und Donnerstag die Bücher an die Adressatin abgegeben werden müßten, und er- mahnte zu möglichster Offenherzigkeit und Ungezwungenheit. Alle Monate ließ ich mir die Bücher geben, las sie durch, bemerkte mir auf einem Zettel, was ich jedem Paare oder

jeder einzelnen zu sagen hatte, machte mir dazu auch solche
charakteristische Andeutungen, daß ich bei der Beurtheilung
niemals den Namen zu nennen brauchte, sondern daß alles,
was ich sagte, nur für die Betroffenen verständlich war, und
sagte nun eine Stunde lang jeder die Wahrheit, manchmal,
wie Du Dir vorstellen kannst, recht bittere Wahrheit. Aber
dessenungeachtet war diese Briefgerichtsstunde stets die größte
Freude für meine Schülerinnen. Es mochte allerdings dies
dazu beitragen, daß sie die Stunde über von dem Reize der
Neugierde geprickelt wurden, daß sie gern in das von mir
streng gewahrte und möglichst verschleierte Namensgeheimniß
eindringen wollten; aber auch außerdem wirkte die von mir
benutzte Gelegenheit, jeder etwas für ihre Gemüthsveredlung
Wichtiges und Nothwendiges zu sagen und die Menge von
praktischen Regeln für das Briefschreiben, die sich auf Anlaß der vorliegenden ganz ungesucht darboten, anziehend und
belebend auf die Klasse. Ich kann Dir sagen, daß die
Mädchen innerhalb eines einzigen Jahres außerordentliche
Fortschritte im Briefschreiben gemacht hatten. Ich kenne
also, wie Du siehst, das Briefschreiben aus dem wirklichen
Leben heraus in seiner vortrefflichen Bildungskraft aus Erfahrung und wünsche darum recht sehr, daß Du die Dir
hier dargebotene Gelegenheit mit beiden Händen ergreifst.

Ja so, ich wollte ja mit Dir den ersten Brief be-
sprechen, den Du an Deine Freundin schreiben willst, und
komme da auf alte, halbvergessene Geschichten aus meinem
Schulmeisterleben! Denke nur nicht, daß das Alter ge-
schwätzig sei — für diese Eigenschaft fehlt mir doch noch das
dritte Viertel Jahrhundert — nein, ich wollte Dich nur
recht elftig machen, bei dem, was ich Dir bei Deinem Verlangen nach einem Briefwechsel in dem Folgenden über den
ersten Brief sagen will, aufmerksam zuzuhören.

Worüber? wem? zu welchem Zwecke? Das sind
die ersten Fragen, welche Du Dir vorzulegen hast. Numero

Eins ist bald gesagt: über die Freuden, welche Du bei
Trautmann's genossen hast und über den Dank, den Du
ihnen dafür schuldig bist. Zweitens: wem? Willst Du bloß
an Augusten schreiben? Dann müßtest Du ihr den Dank
an ihre Eltern auftragen. Das geht nicht. Also an die
Eltern? Aber Du willst ja einen Briefwechsel mit der
Freundin anspinnen. Also an alle Drei? Aber warum
denn die kleine Minna dann ausschließen? Nun denn an
die ganze Familie? So recht! Aber mit welchem Gedanken
sollen wir anfangen? Man muß bescheiden sein und niemals meinen, daß man mit seiner Person oder mit einem
Briefe, der von derselben ausgeht, den anderen Freude mache.
Denke lieber an Deine unangenehmen Eigenschaften, welche
Du bei Deinem Dortsein schwerlich ganz hast verstecken
können! Du bist heftig, Du hast zuweilen üble Launen.
Und wenn Du darauf siehst, meinst Du, daß Trautmann's
Dein so schnelles Wiederkommen, wenn auch in einem Briefe,
gern sehen werden? Dieser Zweifel gebe den ersten Gedan-
ken! Ich schreibe also in Deinem Namen:

„Kaum hat die heftige Anna von Ihnen, Herr Pastor
und liebe Frau Pastorin! Abschied genommen, kaum
bist Du, geduldigste aller Freundinnen! nachdem Du
so manches von den übeln Launen Deines Gastes zu
leiden gehabt hast, Deines Lebens wieder froh geworden und kaum hast Du, fröhliche Minna, wieder
angefangen, Deine Tauben selbst zu füttern: da kommt
der Störefried schon wieder und will die Unruhe von
vorn anfangen.“

Nun halt! Ueberlege, was Dir die Angeredeten auf
diesen Satz antworten würden, wenn Du vor ihnen stündest.
Gut, sie sind höflich gegen Dich und sprechen Dir ihre
Freude aus. Hier merke denn gleich auf den wichtigen Unterschied des Briefgesprächs vom wirklichen; in diesem haben
die höflichen Redensarten ihren Platz, in jenem herrscht die

Wahrheit und Aufrichtigkeit. Ich vermuthe, die Leute möchten beinahe zustimmen und sich unangenehm verwundern, daß Du schon wieder kämest. Und wenn sie das thun, was wirst Du ihnen darauf erwidern, was ihnen gleichsam zum Troste sagen? Ich fahre für Dich fort:

„Glücklicher Weise ist er's aber nicht selbst, sondern nur sein Geist, der diesmal durch einen Brief sich bei Ihnen einführt. Und dem werden Sie vielleicht eher ein freundliches Willkommen zurufen."

Es wird zugestimmt. Aber was will denn nun der Geist? Er will für genossene Freuden danken. Bloß jetzt und erst heute? Der Geist hätte ja das sogleich, die ganze Zeit her thun können. Ja wohl, das hat er auch gethan; darum schreiben wir weiter:

„Aber mein Geist ist nicht bloß erst heute bei Ihnen; er erscheint Ihnen nur jetzt zum ersten Male. Wie sollte ich nicht das schöne Leben, welches ich durch Ihre Güte vier Wochen lang genossen habe, im Geiste immer fortgesetzt haben, wie nicht Tag für Tag mit meinen Gedanken bei Ihnen gewesen sein, da ich noch niemals in so kurzer Zeit gleich viel Freude empfunden habe?

Das ist eine bloße Versicherung, in diese kann man Zweifel setzen. Was willst Du anführen, um den Zweifel zurückzuhalten? Die ganze Geschichte Deines Aufenthalts kannst Du doch nicht erzählen; das wäre langweilig. Also suche einige schönste Momente heraus, womöglich so, daß darin eine Beziehung auf jedes einzelne Familienglied gefunden werden kann; denn Du mußt doch die Absicht haben, durch Deinen Dankbrief den Empfängern auch Freude zu machen. Nimm in Deiner Erinnerung die Tage durch und suche für jeden aus, was er als etwas ansehen kann, wodurch er Dich erfreut hat. Die Reihenfolge richtet sich dabei nicht nach den Personen, sondern nach den Tageszeiten und

Sachen. Nun Morgens? Da hast Du mit Minna die
Tauben gefüttert und ihrer Hühnerfamilie zugesehen. Dann
hast Du mit Augusten die Küche besorgt. Wer war denn
von Euch die beste Köchin? Gut! Ihr habt beide was von
einander und von der Frau Pastorin gelernt. Und Nachmittags? Da saßet Ihr mit der Frau Pastorin in der Garten-
laube und sie erzählte Euch schöne Geschichten aus ihrem
erfahrungsreichen Leben. Abends aber hat Euch mein lieber
Freund mit seiner so ausbrucksfähigen Stimme vorgelesen;
Du hast ja selbst gerühmt, daß Du Göthe's Hermann und
Dorothea bisher gar nicht für so schön gehalten hättest, als
nachdem Du es dort habest vorlesen hören. Versuchen wir
also, das zu dem beabsichtigten Zwecke zusammenzustellen!

„Wenn ich früh aufgestanden bin, so will ich immer
gleich auf den Hof hinuntereilen und schnell machen,
damit mir die flinke Minna nicht zuvorkomme und das
Taubenvolk allein füttere, und wie oft habe ich schon
nach der Tasche gegriffen, um hervorzuholen, was ich
Abends vorher für den stolzen Hahn aufgehoben hatte!
Und wenn ich hier vor dem Herde stehe und den Töpfen
nachsehe, dann habe ich schon ein paarmal mich laut
fragen hören: „Auguste! Wollen wir nicht heute mal
wieder einen neuen Kochversuch machen und von der
Mutter uns ausschmälen, vom Vater auslachen lassen?"
Vollends Nachmittags, wenn ich hier meine wilden
Brüder bei ihren Arbeiten beaufsichtigen muß, wie oft
habe ich mir da schon die schönsten der Geschichten,
welche Sie, liebe Frau Pastorin! uns so lebendig er-
zählten, wieder im Geiste nacherzählt und aufs Neue
mich an ihnen erfreut! Und wer hat mir denn „Hermann und Dorothea" zum Lieblingsbuche gemacht?
Nun, ich habe wenigstens in den bisherigen Abenden
hier nichts weiter vorgenommen, als darin zu lesen

und zu genießen und dabei mich in Ihren lieblichen Familienkreis zurückzuträumen."

Jetzt kann der Dank ausgesprochen werden. Das geschehe kurz und ohne viele Redensarten; denn die lebhafte Erinnerung, welche die letzten Sätze darstellen, sind eigentlich schon Danks genug, ja der beste Dank, den man lieben Leuten sagen kann. Was werden nämlich die Empfänger des Briefes auf jene Schilderung erwidern? Etwa dies, daß es von Dir doch hübsch sei, so deutlich zu sagen, wie sehr es Dir bei ihnen gefallen habe. Das ist aber der beste Dank, den man von jemanden empfangen kann. Also etwa so:

„Nehmen Sie alle darum meinen innigsten Dank freundlich an, Dank für die viele Liebe, welche Sie mir erzeigt, für die viele Nachsicht, mit welcher Sie meine Fehler getragen, für die mancherlei Unbequemlichkeiten, die Sie sich meinetwegen auferlegt haben!"

Der erste Theil des Briefes wäre fertig. Du hast allen etwas gesagt. Dein anderer Zweck ist aber, Augusten zu einem Briefwechsel zu bestimmen. Ich habe Dich schon darauf aufmerksam gemacht, daß der beste Briefwechsel der sei, welcher ganz natürlich und wie von selbst entsteht. Dazu willst Du nun eine gute Veranlassung geben. Du hast gleich nach Deiner Rückkehr von der Mutter Occhi machen lernen und hast auf ihren Rath ein Dutzend Ellen angefertigt, um sie Deiner Freundin zu schenken. Das sage ihr. Darauf wird sie wohl oder übel antworten müssen, Du thust's auch wieder und wenn Ihr sonst zu einander passet und wenn die Briefe der einen für die andere nicht gar zu langweilig sind: so ist der Briefwechsel im Gange. Den Stoff — darüber sei ganz ruhig — wird schon ein Brief dem andern geben, wenigstens so lange die Lust zum Schreiben lebendig bleibt. Ueberlege nun, wie Du Dein kleines Geschenk recht zart anbringen mögest. Nehmen ist leicht; aber Geben ist

nicht bloß seliger, sondern in den allermeisten Fällen auch
schwerer. Ich glaube, wenn Du recht aufrichtig bist, wirst
Du's am besten angreifen. Was meinst Du zu folgender
Fortsetzung?

„Nun mit Dir, liebe Auguste! ein Wort besonders.
Du magst Dich wohl schon gewundert haben, daß ich
erst heute schreibe, da ich doch beim Abschiede von
„sogleich" gesprochen hatte. Aber ich will Dir den
Grund sagen. Nachdem ich meiner guten Mutter das
Wichtigste und Schönste von meinem Aufenthalte bei
Euch erzählt hatte, sagte ich ihr, daß ich Dir gern
eine kleine Freude machen möchte, aber eine, die wohl
Arbeit kosten könnte, nur nicht viel Geld (nicht wahr,
ich brauche vor Dir nicht zu erröthen, wenn ich die
Ebbe in meiner Sparbüchse eingestehe?). Da erwiderte
sie: „Ja, wenn du nun Occhi machen gelernt hättest,
da könntest du bald zu etwas kommen, was deine
Freundin vielleicht noch nicht kennt und was ihr einen
kleinen Nutzen und einige Freude gewähren würde." Ich
muß Dir nämlich bemerken, daß ich früher schon diese
kleine Handarbeit habe lernen sollen, aber zu ungeduldig war und, als sie nicht sofort gelingen wollte,
bestimmt erklärte, das könne und wolle ich nicht lernen.
Etwas kleinlaut fragte ich nun die Mutter, ob sie nicht
noch einmal einen Versuch mit mir machen und mir's
lehren wolle. Sie war gern bereit und ich fing an.
Ein paarmal war ich allerdings wieder drauf und dran,
das Schiffchen fortzuwerfen; aber ich dachte an Deine
von mir oft bewunderte Tapferkeit in der Selbstüber-
windung und bezwang meine Heftigkeit und siehe da!
— lernte das allerliebste Kunststückchen in Einem Nach-
mittage. Und da ich's gelernt hatte, wollte ich auch
nicht eher aufhören, als bis ich wenigstens ein ordent-

liches Stück fertig hätte und wollte, wie Du Dir jetzt
leicht erklären kannst, auch nicht eher schreiben.

Ich will erst einmal hier innehalten und Dich, liebe
Tochter! erstens fragen, ob Du wohl die Stellen in diesem
Stück auffinden magst, aus denen wieder etwas Gesprächar=
tiges des Briefs zu ersehen ist; zweitens aber muß ich Dich
fragen, ob Deine Freundin etwas neugierig ist und ob ihr
die s. g. Occhi noch unbekannt sein werden. Du bejahest
Beides. In diesem Falle ist zu vermuthen, daß sie nach
dieser Briefstelle, da sie vielleicht nicht einmal weiß, daß
Occhi „Augen“ bezeichnet, das Paket öffnet und zusieht, was
darin enthalten sei. Auch hierauf muß ein guter Gesprächs=
brief Bezug nehmen. Wir setzen somit voraus, daß sie jetzt
Deine „Augen“ auf dem Tische liegen habe und nun weiter
lesen wolle. Darum kann es so weiter heißen:

„Du findest Dich vielleicht in Deinen Erwartungen
getäuscht, indem Du bald erkennst, daß man das Ge=
nestele da zu nichts anderm gebrauchen kann, als zu
einem leichten Besatz. Allein ich möchte doch nicht,
daß Du ganz so verächtlich davon hieltest; denn es ist
noch etwas darin, was man nicht so auf den ersten
Blick erkennen kann. Bei jedem Zuge des Fadens ist
auch mein Herz gezogen worden. Wohin denn? Das
werde ich Dir nicht eher sagen, als bis ich gewiß
weiß, daß auch Du noch meiner gedenkst und dann
und wann mich zu Dir zurückgewünscht hast.“

Willst Du jetzt noch um einen Brief bitten? Eigentlich
wär's nicht nöthig; denn ich müßte mich in Deiner Freundin
sehr irren, wenn ich nicht annehmen dürfte, daß sie bald
nach Empfang dieses Briefes ihren Dank für Deine kleine
Arbeit aussprechen und Dir Deinen Zweifel lösen würde.
Aber da Ihr, wie Du sagst, einmal bestimmt verab=
redet habt, euch alle vierzehn Tage zu schreiben; so darf

auch dies noch mit einer dem Vorigen entsprechenden Wendung gesagt werden:

„Du darfst also, liebe Auguste! aus dieser Verzögerung meines Briefes nicht den übeln Schluß ziehen, daß ich mich nicht gar besonders nach dem Anfange unseres verabredeten Briefwechsels gesehnt hätte. Ich freue mich vielmehr ganz außerordentlich darauf, und mir gefällt bloß das Eine daran nicht, daß wir zum Schreiben und Antworten die kleine Ewigkeit von vierzehn Tagen festgesetzt haben. Freilich habe ich selbst zuerst vierzehn Tage warten lassen; aber Du weißt doch warum, und brauchst doch in diesem Punkte mir nicht nachzuahmen. Oder wolltest Du grausam sein und sogar hiebei zeigen, daß Dein Geduldsfaden um vieles, vieles länger ist, a's der meinige? Vergilt nicht Böses mit Bösem!“

Endlich zum Schluß! Was hast Du noch zu sagen? Du weißt nichts mehr. Ei, ei! Glaubst Du nicht, daß die lieben Pastorsleute auch gern wissen möchten, wie's hier bei uns im Hause stehe? Und willst Du nicht von uns Grüße bestellen? Du kannst doch auch nicht so bloß von Augusten Abschied nehmen, Du mußt doch noch einmal auf den Anfang zurückkommen und die übrigen Leser Deines Briefs noch einmal anreden. Ich denke, das wollen wir so thun:

„Bei uns im Hause habe ich bei meiner Rückkehr Gottlob alle gesund angetroffen, und es geht auch alles in dem alten ruhigen Geleise fort, wie ich dasselbe namentlich Ihnen, lieber Herr Pastor, oft habe beschreiben müssen. Vater gibt wöchentlich seine vierzig Unterrichtsstunden und schreibt jährlich für den Druck; Mutter besorgt ihr mühereiches Hauswesen, hat aber meiner Schwester schon Auftrag gegeben, für Sie, liebe Frau Pastorin? Ihrem deßfalls geäußerten Wunsche gemäß, die von ihr gesammelten Recepte zu Nationalgerichten abzuschreiben; Schwester spielt fleißig Klavier und singt gern; mein ältester Bruder gibt gute Nachrichten von der Schule und die beiden jüngsten tollen viel herum und können's gar nicht erwarten, bis sie Deine Hühner und Tauben, liebe Minna! zu sehen kriegen und mit Dir spielen können. Alle Lieben haben mir die herzlichsten Grüße an Sie aufgetragen und ich wollte, ich hätte schon aus ihrem lieben Hause den freundlichen Gegengruß und könnte Ihnen bald wieder sagen, wie sehr ich bin und bleibe Ihre dankbare 2c."

Du hast schon wieder eine Frage auf den Lippen! Da Du an alle Familienglieder geschrieben habest, so wissest Du nicht, meinst Du, an wen Du den Brief adressiren solltest. Nun überlege: wenn Dein Bruder an seine Eltern beide schreibt, dann macht er die Aufschrift an den Vater, und als Du von Trautmann's an uns beide schriebst, so richtetest Du Deinen Brief an die liebe Mutter. So ist's in der Ordnung. Daraus kannst Du aber auch abnehmen, an wen Du diesen Brief zu adressiren habest. Freilich an die Frau Pastorin; denn er betrifft nicht bloß reine Privat- und Familiensachen und das Centrum der Familie ist die Frau, der Mann das Haupt, sondern es könnte auch ein Schein von Anmaßung darin gefunden werden, wenn Du Dein Geschreibsel an den Mann richten und ihn dadurch veranlassen wolltest, einen Brief, von welchem er höchstens gelegentlich Kenntniß nehmen wird, selbst zu lesen und dann erst an seine richtige Adresse abzugeben.

Du wirst nun, liebe Tochter! eine ungefähre Vorstellung davon bekommen haben, was ich meinte, wenn ich den Brief ein im Geiste geführtes Gespräch des Briefschreibers mit dem Empfänger nannte. Du merkst auch wohl, daß dazu eine lebhafte Phantasie gehört, und daß, je besser man sich im Geiste zu dem Empfänger hinzuversetzen versteht, je deutlicher man sich alle seine Eigenthümlichkeiten vorstellen kann, je beffer man feinen Charakter kennt, defto natürlicher und lebendiger auch das Seelengespräch ausfallen muß. Wie sehr es auf alles dieses ankomme, kannst Du aufs Deutlichste erkennen, wenn Du denjenigen Brief in der nachfolgenden Sammlung liefest, welcher über einen ganz ähnlichen Inhalt und zu gleichem Zwecke geschrieben ist, ich meine Nro. 21, den Brief des Dichters Göthe an Schönkopf. Freilich verfteht der Dichter es viel beffer, sich die Empfänger feines Briefes im Geiste gegenwärtig zu machen, als wir und darum darf Dich's nicht verwundern, daß fein Brief beffer ausgefallen ist und noch weit mehr ein echter Gesprächsbrief genannt werden kann, als der unsere. Aber merken kannst Du aus diesem und aus den anderen Briefen, wie man's überhaupt angreifen müffe, einen guten Brief schreiben zu lernen.

Und das führt mich auf die Rathschläge, welche ich Dir zur Benutzung der folgenden Sammlung zu ertheilen habe. Sie soll Dir erstens ein Lefebuch überhaupt sein. Du wirst manches recht Anziehende darin finden, namentlich manche angenehme Ergänzung Deiner literaturgeschichtlichen Kenntniffe. Es wird Dir auch manches darin aufstoßen, was Du nicht verstehst; gut, das streiche Dir an und frage mich danach. Die Sammlung soll Dir aber auch zweitens ein Aufgaben- und Musterbuch fein. Du siehst, daß unter jedem der darin stehenden Briefe eine oder mehrere Aufgaben angedeutet sind. Diese sind alle für Dich. Du sollst sie nicht nach der Reihe von Nr. 1. an löfen, sondern theils nach eigener Luft und Auswahl, theils nach Vorschrift. Du willst wiffen, wie Du das anzufangen habest, Aufgabe und Muster zusammenzubringen? So nicht, wie Du meinst, daß Du bloß das Muster zu lefen und dann die Aufgabe zu bearbeiten hätteft! Nein! Vielmehr fieh Dir einmal die Aufgabe zu Nro. 21 an! Du weißt schon, daß wir diese Aufgabe vorhin zusammen besprochen und ausgeführt haben.

Nun stelle Dir aber vor, diese Aufgabe wäre Dir ohne alle Beziehung zu Deiner Wirklichkeit gestellt worden. Was würdest Du da thun? Zuerst mußt Du den betreffenden Musterbrief durchlesen, dann mußt Du die wichtigen Gedanken seines Inhalts kurz aufschreiben. Das würden hier etwa folgende sein:

Anrede. Begrüßung. Entschuldigungen wegen der Verzögerung des Briefs und wegen der Unterlassung des Abschieds. Dank für erwiesene Freundlichkeit und Freundschaft. Sehnsucht nach den Freunden. Befinden der eigenen Person und der nächsten Angehörigen. Nachricht über ausgeführte Aufträge und Bitte um Fortsetzung derselben. Bitte um baldige Antwort. Grüße. Schluß.

Ganz ebenso kannst Du ja Deinen Brief nicht abfassen. Du hast mithin zu überlegen, was von jenem Inhalt Du nicht brauchen kannst. Du hast nicht wegen unterlassenen Abschiedes um Verzeihung zu bitten, Du hast keine Aufträge bekommen und brauchst nicht um neue zu bitten. Das lässest Du weg. Aber alles andere paßt auch für Deinen Brief. Weiter aber entsteht die Frage, ob Du Deine ähnlichen Gedanken auch in derselben Ordnung darstellen magst, wie die im Musterbriefe ist. Du erinnerst dich, daß wir vorhin eine andere gewählt haben. Wir konnten überlegen, wie wir wohl am besten anzuordnen hätten; der Dichter gibt aber einen flüchtigen Wurf seiner Phantasie, und da kann selbst Unordnung eine große Schönheit sein. Von unserer Unordnung würde man das nicht sagen! Und wenn Du nun endlich die Reihenfolge der Gedanken, deutlich unter einander geschrieben, vor Dir hast, dann beginnt die Thätigkeit der Phantasie. Du stellst Dir den Empfänger oder die Empfängerin Deines Briefes vor; aber nicht etwa bloß so im Allgemeinen, daß es ein Regierungsrath oder eine Amtmannstochter oder eine Lehrerin oder dergleichen sei, sondern Du

suchst Dir im Kreise Deiner Bekannten eine ganz bestimmte
Person aus, malst Dir sie möglichst deutlich mit allen ihren
Eigenthümlichkeiten vor die Seele und thust dann, als ob Du
an Herrn L. R. Folber, an Frau Amtmännin Krause, an
Therese Ebert u. s. w., die Du ja alle gut kennst, das in
der Aufgabe Verlangte schreiben wolltest. Nur dadurch, daß
Du immer eine bestimmte wirkliche Person Deiner Bekanntschaft vor Dir zu haben glaubst oder haben willst, wird es
möglich, ein rechtes Geistergespräch zu führen und den Ton
der Darstellung nicht bloß zu treffen, sondern auch durch
den ganzen Brief durch zu halten. Bist Du so weit mit
allen Vorbereitungen fertig, dann lege Dein Blättchen mit
der Disposition, die Du ja nun so ziemlich im Kopfe haben
wirst, bei Seite und schreib und schreib und höre nicht eher
auf, als bis Du ganz fertig bist. Stockt's einmal beim
Schreiben, so frage Dich nur schnell, was der Empfänger
zu dem zuletzt Geschriebenen sagen würde, antworte ihm
darauf und — das wirst Du dann jedesmal können —
schreib weiter! Bist Du so mit dem Entwurfe fertig, so
lies ihn still für Dich durch und prüfe, ob Du alle in der
Disposition vorgeschriebenen Punkte darin behandelt hast und
ergänze das Ausgelassene. Dann aber laß Deinen Brief
liegen, wenigstens bis zum andern Tage, und nun erst lies
Dir ihn laut und langsam vor, damit Du hörest, was un-
klar, holperig, schwerfällig, übelklingend u. s. w. gesagt ist,
und ändere es sogleich ab; kurz, feile Deinen Entwurf gründlich aus. Jetzt erst und endlich schreib ihn ins Reine und
bringe ihn mir zur Durchsicht und Verbesserung!

Das wird Dir sauer werden? Das will ich gern
glauben. Aber ohne Mühe erwirbt man auch nichts Ordentliches. Und Deinem Vater ist's auch nicht leicht geworden,
aus den verschiedensten deutschen Schriftstellern hundert Briefe,
die gerade für Dich und andere junge Mädchen passende
Musterbriefe abgeben können, zusammenzusuchen und zu jedem

gerade die Aufgabe hinzuzufügen, welche sich am leichtesten
und nützlichsten danach bearbeiten läßt. Aber ich will gern
diese Mühe auf mich genommen haben, wenn Du aus Begierde, einen guten Brief schreiben zu lernen, recht viele
Aufgaben mit gehöriger Sorgfalt bearbeitest. Thu's nur ein
Jahr lang so, wie ich Dir gerathen habe, schreib jede Woche
einen der geforderten Briefe und ich verspreche Dir, daß
Du über's Jahr schon selbst einige Freude, nicht bloß am
Schreiben, sondern auch an Deinen eigenen Briefen haben
wirst. Und das weißt Du doch, wer dann noch eine weit
größere Freude darüber empfinden wird?

Barby, den 6. Mai 1864.

Dein

Vater.

Inhalt.

Reise in einer Landkutsche.

Gellert an Frau R.

Madame!

Freuen Sie sich! Ich bin entsetzlich für meinen Eigensinn bestraft worden. Dasmal auf einer Landkutsche gefahren und nimmermehr wieder! Sie haben mir dafür, daß ich mich nicht erbitten lassen wollte, noch einen Tag länger bei Ihnen zu bleiben und die Post zu erwarten, unmöglich so viel Böses wünschen können, als mir auf meiner Rückreise begegnet ist. Ueber sechs Meilen habe ich zwei Tage auf der Kutsche und eine Nacht in der Schenke zubringen müssen. Werden Sie das wohl glauben? Den linken Arm trage ich in einer Binde, und ich wäre sehr glücklich, wenn ich den Kopf auch in einer tragen könnte, so zerschlagen ist er mir. Ich habe binnen acht Tagen noch nicht ein vernünftiges Wort denken können, und wer weiß, ob ich's jemals wieder lerne. Das hätte noch gefehlt! Doch die Beschwerlichkeiten des Fuhrwerks sind immer noch das Wenigste, wenn ich an meine Reisegefährten denke. Stellen Sie sich einmal vor, wie ich in einem schwer bepackten Wagen nebst drei Personen unter einem blauen Tuche, darunter man hätte ersticken mögen, eingeschlossen sitze. Ich will Ihnen diese Leute auf die Art bekannt machen, wie ich sie habe kennen lernen. Ein bejahrter Mann mit einem hagern Gesichte, das völlig ein Dreieck ausmachte, mit ein Paar kleinen pechschwarzen Augen, mit einer Nase, die ganz über seinen Knebelbart herunter hing; kurz, ein Mann mit einer gelben Perücke, in einem grünen Rocke, in einer ledernen Weste, mit einem schwarzen Degengehenke umgürtet, die blauen Strümpfe nicht zu vergessen, war mein Nachbar. Ich sah ihn anfangs für einen Zahnarzt an, und hielt den Mund fest zu, damit er nicht etwa mitten im Fahren seine Kunst an mir probiren möchte. Indem ich die übrigen Gesichter aufsuchen will, so stößt er mich ziemlich freundlich in die Seite und präsentirt mir seine bleierne Schnupftabaksdose. „Mit Verlaub, fing er an, wo wollen Sie hin? Ich antwortete ihm kurz: nach Leipzig, und machte ihm eine finstere Miene, weil ich nicht mit ihm reden wollte. Aber je finsterer ich aussah, desto mehr gewann er mich lieb. „Ich dachte, fuhr er fort, Sie wollten etwan übermorgen der Execution in Zeiz mit beiwohnen. Es soll eine arme Sünderin geköpft werden, und einer von unsern Leuten soll sein Probestück machen. Ich will gern sehen, wie es ablaufen wird. Er hat mir geschrieben, daß die Deliquentin einen sehr kurzen Hals hat. Je nun, wenn er sich auch nicht daran wagen wollte: so bin ich doch da. Und wenn der Hals in den Schultern steckte, so muß er bei mir auf einen Hieb herunter.“ Hier fühlte ich wirklich nach meinem Kopfe. Ich zitterte, ich sah das Stühlchen bringen, ich sah das Schwert unter einem blauen Mantel hervorragen, ich sah alles. Einer von den beiden übrigen Reisegefährten, der, wie ich am Ende erfuhr, ein Leineweber war, bezeigte unserm ehrwürdigen Manne die meiste Hochachtung und erkundigte sich sorgfältig bei ihm nach allen Personen, die in diesem Jahrhunderte im Sächsischen waren abgethan worden: Und das war unserm Scharfrichter schon recht. Er erzählte mit einer henkerischen Beredtsamkeit alle Executionen, denen er als eine Hauptperson oder als College seit der Zeit seines tragenden Amtes, das heißt, seit fünf und vierzig Jahren, beigewohnt hatte, und wünschte nichts mehr, als daß er sein künftiges Jubiläum recht feierlich, nämlich mit dem Schwerte in der Hand, begehen möchte. Ein kalter Schauer lief mir nach dem andern über den Leib; allein ich konnte zu keiner Ohnmacht kommen; denn er weckte mich allemal durch eine Henkergeschichte, die noch schrecklicher, als die erste war, wieder auf. Unter diesen freundlichen Gesprächen, wozu noch seine Kuren kamen, die er an Menschen und Vieh gethan hätte, waren wir zwei Meilen weit gefahren und also schon in R.... Hier stieg unser Scharfrichter ab und bedauerte sehr, daß er das Vergnügen nicht haben könnte, weiter mit uns zu reisen, weil er sich hier wegen seiner Patienten (es war eine Vieh= seuche in dem Dorfe) einen Tag lang aufhalten mußte. Nun= mehr holte ich das erstemal aus freier Brust Athem, nach= dem ich drei Stunden, wie eine Taube, die den Stößer sieht, mich nicht geregt hatte. Ich dankte dem Himmel und wünschte dem Scharfrichter noch allerhand Böses, als ein junger Mensch, den ich noch wenig bemerkt hatte, aus dem Hintertheile der Kutsche hervorkroch und des Scharfrichters Platz, der bequemer war, einnahm. Ich sah ihn für einen jungen Studenten aus J... an und er ließ mich nicht lange in meiner Ungewißheit. Er hatte gehört, daß ich nach Leipzig wollte, und mochte mich meiner verdrießlichen Miene wegen vermuthlich für einen Schul= collegen halten. Er war eben nicht ungesittet, aber desto ge= lehrter. Er besuchte nach einem halben akademischen Jahre seinen Herrn Vater zum ersten Male und wollte vermuthlich an mir die Weisheit versuchen, die er zu Hause ausschütten wollte. Der Leineweber schlug sich Feuer zum Tabak an. Dieses erinnerte meinen jungen Gelehrten an die Elektricität. Er brachte die ganze Sache in ein System und docirte so gelehrt, daß der Leineweber vor Erstaunen die Pfeife aus dem Munde fallen ließ. Er hielt mein Kopfschütteln, das mir das

Stoßen des Wagens verursachte, unstreitig für einen Widerspruch. Dieses machte ihn nur hitziger, und seine Augen
wurden ganz elektrisch. Er fiel auf den zureichenden Grund
und demonstrirte mir, daß mir die Haare zu Berge stunden.
Ich wollte eben aus dem Wagen steigen, als der Leineweber
zu ihm sagte: Ich möchte Sie predigen hören, es gehet Ihnen
vortrefflich vom Munde. Ja, sagte er, ich werde die Kanzel
bei meinem Vater besteigen. Sind Sie ein Theolog? fing ich
in aller Angst an; ich dachte, Sie legten sich auf die Philosophie. Nein, rief er, ich räume nur durch die Philosophie in
der Theologie auf. Wer nicht demonstriren kann, kann auch
keine Bibel erklären und noch weniger predigen. Mosheim und
Jerusalem, das sind Schwätzer; mein Zuhörer muß überzeugt
werden. — Hier hätte ich mir beinahe den Scharfrichter wieder
zurückgewünscht, denn so lange dieser dagewesen war, hatte
unser Demonstrant kein Wörtchen geredet. Ich fragte ihn
endlich aus Bosheit, ob er auch ein Poet wäre. Er versicherte
mich, daß er es schon auf der Schule weit in der Poesie gebracht hätte, jetzt aber käme ihm ein Poet wie ein Seiltänzer
vor. Er schalt auf den Herrn von Hagedorn, und von meinen
Versen sagte er, daß kein Judicium darin wäre. Lob genug!
Zu meinem Glücke konnte er das Fahren nicht länger ver-
tragen. Er stieg ab, und der Leineweber ging aus Dankbarkeit mit unserm Kunstrichter etliche Stunden zu Fuße.
Auf einen so glücklichen Tag sollte eine noch glücklichere Nacht
folgen. Unser Kutscher kehrte in einem Dorfe ein. Der Wirth
von der Schenke war mit seiner Frau auf eine Hochzeit ge-
reiset und hatte die Herrschaft seinem Sohne, einem Lümmel
von fünfzehn Jahren, überlassen. Sie können leicht denken,
daß nichts zu essen da war; aber das verschlug mir nichts.
Der Hunger verging mir, sobald ich in die Stube trat. Ich
wünschte mir nichts, als gut Wasser. Man brachte mir ein
Glas, und in dem Glase zugleich alle Gattungen von Ge-
würmen, die in dieser Gegend sein mochten. Ich fragte, ob

ich keine Stube oder Kammer mit einem Bette bekommen
könnte, und versprach, es doppelt zu bezahlen. Aber vergebens!
Der junge Laffe antwortete mir, daß sie ihre Kammern selber
brauchten und in den meisten Obst liegen hätten. Ich klagte
meine Noth dem Fuhrmann, dieser brachte es so weit, daß
die Streu um neun Uhr zurecht gemacht wurde. Ich war
krank und konnte nicht länger aufdauern. Kaum hatte ich mich
auf das Stroh geworfen und den Fuhrmann gebeten, sich neben
mich zu legen, damit ich vor dem Gelehrten sicher sein möchte,
als man die Tische aus der Stube schaffte. Hierüber wurden
alle die jungen Hühner, Gänse, Schweine und was zeither
unter dem Ofen geschlafen hatte, lebendig, und besuchten mich,
eins um das andere, auf meinem Lager. Gleich darauf kamen
vier bis fünf Mägde und schütteten Hopfen in die Stube. Was
soll denn das werden? fing mein Fuhrmann, der schon bei mir
lag, an. Wir wollen Hopfen lesen, rief des Wirths Sohn, ich
habe jung Volk aus dem Dorfe dazu gebeten, damit wir bald
fertig werden. Ach, Madam, wie ward mir bei dieser Anstalt
zu Muthe! Bis um zwölf Uhr mußte ich das Lärmen und den
Witz einer Stube voll Knechte und Mägde anhören. Mein
Fuhrmann, den ich in der Angst umarmte, und ihm alles
versprach, und ihn zu meinem Erben einsetzte, so krank war
ich, fing an zu schmälen, und zwar ziemlich nachdrücklich; er
redete mit des Wirths Sohne von der Peitsche. Aber was
war es? Eine Magd kam und brachte es bei dem Fuhrmanne
dahin, daß er aufstand und mitschäkerte. Nun war ich ohne
Trost. Der Hopfen war gelesen, die Stube ward ausgekehrt,
und jetzt nahm der junge Wirth seine Geige von der Wand
und spielte sein Leibstückchen. Der Großknecht nahm die Groß-
magd bei der Hand und eröffnete den Ball. Ich hätte vor
Staub ersticken müssen, wenn ich länger liegen geblieben wäre.
Ich bat des Wirths Tochter, ein Mädchen, das zu stolz war,
mit zu tanzen, sehr demüthig, daß sie mir eine Kammer ein-
räumen sollte. Kurz, ich bewegte sie, daß sie mich in ihre

eigene führte und mir auch ein Nachtlicht gab. Ich warf mich auf das Bett, von dem Hopfengeruche und von dem Staube und von der Musik ganz betrunken. Ehe ich so glücklich war, ein Auge zuzuthun, liefen ein paar Mäuse schrecklich über mich weg. Ich, der ich vor diesen Thieren natürlich zittere, sprang aus meinem Bette, setzte einen Stuhl auf den Tisch und mich auf den Stuhl, und so blieb ich sitzen, bis ich hörte, daß der Fuhrmann die Pferde fütterte. Ich würde nicht fertig werden, wollte ich Ihnen alles auf einmal erzählen. Vergeben Sie mir, daß ich Ihnen schon so viel erzählt habe. Wer redet nicht gern von seinen ausgestandenen Unglücksfällen? Ich küsse Ihnen die Hand für alle die Freundschaft, die Sie mir acht Tage lang in Ihrem Hause erwiesen haben, und thue ein Gelübbe, lieber ein Vierteljahr länger an einem Orte zu bleiben, als mit einer Landkutsche zu fahren. Ich bin ꝛc.

(Beschreibung einer Fahrt in einem Dampfwagen dritter Klasse oder in einem Omnibus — an die Schwester.)

2.
Von den Freuden des Landlebens.

Gellert an den Baron Fr.

Wären Sie immer mit mir gefahren! Es gefällt mir ungemein wohl auf dem Landgute der Frau von K . ., und es würde mir noch besser gefallen, wenn ich weniger bedient würde, nicht so weich schlafen und weniger vornehm speisen dürfte. Meine Wirthin ist die gefälligste Frau von der Welt. Ihr Gefühl ist so heiter, wie die Gegend auf ihrem Landgute, und ihre Fräulein Tochter könnte die Hälfte ihrer Reize und liebenswürdigen Eigenschaften entbehren und darum doch noch die Mißgunst der Schönen und die größte Hochachtung unseres Geschlechtes verdienen. Soll ich Ihnen erzählen, wie ich meine Tage hier zubringe? Aber warum frage ich noch? Sie haben mir's ja befohlen; ich habe es Ihnen versprochen, und es würde mir zu viel an meinem Vergnügen fehlen, wenn ich's Ihnen nicht beschreiben dürfte. Machen Sie sich also immer zur Geduld gefaßt, Herr Baron, denn ich habe heute überaus große Lust zu schwatzen.

Ich schlafe in einem Zimmer, das auf der einen Seite in einen Hof und auf der andern in den Garten und in das Feld geht. Meistens um sechs Uhr des Morgens stehe ich schon an dem Fenster und überschaue mit einem unersättlichen Auge den Herbst, im Felde und Garten. Der weite Himmel, davon wir in der Stadt nichts wissen, ist mir aus meinem Fenster ein ganz neues Schauspiel. Hier stehe ich nun und vergesse mich eine halbe Stunde im Sehen und Denken. Nach diesen glücklichen Augenblicken und ganz berauscht von dem Geiste des Morgens, öffne ich die Thür, um einen Bedienten zu haben; aber so glücklich wird mir's nicht. Nein, es kommen ihrer wenigstens drei auf einmal, die sich mir zu Ehren außer Athem gelaufen haben und mit aller Gewalt zu meinem Befehle sein wollen; und wenn ich den einen um etwas bitte, so nimmt der andere es übel, daß ich weniger Vertrauen zu ihm habe. Kurz, ich muß mich anziehen lassen, ich mag wollen oder nicht.

Unter dieser Beschäftigung besuchen mich fünf bis sechs freundliche Windhunde, mit denen ich mich in ein kleines Gespräch einlasse, weil ich weiß, daß sie mir nicht antworten. Indessen erzählt mir der Jäger ihre Thaten von Jagd zu Jagd, beschreibt mir das ganze Revier und kränkt sich, daß ich kein Liebhaber vom Hetzen bin. Weil ich ihm einigemale zu verstehen gegeben habe, daß man auch gegen die Thiere barmherzig sein müßte, so hat er sich heimlich bei der gnädiger Frau erkundigt, ob ich ein Pietist wäre.

Nunmehr kommt der Kaffe; ich nehme ein Buch, mache eine gelehrte Miene und den Augenblick fliehen meine Bedienten. Die Bücher, die ich zu mir gesteckt habe, sind der Terenz, der Horaz und der Gresset. Sollten Sie wohl glauben, daß ich in diesen Dichtern auf dem Lande weit mehr Schönheiten finde, als in der Stadt? Doch warum sollten Sie sich wundern? Hier ist die Natur selbst ihre Auslegerin, die sie begeisterte, als sie sangen. Und sie erklärt sie, wenn gleich nicht so gelehrt, doch angenehmer und deutlicher, als die angesehensten Ausleger. Die Beschreibung einer schönen Aussicht, die Gemälde von der Unschuld und Freiheit des Landlebens entzücken mich doppelt, wenn ich sie mit der Natur zusammenhalten kann. Selbst die andern Schönheiten der Poeten rühren mich hier mehr, als in dem Geräusche der Stadt und hier, wo mein Verstand durch die Anmuth des Landlebens offner und mein Geschmack lebhafter und feiner gemacht wird. — —

Wenn ich mich bald satt gelesen habe, so warte ich der gnädigen Frau und Fräulein Tochter auf. Ich treffe sie gemeiniglich bei einem Buche oder mit dem Verwalter über einer Rechnung an. Alles lacht mir entgegen, und sogar der Verwalter, der zwanzig Jahre ein Wachtmeister gewesen ist, zwingt sich, aus seinem fürchterlichen Gesichte mir ein freundliches zu machen. In dieser Stunde (denn so lange halte ich mich ungefähr in dem Zimmer meiner Gebieterin auf) verdiene ich eigentlich die Erlaubniß, mich auf ihrem Landgute zu vergnügen. Ich rede mit ihr, und unser Gespräch betrifft gemeiniglich die Erziehung ihres Sohnes, der Hoffnung ihres Geschlechts. Wenn es bald Mittag ist, so setze ich mich mitten auf den Hof, dessen oberste Hälfte gepflastert und mit einem Geländer umgeben ist. Ich klingle mit einem Glöckchen, und darauf kommt — wer dächten Sie wohl? — eine Heerde Federvieh zu Fuße und im Fluge herbeigeschossen. Ich füttre also Hühner, Truthühner, Enten, Gänse, Tauben, alles unter einander, und überzähle meine Nationen. Der Tauben ist beinahe ein unzählbares Volk. Darauf besuche ich die Rebhühner und Wachteln in ihrer Stube auf dem Taubenhause und zugleich die jungen Tauben. Eine angenehme Scene! Hier füttert die Mutter ihre Kinder, dort brütet die andere noch eine zukünftige Nachwelt aus und wird von ihrem Gatten ermuntert, das Nest zu verlassen, ihm Platz zu machen und sich mit der Mahlzeit zu erquicken. Erst bittet er sanft und liebreich, dann redet er ernsthafter, und wenn sie von ihrer Pflicht noch nicht weichen will, so gebietet er mit einem täuberischen Tone, und dreht sich zehnmal im Kreise herum, als wollte er sie nicht mehr ansehen und ihr doch auch die Freiheit lassen, sich, unvermerkt von ihm, aus dem Neste zu entfernen. Von da gehe ich in die Pferdeställe und endlich von Stalle zu Stalle und sehe die gute Ordnung, die Reinlichkeit und die Mühe, mit der die Menschen dem Viehe ihren Nutzen abverdienen müssen.

Um zwölf Uhr wird die Gesindeglocke geläutet, und nie bin ich froher, als wenn ich ohne bemerkt zu werden, eine große Tafel voll gesunder und hungriger Mägde und Knechte speisen sehe. Wenn diese Leute auch sonst nicht so glücklich sind wie ihre Herrschaft, so sind sie doch bei Tische gewiß glücklicher. Alles ißt und redet an ihnen. An der einen Reihe sitzt das Mannsvolk, und an der andern sitzen die Dorfschönen. Ein Brod, so breit wie der Tisch, ist vor einer halben Stunde verzehrt. — Unter diesen jungen Leuten sitzt zuoberst an der Tafel ein schon grauer Mann, welcher Nachtwächter von dem Herrnhofe ist und doch den Tag über die sauerste Arbeit verrichtet. Man ißt nicht eher, bis er seinen Platz eingenommen hat, und sobald er aufsteht, folgt die ganze Schaar von zwanzig Personen nach. Wenn sie Fleisch haben, welches die Woche drei oder viermal geschieht, so ißt er nur die Hälfte von seiner Portion, und die andere Hälfte trägt er seiner neunzigjährigen Mutter nach Hause. Und eben um diese zu erhalten, ist er Nachtwächter, denn er bekommt für jede Nacht einen Groschen. Ein schreckliches Geld! Aber der gute Mann muß nicht nur von zehn Uhr bis zum Tage für diesen Groschen wachen, sondern auch beständig beten und singen, damit man weiß, daß er wacht. Kurz, der Mann muß für das ganze Dorf und alle umliegenden Gegenden beten. Er kann auch wirklich alle Psalmen und das ganze Gesangbuch auswendig. Und insoweit dieses zu seinem Dienste nöthig ist, so glaube ich, daß man weit eher zehn gute Gerichtsverwalter, als einen tüchtigen Nachtwächter für diesen adligen Hof finden kann. So wenig er schläft, so viel er arbeitet, so ist er doch gesund, zufrieden und die Freundlichkeit selbst. Sie vergeben mir's gewiß, daß ich mich so lange bei der Beschreibung dieses Mannes aufgehalten habe. Denn sind Sie nicht auch meiner Meinung, daß er eher verewigt zu werden verdient, als mancher große Mann, der sich in seinem Kupferstiche bewundert und dessen Leben einen ganzen dicken Quartanten anfüllt?

Wenn das Gesinde gegessen hat, so geht unsre Tafel an, und, obgleich die gnädige Frau mir zu Liebe eine Stunde hat eingehen lassen, so sitzen wir doch noch immer zwei. Ueber der Tafel gehöre ich der gnädigen Frau an, und nach der Tafel, damit ich's kurz mache, dem Garten, dem Schache und dem Clavecin. Der Abend von acht Uhr an ist für mich allein. Da lese ich noch eine Stunde, und dann ist der Tag vorbei. Was das meiste ist, so bin ich die ganzen acht Tage gesund gewesen. Das ist viel Glück.

Mich deucht, Sie wissen nunmehr genug von meinem Zeitvertreibe auf dem Lande und vielleicht mehr, als Sie haben wissen wollen. Dennoch muß ich Ihnen noch eine lustige Begebenheit erzählen, welche die Kirchenordnung in hiesiger Gegend angeht. Diese ist sehr tyrannisch. Ich gehe am vergangenen Sonntage ganz allein in die Kirche, weil die gnädige Frau Fremde bei sich hatte. Ich setzte mich un-

bekannt neben den erſten den beſten Bauer. Ein Student
ſtieg auf die Kanzel und fing über das Evangelium von den
Lilien auf dem Felde eine ſchreckliche Predigt an. Er war
ſo philoſophiſch, daß er den Bauern erklärte, was ſäen und
erndten wäre. Die Predigt that ihre natürliche Wirkung
auf mich; ich ſchlummerte ſanft ein. Aber in dieſer Kirche
hat man die Freiheit nicht, über einer ſchlechten Predigt ein=
zuſchlafen. Mein Nachbar weckte mich mit einem ziemlichen
Stoße ſehr geſchwind auf und rief: Der Junge kommt!
Ich wußte nicht was er wollte, und glaubte, weil der Pre-
diger gleich mit einer Stelle aus dem Cicero bewies, daß
niemand reich wäre, der nicht eine Armee aus ſeinem Vermögen unterhalten könnte, daß er mich dieſer gelehrten Stelle
wegen aufgeweckt hätte, und alſo ſchlief ich wieder ein. In
Kurzem erwachte ich zum andern Male von einem derben
Schlage und ſah einen kleinen Bauernjungen mit einem ziemlich
langen Stecken vor mir ſtehen. Er gab mir einen Verweis
mit der Miene. Nun wußte ich, was mein Nachbar hätte
ſagen wollen. Dieſer Junge hatte das Recht, mit ſeiner
Lanze in der Kirche herumzulaufen und die Leute aufzuwecken.
Ich ſchämte mich und wollte lieber eine elende Predigt anhören, als mich noch einmal vor der ganzen Gemeinde auf
den Kopf ſchlagen laſſen. Muß der Junge nicht lachen,
wenn er in wenig Tagen den Herrn in der Kutſche der
gnädigen Frau, mit vier Pferden beſpannt, durch ſein Dorf
wird fahren ſehen, den er am Sonntage ſeine Gewalt hat
fühlen laſſen? Ich bin mit dem Ende dieſer Woche gewiß
wieder in Leipzig. Wollten Sie aber noch zu uns kommen,
ſo will ich bis künftige Woche hier bleiben und mir in ihrer
Perſon ein neues Verdienſt bei meiner Wirthin und dem
Fräulein erwerben. Ich dächte Sie kämen!

(Beſchreibung eines Aufenthalts bei der Schweſter auf dem Lande
aber zu Ungunſten des Landlebens, an die Mutter).

3.

Von dem Werthe des Landlebens.

Wieland an Göschen.

Oßmannstädt, den 25. Juli 1797.

Ihre Transmigrazion von Leipzig nach Grimma begleite ich mit meinen besten und herzlichsten Wünschen. Es kann Ihnen nie besser ergehen, als es zu meiner eigenen Zufriedenheit nöthig ist. Möchten Sie in der neuen Lage, in welche Sie sich gesetzt haben, nach Leib und Gemüth sich so wohl befinden, als ich mich in meiner Oßmannstädt'schen Retraite. Mir ist, als ob gar keine andere Art zu existiren für mich möglich sei, und die Weimarschen Propheten, die als ganz etwas Unfehlbares voraussahen, daß ich mich gar jämmerlich auf dem Lande und vis-à-vis de moi-même belangweiligen würde, bestehen mit Schande. Auch sperren sie die Augen mächtig darüber auf, daß ich, (wie sie gestehen, oder vielmehr ungefragt versichern), so heiter und vergnügt aussehe, und können sich dieses Phänomen gar nicht erklären. Ich hingegen begreife das Wunder sehr gut, und in der That ungleich besser als wie ich die 24 Jahre, die ich in Weimar gelebt habe, noch so leiblich habe aushalten können. Landluft, unverkünstelte Natur, viel Gras und schöne Bäume, äußere Ruhe und freie Disposition über mich selbst und meine Zeit, das alles zusammen ist so zu sagen mein Element, so gut wie die Luft des Vogels und das Wasser des Fisches Element ist, und es geht also ganz natürlich zu, daß ich darin gedeihe. — Daß Sie nicht auf ein paar Tage wenigstens zu uns kommen konnten, um sich hiervon mit ihren eigenen Augen zu versichern, ist mir um so mehr leid, da wir so manches, was wir noch zu überlegen und abzureden haben, mündlich bequemer als schriftlich hätten verhandeln können. — — Ich gebe indessen doch die Hoffnung noch nicht auf, und in der That gehört es schlechterdings zu meiner Zufriedenheit, daß Sie, dessen Thätigkeit und Freundschaft für mich so viel dazu beiträgt, mir diese angenehme Lage in meinem Alter zu verschaffen, ein Augenzeuge derselben seien und dadurch eine Belohnung für Ihr Herz erhalten, an welche Sie so große Ansprüche haben.

(Lob des Landlebens an eine frühere Mitschülerin).

———⚬———

4.

Vom Leben auf Wieland's Landgute.

Frau la Roche an * * *

Oßmannstädt, im August 1799.

Den 15. Juli, nach beinahe 30 Jahre dauerter Trennung, sah ich ihn wieder den guten würdigen Freund meiner Jugend (Wieland). Ich umarmte ihn, seine unschätzbare Gattin und vier seiner sechs Töchter, und er lernte eine meiner sechs Enkelinnen (Sophie Brentano) kennen; — ich war in seinem Hause! O, wer wollte diese Gefühle und die Bilder der Erinnerung beschreiben, welche da meine Seele überwältigten! Was war seit 1750, da wir uns zum ersten Male sahen, in uns, in unserm Schicksal und auch bei unseren Freunden vorgegangen! Wie weit waren wir von unserm ersten Wollen und Denken in einem großen Kreis umhergeführt, bis wir als gute Freunde und Verwandte uns 1799 wiederfanden! Schöne Stunde, in welcher ich nach so langer Trennung zwischen Wieland und seiner mir so werthen Frau saß und von jedem eine Hand hielt! — Möge alles Süße dieser wahren, edeln Freude meines Herzens sich als Wieder-

schein an ihnen erneuen, so oft sie an einem stillen Abend
auf diesem Sopha ausruhen und bei den letzten Strahlen
der Sonne ihr verdienstvolles Tagewerk überdenken! — Ich
schlief spät ein, denn meine Seele war zu sehr bewegt, und
ich hörte noch Wielands ungekünsteltes, aber seelenvolles Cla-
vierspiel, mit welchem er alle Abende seine Ideen und Gefühle, unter dem Einfluß seines sympathetischen Freundes
Horaz, in sanften Einklang bringt. Vor 49 Jahren belauschte
ich ihn das erste Mal bei der Aussicht nach dem weiten ein-
samen St. Martinskirchhof in Biberach — heute tönte jede
Saite aus Sabinums Gegenden zu meinem stillen Zimmer;
denn Wielands Piano steht mitten unter diesen reizenden Bildern, und es entzückte mich, den schönen Wunsch des Horaz
bei ihm erfüllt zu sehen: ein Landgut, welches ihn ernährt,
ein gesundes Alter, Stärke der Seele, und jeden Tag die
Musik, die er liebt! — Mein Erwachen war heitere Freude
bei dem Gedanken, daß die Tage in Wielands Hause mich
für Jahre voll Kummer schadlos halten würden. Die Aussicht aus dem Fenster war feierlich. Zwei große symmetrische
Wohngebäude, welche auf einer Seite durch eine dichte Reihe
hoher schlanker Bäume verbunden sind, auf der andern an
die Mauer des Vorhofs sich anschließen, der ein schönes
Wasserbecken in der Mitte hat, welches unter dem Schutz
einer Sirene den Ablauf eines Springbrunnens erhält; diese
tiefe Ruhe und auch die einsame Lage dieses Wohnsitzes rührte
mich, als ich dachte: Dieses Ganze ist Sinnbild von Wielands Geist, alles groß und seine Thätigkeit, wie diese Quelle
von dem frühen Morgen seines Lebens bis an den Abend
seiner Tage, unerschöpflich fortströmend! — Mit wie vielem
Vergnügen und Theilnahme lernte ich das ganze Innere der
Gebäude und den weiten Umfang des Gartens kennen, welcher
sich an den Ufern der Ilm mit einem Birkenwäldchen schließt,
unter dessen Lauben die edelsten Schatten Griechenlands ihren
Freund ungestört und unbelauscht besuchen können. Ich speiste

täglich mit sieben Kindern von Wieland, sah vier seiner Enkel
und sein zweiter Sohn wurde mir von ihm als Verwalter
seiner Landwirthschaft vorgestellt. Dieses patriarchalische
Leben hatte für mich unendlichen Werth. Wie schön wurde
mir eine Morgenstunde, in welcher ich neben Wieland, aus
dem Fenster seiner Bibliothek, den Theil des Gartens über-
sehen wollte, welcher auf dieser Seite des Hauptgebäudes liegt
und da seinen zweiten Sohn erblickte, welcher als junger rü-
stiger Landmann, mit aller Gewandtheit einen mit Rosen-
hecken umfaßten Grasplatz abmähte: Ein Blick auf die Bü-
chersammlung sagte mir: Nun bist du mitten in Wielands
Besitzungen, siehst in dem Zimmer alles, was die Seele zu
reicher Kenntniß wünschen, in dem Garten das, was die Erde
an Ertrag für Nahrung und Vergnügen geben kann! Wie
einzig mußte die Betrachtung werden, als ich Wieland von
dem Plan des höchst nutzbaren Anpflanzens seiner Felder,
Wiesen und Gärten sprechen hörte, die Rückerinnerung aber
mir zuflüsterte: Vor 40 Jahren legte er den Entwurf für
den Anbau in dem Gebiete der Wissenschaften ebenso lebhaft und deutlich vor mein Auge! Innig wünsche ich, daß
er in seinem Oßmannstädt ausführen und darstellen möge,
was er in der Welt der Genien, der Philosophie, der Grazien
und Götter bewirkte; aber Wieland, neben mir stehend, war
doch weit entfernt, in meinen Blicken auf seinen Garten die
Bitte zu lesen: Boden, den er betritt und liebt, mögest du
für ihn tausendfältig tragen, wie die Anlage seiner Geistes-
kräfte für unser Deutschland trug!

Der Wechsel von Büchern und ländlichen Auftritten war
äußerst angenehm. Wieland und sein ältester Sohn legten
bald dieses bald jenes neue Werk auf meinen Tisch, worüber gesprochen wurde; dann kam eine Tochter mit Gläsern voll köstlicher
Buttermilch, eine andere den Tag nachher mit einem Teller
voll Kirschen, die gute Julie mit einem Korb voll Rosen.
Dann sah ich sie auch unter der Leitung der besten Mutter

mit Sorge für die Wäsche, für die Küche und den Keller, mit Bereitung des Flachses, mit der Milchkammer und Lein= wandbleiche beschäftigt. Es würde jenen klugen Mann gefreut haben, uns zu begleiten, als Wieland mich in den Wirth= schaftshof führte, mir Scheuren und Stallungen zeigte, und wir mit ihm seinen Schafen entgegengingen; ich aber bei jedem Schritte seine Liebe zum Feldbau und seine Einsichten darin bewunderte.

Bald folgte ein Tag mit Wieland und Göthe auf dem Landhause der verwitweten Frau Herzogin in Tieffurt. Wenige Tage nachher kam Göthe, freundlich die Mittagssuppe mit uns zu theilen. Mir äußerst schätzbar, ihn und Wieland, wie zwei verbündete Genies, ohne Prunk und ohne Erwartung mit dem traulichen Du der großen Alten sprechen zu hören, und der Zusatz gab heute wieder meiner Phantasie den eignen gewiß nie wieder kommenden Anblick, beide auf dem schönen heitern Gange der Wielands Wohnzimmer zu treffen, als Göthe mit lebhaftem Vergnügen von dem so eben ge= machten Ankauf eines ländlichen Ruhesitzes sprach, und gerade vor dem großen charakteristischen Bilde des alten Grafen v. Stadion stille stand, welcher sie, wie ich, mit Bewunderung zu betrachten schien, und sich gewiß, als edler Deutscher, über diese zwei großen Deutschen und ihre Liebe zum Landleben gefreut haben würde. Mir kam die Erinnerung zurück, daß Wieland, welcher den Grafen auf seinem Landhause kennen lernte, ihm sagte: Alle großen Männer hätten gegen den Abend ihres Lebens einen stillen Aufenthalt im Schooße der Natur gesucht. — Bald nachher hatte ich in der Linden= allee eine sehr angenehme Erscheinung, da ich Herders blühende Tochter, von Wielands Kindern und Enkeln umgeben wie im Triumph eingeholt, meiner Freundin Wieland und mir zuführen sah. —

Neu verherrlicht wurde ein Tag, als die Herzogin Amalie mit aller ihrer Leutseligkeit den ganzen Garten an

Wielands Seite durchwandelte, wie bei seinen geliebten Griechen
eine Göttin der Gegend mit ihren Blicken und ihrem Wohlwollen den Schatten des Hains, den Pflanzen, den Obst-
blumen und Blumen, welche Lieblingsspaziergänge umgeben,
neue Schönheit und Nutzbarkeit ausgetheilt haben würde.
Herder und seine Frau vermehrten in meinem Herzen
den Werth der großen Lindenallee auf Wielands Gut, welche
ich mit diesen höchst schätzbaren Menschen durchging. Den
nämlichen Tag lernte ich den von Deutschland für ein außer-
ordentliches Wesen anerkannten Jean Paul Richter als
einen guten, einfachen aber auch sehr lebhaften, von Wieland
sehr geliebten Mann kennen.

Nach dieser Art reicher Gastmale folgten Tage eines
süßen ruhigen Genusses, während welchen uns Wieland manche
Stunde seiner Beschäftigungen aufopferte, mit uns sprach,
spazieren ging oder etwas vorlas, seine sanfte liebe Frau
dann, über ihre Arbeit hin, mit aufmerksamem Vergnügen
uns anblickte, wenn sie mein und meiner Enkelin dankbares
Entzücken bemerkte. — Hohe ländliche Freude wurde mein
Theil an dem Tage, da Wieland als Landmann in der Gemeinde aufgenommen wurde, seine Unterschrift und sein Name
in Oßmannstädts Lagerbuch eingetragen werden mußte: Es
war schön, Wieland und seine drei Söhne den guten Vorge-
setzten des Dorfs als ihren Mitbürgern die Hände reichen
zu sehen, welche dann auch ihm und seinen Kindern Segen
zu seinen Feldgütern wünschten. Wielands wohlwollendes
Herz zeigte sich da ebenso vorzüglich, als sein Geist in einer
Akademie der Wissenschaften geglänzt haben würde.

Die Erscheinung der regierenden Frau Herzogin war
für uns alle ein Tag der hohen Feier ihrer Verdienste und
ihrer so edlen Güte.

Ein junger Mann aus Bremen, welcher in Jena Me-
dizin studirt, gab den Anlaß, Wieland in einem neuen sanften
Lichte zu betrachten. Herr Meyer hatte einige seiner Ge-

dichte in das Reine geschrieben und wünschte so furchtsam
ehrerbietig, daß der große Meister nur einen Blick darauf
werfen möchte. Wieland gewährte diese Bitte mit großer
Gefälligkeit: lobte das Gute mit so edler Miene, tadelte das
Fehlerhafte so liedreich, daß wir ihn doppelt verehrten, und
der bescheidene junge Mann sah so glücklich aus, als ob ein
Genius ihm die Hand gedrückt und seine Feder eingeweiht
hätte. Abends genoß ich eins der schönsten und reinsten Vergnügen. Ich wollte allein in dem Garten noch eine einfache
Aussicht, welche ich sehr lieb gewonnen hatte, aufsuchen, meine
Freundin folgte mir und sagte: wir wollen sehen, wo Wieland und unsre Töchter sind. Nach einem langen Spaziergang erblickten wir Mütter auf einmal das äußerst angenehme
Bild, Wielands Töchter und meine Enkelin auf dem Absatz
einer Terrasse beisammen arbeiten zu sehen und dabei dem
guten Familienvater, der ihnen gegenüber saß, andächtig zuzuhören. Wir gingen langsam, um den Anblick der uns so
lieben Gruppe desto länger zu genießen. Meine Freundin
sagte dann: Ich lasse Sie da, weil ich noch etwas zu be-
sorgen habe. Ich konnte also nicht mit ihr, konnte nicht vermuthen, daß man mich allein weiter gehen lasse, setze mich verlegen neben Wieland, und fühle noch mit Trauer, daß ich einen
Faden der Unterredung abgebrochen hatte. Die guten Kinder alle
sahen aus, wie die von einer Schale Waizenkörner verscheuchten
Vögelchen, und nur ein Wettlauf, um Vater Wielands Hut
aus dem Saal zu holen, gab dem Ganzen eine heitere Wendung, und der Anblick der Schafheerde bei dem Salz stimmte
alles zu der schönen ländlichen Ruhe des Leibes und der
Seele.

(Beschreibung eines Ferienbesuchs in der Familie eines Landpredi-
gers an die Mutter.)

———o———

5.

Vom Kartenspiel, vom Frauenzimmer und von einem ausgezogenen Zahn.

Schiller an Karoline v. Beulwitz und Charlotte v. Lengefeld.

Weimar, 27. November 1788, Donnerstag Abends.

Eben komme ich nach Haus und finde das liebe Rudolstädt'sche Päckchen; auch, damit alles Angenehme zusammenkommt, einen Brief von meinem Körner.

Wie freut es mich, daß Sie sich an Ihrem Geburtstag mit unsrer Freundschaft beschäftigt haben. Laßen Sie mich hoffen, daß auch die noch kommenden Ihnen den nämlichen Gegenstand mit Vergnügen zurückbringen.

Ich wünsche Ihnen Glück zu Ihrer Kartenbekehrung. Wie Sie dieses einmal nothwendige Uebel ansehen und nehmen, haben Sie vollkommen Recht; doch gehen Sie, glaube ich, darin zu weit, wenn Sie dieses Mittel blos zu solchen Gesellschaften verweisen, die keiner edlern, feinern und ernsthaften Unterhaltung empfänglich sind. Auch in den besten Gesellschaften nisten sich zuweilen Augenblicke der Erschlaffung oder einer schmerzhaften Ueberspannung ein, wovon das Spiel zuweilen befreit. So leicht ich es entbehren kann, so ist mir doch zuweilen in drückender Stimmung Erleichterung dadurch gegeben worden, und da wäre es denn doch schlimm, wenn nur leere Menschen sich dieses Verdienst um einen erwerben könnten. Auch beim Spiel fühlt man es sehr angenehm, mit wem man spielt. Der Ernst Ihres Wesens läßt Sie die frivole Unterhaltung verachten, und das ist vortrefflich. Eben dieser Ernst unterscheidet Sie aus Hunderttausenden und bewahre der Himmel, daß ich Sie anders wünschte. Wie nahe hat Sie diese Eigenschaft meinem Wesen gebracht.

2*

(Das ist freilich für Sie wenig, aber mir ist es eine Quelle von Vergnügen), aber hüten Sie sich, daß Ihnen dieser Zug zu ernsthaften Dingen die armen guten Menschlein nicht verleide, mit denen man einmal leben muß, und Sie in ihrer Lage mehr als Meinesgleichen. Intoleranz gegen andere Menschen ist eine Klippe, an der besonders gerne die Menschen von Charakter und zartem Gefühl scheitern. Von dieser Seite also wünschte ich Ihnen lieber einige Tropfen leichtes Blut mehr, wiewohl ich Ihnen nicht zur Last legen kann, daß Sie gegen Ihre Nebenmenschen finster sind.

Ueberhaupt kommt mir vor — und das mag freilich ein eigennütziger Wunsch unseres Geschlechts sein — mir kommt vor, daß die Frauenzimmer geschaffen sind, die liebe heitere Sonne auf dieser Menschenwelt nachzuahmen und ihr eigenes und unser Leben durch milde Sonnenblicke zu erheitern. Wir stürmen und regnen und schneien und machen Wind, Ihr Geschlecht soll die Wolke zerstreuen, die wir auf Gottes Erde zusammengetrieben haben, den Schnee schmelzen und die Welt durch ihren Glanz wieder verjüngen. Sie wissen, was für große Dinge ich von der Sonne halte; das Gleichniß ist also das Schönste, was ich von Ihrem Geschlechte nur habe sagen können, und ich habe es auf Unkosten des meinigen gethan!

Es ist gut, daß Sie sich Ihr kleines Zimmer (denn trotz dem weggenommenen Ofen kann ich es nicht mit der Peterskirche vergleichen) durch Reisebeschreibungen recht groß und weit machen. Mir ist es immer ein unaussprechliches Vergnügen, mich im möglichst kleinen körperlichen Raume im Geiste auf der großen Erde herumzutummeln. Indessen auf das wirkliche Reisen lassen Sie sich doch lieber nicht ein — bleiben Sie uns so nahe als möglich.

Sie haben mich ordentlich und sehr angenehm mit der Ausrechnung überrascht, daß der zwölfte Theil von unserer Trennung vorüber ist. Wie lang ist mir aber dieser zwölfte

Theil schon geworden, und wie langsam werden die übrigen eilfe sein! Aber Gottlob! Indem ich schreibe, zerfließt die Zeit unter meinen Händen. Zählen Sie darauf, daß ich mit den Erdbeeren oder noch früher erscheine.

Dank Ihnen für Ihre Sorgfalt um das Paket. Es ist doch immer gut, wenn man unter dem Einflusse der Weisheit steht. Ich will das ersparte Geld zu Federkielen und Briefpapier verwenden und Sie mit recht vielen Briefen dafür heimsuchen.

Der chère mère wünsche ich Glück zum ausgezogenen Zahn. Das geschwollene Gesicht, hoffe ich, soll sich legen, es ist wahrscheinlich noch ein Rest vom vorigen, und durch den Reiz, den die Operation gemacht hat, vermehrt worden. Ich wünsche ihr von ganzem Herzen, auf immer davon befreit zu sein; nun aber hoffe ich das beste, da sie den bösen Zahn verloren hat. Machen Sie ihr recht viele Empfehlungen. Wie oft habe ich mich indeß schon der Abende erinnert, wo wir uns beim Thee um den erfindungsreichen Odysseus ver= sammelten! Ich habe jetzt auch eine Kaffee=Maschine, die aber (ich muß es zu meinem Lobe sagen) sehr mäßig gebraucht wird.

Leben Sie nun wohl, beste Freundin, und fahren Sie fort, recht glücklich zu leben und meiner dabei eingedenk zu bleiben.

(Erfindung der Zuschrift, welche obiger Brief beantwortet.)

———o———

6.

Von den Freuden des Landlebens.

W. v. Humboldt an eine Freundin.

Berlin, den 25. April 1823.

Ich wollte mich eben hinsetzen, liebe Charlotte, Ihren
lieben Brief vom O. dieses zu beantworten, als ich zu meiner
großen Freude ben vom 20. bekam. Ich freue mich sehr, Sie
nicht in dem Hause zu wissen, vor dessen unlieblichen Be-
wohnern Sie mit Recht einen so großen Abscheu hatten ... Ich
begreife vollkommen Ihren Widerwillen vor der Stadt. Wäre
ich nicht meiner Kinder wegen hier, die einmal ihrer Verhältnisse wegen die Stadt, zumal im Winter nicht verlassen können,
so würde ich immerfort auf dem Lande bleiben. Selbst, wo
die Gegend nicht reizend wäre, bleibt der Anblick des freien
Himmels schon viel. Der Anblick des Himmels hat überhaupt unter allen Umständen einen unendlichen Reiz für mich
bei sternenhellen, wie bei dunkeln Nächten, bei heiterm Blau,
wie bei ziehenden Wolken, oder dem traurigen Grau, worin
sich das Auge verliert, ohne etwas darin zu unterscheiden.
Jeder dieser Zustände entspricht einer eigenen Stimmung im
Menschen, und wenn man das Glück hat, diese Stimmung
nicht gerade von den Elementen empfangen zu müssen, nicht
düster zu werden mit dem düstern Himmel, sondern in der
aus dem reinen Innern entsprungenen Stimmung durch den
Anblick des Himmels nur in andere und andere Betrachtungen versenkt zu werden; so hat man wenigstens kein Mißfallen am farblosen Himmel, wenn man auch dem ruhig und
mild strahlenden natürlich den Vorzug gibt. Mir ist überhaupt das Klagen über das Wetter fremd und ich kann es
an andern nicht sonderlich leiden. Ich sehe die Natur gern
als eine Macht an, an der man die reinste Freude hat, wenn

man ruhig mit allen ihren Entwickelungen fortlebt, und die
Summe aller als ein Ganzes betrachtet, indem es nicht gerade
darauf ankommt, ob jedes Einzelne erfreulich sei, wenn nur
der Kreislauf vollendet wird. Das Leben mit der Natur
auf dem Lande hat vorzüglich darin seinen Reiz für mich,
daß man die Theile des Jahres vor seinen Augen abrollen
sieht. Mit dem Leben ist es nicht anders, und es erscheint
mir daher immer auf's mindeste eine müßige Frage, welches
Alter, ob Jugend oder Reife, oder sonst einen Abschnitt man
vorziehen möchte. Es ist immer nur eine Selbsttäuschung,
wenn man sich einbildet, daß man wünschen könnte, in Einem
zu bleiben. Der Reiz der Jugend besteht gerade im heitern
und unbefangenen Hineinstreben in das Leben, und er wäre
dahin, wenn es einem je deutlich würde, daß dies Streben
nie um eine Stufe weiter führt, etwa wie das Treten der
Leute, die in einem Rade eine Last in die Höhe heben. Mit
dem Alter ist es nicht anders, es ist im Grunde, wo es schön
und kräftig empfunden wird, nichts anderes, als ein H i n a u s ‑
g e h e n a u s d e m L e b e n, ein Steigen des Gefühls, daß
man die Dinge verlassen wird, ohne sie zu entbehren, indem
man doch zugleich sie liebt und mit Heiterkeit auf sie hinblickt
und mit Antheil in Gedanken bei ihnen verweilt. Selbst
ohne auch religiöse Gedanken an den Anblick des Himmels
zu knüpfen, hat es etwas unbeschreiblich Bewegendes, sich in
der Unendlichkeit des Luftraums zu verlieren, und benimmt
so auf einmal aller kleinlichen Sorgen und Begehrungen des
Lebens und der Wirklichkeit ihre sonst leicht einengende Wich‑
tigkeit. So sehr auch der Mensch für den Menschen das
Erste und Wichtigste ist, so gibt es gerade nichts gegenseitig
mehr Beschränkendes, als die Menschen, wenn sie enge zu‑
sammengedrängt, nur sich im Auge haben. Man muß erst
oft wieder in der Natur ein höheres und über die Mensch‑
heit waltendes Wesen erkennen und fühlen, ehe man zu den
beschränkten Menschen zurückkehrt. Nur dadurch auch gelangt

man dahin, die Dinge der Wirklichkeit nicht so wichtig zu halten, nicht so viel auf Glück oder Unglück zu geben, Entbehrung und Schmerz minder zu achten und nur auf die innere Stimmung, die Verwandlungen des Geistes und Gemüths seine Aufmerksamkeit zu richten und das äußere Leben bis auf einen gewissen Grad in sich untergehen zu lassen. Der Gedanke des Todes hat dann nichts, was abschrecken oder ungewöhnlich bekümmern könnte, man beschäftigt sich vielmehr gern mit ihm, und sieht das Ausscheiden aus dem Leben, was ihm auch immer folgen möge, als eine natürliche Entwickelungsstufe in der Folge des Daseins an.

(Warum gibt's kein schlechtes Wetter? Eine Strafepistel über die dasselbe beklagende Freundin. —

Die Freuden des Stadtlebens — an die Base auf dem Lande. —

Der Winter und das menschliche Alter — eine vergleichende Betrachtung.) —

✦

7.

Von den Schönheiten des Herbstes.

W. v. Humboldt an eine Freundin.

Tegel, den 12. September 1824.

Ich bin seit einigen Tagen aus Schlesien wieder hieher zurückgekommen, liebe Charlotte, und eine meiner ersten Beschäftigungen ist, an Sie zu schreiben. Meinen letzten Brief aus Ottmachau werden Sie bereits empfangen haben. Der Herbst verspricht sehr schön zu werden, und ich habe mich darum doppelt gefreut, wieder hier zu sein, die letzten Monate der scheidenden Jahreszeit zu genießen. Ich liebe bei weitem mehr das Ausgehen, als das Beginnen des Jahres. Man blickt dann auf so manches, das man gethan oder erlebt hat, zurück, man meint sich sicherer, weil der Raum kleiner ist, in dem noch Unfälle begegnen können. Alles das ist freilich eine Täuschung, ein Augenblick reicht hin zu dem Größten. Aber so vieles im Leben, im Glück und im Unglück sogar, ist ja nichts als Täuschung, und so kann man auch dieser stillere Momente verdanken. Ich bin zwar von Besorgnissen für mich sehr frei, nicht zwar, weil ich mich weniger Unfällen ausgesetzt glaubte, oder weil ich mich vor nichts Menschlichem fürchte, sondern schon früh das Gefühl in mir genährt habe, daß man immer vorbereitet sein muß, jedes, wie das Schicksal es gibt, durchzumachen. Man kann sich aber doch nicht entschlagen, das Leben wie ein Gewässer zu betrachten, durch das man sein Schiff mehr oder minder glücklich durchbringt, und da ist es ein natürliches Gefühl, lieber den kürzeren, als den längeren Raum vor sich zu haben. Diese Ansicht des Lebens als eines Ganzen, als einer zu durchmessenden Arbeit, hat mir immer ein mächtiges Mittel geschienen, dem Tode mit Gleichmuth entgegen zu gehen. Betrachtet man dagegen das Leben nur stückweise, strebt man nur, einen fröhlichen Tag dem andern beizugesellen, als könne das nun so in alle Ewigkeit fortgehen, so gibt es allerdings nichts Trostloseres, als an der Grenze zu stehen, wo der Faden auf einmal abgebrochen wird.

Das Laub der Bäume fängt schon an, die Buntfarbigkeit anzunehmen, die den Herbst so sehr ziert und gewissermaßen eine Entschädigung für die Frischheit des ersten Grüns ist. Der kleine Ort, den ich hier bewohne, ist vorzüglich gemacht, alle Reize zu zeigen, welche große, schöne und mannigfaltige Bäume durch alle wechselnde Jahreszeiten hindurch gewähren. Um das Haus herum stehen alte und breitschattige und umziehen es mit einem grünen Fächer. Ueber das Feld gehen in mehreren Richtungen Alleen, in ben Gärten und dem Weinberge stehen einzelne Fruchtbäume, im Park ist ein dichtes und dunkles Gebüsch, und der See ist vom Walde umkränzt, so wie auch alle Inseln darauf mit Bäumen und Büschen eingefaßt. Ich habe eine besondere Liebe zu den Bäumen und lasse nicht gern einen wegnehmen, nicht einmal gern verpflanzen. Es hat so etwas Trauriges, einen armen Baum von der Umgebung, in der er viele Jahre heimisch geworden war, in eine neue und in neuen Boden zu bringen, aus dem er nun, wie unwohl es ihm werden mag, nicht heraus kann, sondern langsam schmachtend sein Ausgehen erwarten muß. Ueberhaupt liegt in den Bäumen ein unglaublicher Charakter der Sehnsucht, wenn sie so fest und beschränkt im Boden stehen und sich mit den Wipfeln, so weit sie können, über die Grenzen der Wurzeln hinausbewegen. Ich kenne nichts in der Natur, was so gemacht wäre, Symbol der Sehnsucht zu sein. Im Grunde geht es dem Menschen mit aller scheinbaren Beweglichkeit aber nicht anders. Er ist, wie weit er herumschweifen möge, doch auch an eine Spanne des Raums gefesselt. Bisweilen kann er sie gar nicht verlassen, und das ist oft der Fall bei Frauen, derselbe kleine Fleck sieht seine Wiege und sein Grab; oder er entfernt sich, aber es zieht ihn Neigung oder Bedürfniß immer von Zeit zu Zeit wieder zurück oder er bleibt auch fortwährend entfernt, und seine Gedanken und Wünsche sind doch dem ursprünglichen Wohnsitz zugewendet.

Es freuet mich, daß Sie, liebe Charlotte, in Ihrem Garten auch in einiger Art wenigstens einen ländlichen Aufenthalt genießen. Ich weiß, wie sehr Sie daran hangen und jede damit verbundene Freude zu schätzen wissen. Für meine Beschäftigungen ist mir das Herannahen des Spätherbstes und Winters sehr unangenehm. Meine Augen sind zwar durch den anhaltenden Gebrauch wirksamer Mittel um vieles besser, sie erfordern indeß noch viel Schonung, und bei Licht greife ich sie nicht an. Damit zieht sich aber der Tag eng

zusammen, und wenn man noch abrechnen muß, was das
häusliche Leben, Besuche, Zerstreuungen mancher Art, endlich wirkliche Geschäfte wegnehmen, so bleibt wenig übrig.
Und je länger ich fortfahre, ausschließlich meine Zeit den
Studien und dem Nachdenken zu widmen, je mehr kann ich
sagen, verliebe ich mich darin und verliere Neigung und Geschmack zu allem Andern. Die Ereignisse der Welt haben auch
nicht das mindeste Interesse für mich. Sie gehen an mir
vorüber wie augenblickliche Erscheinungen, die weder dem
Geist noch dem Gemüth etwas zu geben vermögen. Den
Kreis meiner Bekanntschaften ziehe ich immer enger zusammen,
die Männer, mit denen ich früher den anziehendsten Umgang
hatte, sind gestorben, und ich habe es immer für Glücksfälle
gehalten, die man benutzen, nicht aber für Bedürfnisse, die
man suchen muß, wenn sich ein solcher Umgang von selbst
anknüpfte. Dagegen ist das Feld des Forschens unermeßlich
und bietet beständig neue Reize dar. Es füllt alle Stunden
aus und man sehnt sich, nur die Zahl dieser vervielfältigen
zu können. Ich kann wohl sagen, daß ich in meinem Innern
einzig darin lebe, oft Tage lang, ohne diesen Gegenständen
mehr als flüchtige Gedanken zuzuwenden. Naturwissen-
schaften haben mich nie angezogen. Es fehlte mir auch der
auf die äußeren Gegenstände aufmerksam gerichtete Sinn.
Von früh an aber hat mich das Alterthum angezogen, und
es ist auch eigentlich das, was mein wahres Studium ausmacht. Wo der Mensch noch seinem Entstehen näher war,
zeigte sich mehr Größe, mehr Einfachheit, mehr Tiefe und
Natur in seinen Gedanken und Gefühlen, wie in dem Aus-
drucke, den er beiden lieh. Zu der vollen und reinen Ansicht
davon kommt man freilich nur durch mühevolle und oft in
mechanischer Beschäftigung zeitraubende Gelehrsamkeit; aber
auch das hat seinen Reiz oder wird wenigstens leicht überwunden, wenn man sich einmal an geduldiges Arbeiten ge-
wöhnt hat. Zu den kraftvollsten, reinsten und schönsten

Stimmen, die aus grauem Alterthum zu uns herüber gekommen sind, gehören die Bücher des Alten Testaments, und
man kann es nie genug unserer Sprache verdanken, daß sie,
auch in der Uebersetzung, so wenig an Stärke und Wahrheit
eingebüßt haben. Ich habe oft darüber mit Vergnügen nach-
gedacht, daß es möglich wäre, etwas so Großes, Reiches und
Mannigfaltiges zusammen zu bringen, als die Bibel, die
Bücher des Alten und Neuen Testaments, enthalten. Wenn
sie auch, wie bei uns, dem Volke gewöhnlich das einzige Buch
ist, so hat dieses in ihr ein Ganzes menschlicher Geisteswerke,
Geschichte, Dichtung und Philosophie, und alles dies so, daß
es schwerlich eine Geistes- oder Gefühlsstimmung geben kann,
die nicht darin einen entsprechenden Anklang finde. Auch
ist nur weniges unverständlich, daß es nicht gemeinem, schlichten
Sinne zugänglich wäre. Der Kenntnißreichere bringt nur
tiefer ein, aber keiner geht eigentlich unbefriedigt hinweg.

(Die Eigenthümlichkeiten des Frühlings — in einem Briefe vom
Lande in die Stadt. —

Warum kann ich in die Lobpreisungen des Herbstes nicht ein-
stimmen? Antwort auf einen Brief der Mutter mit ähnlichem Inhalte
wie ihn der obige hat. —

Vom Werthe der Arbeit, besonders in der Einsamkeit — an
die Freundin, welche mitten im Strudel städtischer Freuden sich bewegen muß.)

8.

Von der Herrlichkeit des Sternhimmels.

W. v. Humboldt an eine Freundin.

Tegel, den 17. Oktober 1825.

Ich bin seit Anfang Oktober hieher zurückgekommen, und habe Ihren Brief vom 4. bald nach meiner Rückkunft bekommen, und danke Ihnen, liebe Charlotte, ganz besonders und aufs herzlichste für den ganzen Inhalt, der ganz meinen Erwartungen entsprochen hat ... Folgen Sie nun auch seinem Rath, wo es Ihnen nicht zu sehr zuwider ist. Die Krankheit des Gemüths, welche ich Ihnen aber nicht zugebe, schwindet gewiß bald und von selbst. Eine so gesunde und klare Seele, wie die Ihrige ist, wird eingebildete Uebel durch angestrengte und ernste Selbstbehandlung leicht heilen, da ja Gott dem Menschen darum den freien Willen gegeben hat, um in sich aufzunehmen und aus sich auszuscheiden, was die besonnene Vernunft dazu angemessen hält.

Gewiß haben Sie in den letzten September- und Oktober- tagen auch die Schönheit des östlichen Sternhimmels bemerkt? Drei Planeten und ein Stern erster Größe standen nahe beisammen, Mars und Jupiter im Löwen, die Venus später als Morgenstern nahe dem Sirius. Ich bemerke es nur, im Fall Sie den herrlichen Anblick versäumt hätten, Sie noch nachholen können. Am schönsten war es zwischen drei und vier Uhr Morgens zu sehen. Ich bin mit meiner Frau fast alle Morgen aufgestanden, und wir haben lange am Fenster verweilt, und haben uns jedesmal nur mit Mühe von dem schönen Anblick losreißen können. Ich habe von meiner Ju- gend an sehr viel auf die Sterne und Beschauen des ge- stirnten Himmels gehalten. Meine Frau theilte, wie die meisten, so auch diese meine Neigung mit mir, und so habe ich mein ganzes Leben hindurch, zu Zeiten mehr, zu Zeiten weniger, in sternhellen Nächten zugebracht. Selten ist aber ein Jahr und eine Jahreszeit so günstig dazu gewesen, als dieser wunderbar schöne, helle und reine Herbst. Ich kann nicht sagen, daß an den Sternen mich so die Betrachtung ihrer Unendlichkeit und des unermeßlichen Raumes, den sie einnehmen, in Entzücken setzt, das verwirrt vielmehr nur den Sinn, und in dieser Ansicht der Zahllosigkeit und der Un- endlichkeit des Raumes liegt sogar sehr vieles; was gewiß nur auf menschlicher, nicht ewig zu dauern bestimmter An- sicht beruht. Noch weniger betrachte ich sie mit Hinsicht auf das Leben jenseits. Aber der bloße Gedanke, daß sie so außer und über allem Irdischen sind, das Gefühl, daß alles Irdische davor so verschwindet, daß der einzelne Mensch gegen diese in den Luftraum verstreuten Welten so unendlich unbedeutend ist, daß seine Schicksale, sein Genießen und Entbehren, worauf er einen so kleinlichen Werth setzt, wie nichts gegen diese Größe verschwinden, dann daß die Gestirne alle Menschen und alle Zeiten des Erdbodens verknüpfen, daß sie alles ge- sehen haben vom Anbeginn an, und alles sehen werden, da- rin verliere ich mich immer in stillem Vergnügen beim An- blick des gestirnten Himmels. Gewiß ist es aber auch ein wahrhaft erhabenes Schauspiel, wenn in der Stille der Nacht, bei ganz reinem Himmel, die Gestirne, gleichsam wie ein Weltenchor, herauf- und herabsteigen, und gewissermaßen das Dasein in zwei Theile zerfällt. Der eine Theil, wie dem Irdischen angehörend, in völliger Stille der Nacht verstummt, und nun der andere heraufkommt in aller Erhabenheit, Pracht und Herrlichkeit. Dann wird der gestirnte Himmel, aus diesem Gesichtspunkte angesehen, gewiß auch von moralischem Einflusse. Wie entzückt mich schon der einfache Glanz dieses wundervollen Schauspiels der Natur. Ich habe schon oft daran gedacht, daß Ihnen gerade, liebe Charlotte, ein kleines Studium der Astronomie besonders zusagen müsse; wenn Sie es wünschen, will ich Ihnen gern einige Anleitung geben und Ihnen Bücher nennen, die Ihnen behilflich sein können.

(In einer Antwort auf diesen Brief werde gedankt und ausgeführt, daß man dieselben Eindrücke von und dieselbe Freude am Sternenhimmel haben könne, auch wenn man nicht die Namen der Sterne aufzusagen und ihre Bahn nachzurechnen verstehe.)

9.

Von einem Familienfeste bei der Rückkehr der Gattin.

Friedr. Heinr. Jacobi an Sophie von la Roche.

Düsseldorf, den 24. September 1776.

Endlich, beste Sophie, sitze ich denn doch und fange einen Brief an Sie an. Ich bin wohl nie von meinem gewöhnlichen Thun so lange und so ganz abgewesen, als die vergangene Woche durch; es wird auch noch einige Tage so fortdauern; dann aber werde ich mich hinsetzen und mich einmal wieder recht von Grund aus besinnen.

Gestern kam Betty hierher zurück; Wagen und Reiter vor ihr her — ein paar Tage zuvor. Sie hatte bei dem Erbgeschäfte weit die meiste Arbeit und Plage gehabt und war die munterste geblieben; hatte sich bei allen Gelegenheiten als die edelste liebenswürdigste Seele gezeigt; und nun wollte ich ihr gern bei ihrer Zurückkunft einen kleinen Jubel bereiten; Bruder und Schwester halfen mir darauf sinnen, und so entstand — was ich Ihnen mit wenigen Worten beschreiben will.

Aus meinem Wallzimmer waren, bei Gelegenheit, daß es neu angestrichen worden, alle Kupferstiche weggenommen. Sie erinnern sich, daß die Wände darin hellroth und das Holzwerl hellgrün angestrichen sind. Wir machten Kränze von Epheu, Lorbeer und Orange und anderm Grün mit Blumen untermischt und faßten das ganze Gemach damit ein. Wo die Blumenketten sich anschlangen und an andern schicklichen Plätzen waren Wachslichter aufgesteckt. In der Mitte stand die schön geschmückte Tafel. Große und kleine silberne Leuchter darauf waren mit Blumenketten an einander geschlungen, so daß sich davon eine Laube bildete, welche durch einen am Plafond befestigten Faden in die Höhe gehalten ward. Das übrige Silbergeräthe war meist alles erst neu von Aachen gekommen.

Mit anbrechender Nacht kam Betty glücklich an. Wir hielten sie im großen Saale und in den Zimmern gegenüber in heimlichem Arrest, jagten sie mit Küssen und Scherzen zurück, wenn sie weiter wollte. Endlich kam die Zeit des Nachtessens, und sie ward abgeholt. Dies that mein kleiner Kosacke mit selbstgefertigten Knittelversen. Er und sein Bruder hatten den Durchgang von dem Saal auf das Wohnzimmer nach eigenem Geschmack geziert und illuminirt. Nachdem Betty diese Kinderei angestaunt und den Buben mütterlich Genüge geleistet hatte, öffnete sich das Zimmer und ich trat mit ihr hinein. „O, Ihr Lieben! O, Ihr Guten!" rief sie, und es übernahmen sie Thränen. Wir fielen ihr um den Hals in leisem Gedränge; unsere Herzen flossen im schönsten Freudentaumel zusammen. Ich machte, daß wir zu sitzen kamen, und sobald alle ordentlich um den Tisch herum saßen, zog ich ein Blatt aus der Tasche und gab es Betty in die Hand. Es war die Abschrift des folgenden Liedes, das wir, als sie eben anfing es zu lesen, nach einer ausgesuchten Romanzen-Melodie, worauf es gemacht war, im Chor zusammen anstimmten.

> Der Mann, der ohne Schlüssel
> Wohl in sein Häuschen kam,
> Die Tasche sich zur Schüssel,
> Die Hand zum Becher nahm;

Der nur von Mond und Sonne
Sein Mahl erleuchten ließ,
Und in der offnen Tonne
Sich groß und glücklich pries.

Der mochte gut und billig
Und froh und weise sein;
Auch gehen wir ihm willig
Aus Sonn' und Mondenschein;
Doch woll' er uns erlauben,
Bei frohem Liederschall
Zu trinken Saft von Trauben
Aus Bechern von Krystall.

Im schön geschmückten Zimmer,
Die Tafel wohl bekränzt,
Bei hellem Kerzenschimmer
Von Silber überglänzt,
Da setzen wir uns nieder
Und füllen unser Glas,
So gut und fromm und bieder,
Als er in seinem Faß.

(Piano.)   Indeß mit holden Blicken,
Gleich einer jungen Braut,
Ein Weibchen voll Entzücken
Dem Wirth ins Auge schaut;
Und er mit Wohlgefallen
Sein Auge fest an ihr:
Von diesen Schätzen allen
Die schönsten gabst Du mir.

Und Liebesengel zeigen
Sich küssend unser Mahl;
Und lauter Küsse steigen
Aus jeglichem Pokal:
Es tönt von allen Wänden
Im Jubelsang herab:
Daß uns mit treuen Händen
Dies Fest die Liebe gab.

Wir waren alle von der lieblichsten Rührung ergriffen, und Betty in einer Art von Betäubung, die sich nicht be-

schreiben läßt. Erst über dem Essen ward sie auf das Sil-
bergeschirr aufmerksam. Die Aufträge waren so eingerichtet,
daß all ihr neues Geräthe dabei zu Statten kam und bald
auf diese, bald auf jene Weise zum Vorschein gebracht wurde.
Eine Ueberraschung folgte der andern und unser Mahl ward
je länger, je fröhlicher. Beim Nachtische machte ich Punsch.
Betty mag keinen Wein, aber Punsch trinkt sie gern, wenn
er ganz kalt ist. Wir nutzten diesen Umstand. Ich goß ein
Glas voll und gab es Lenchen, daß sie es hinaustragen und
vor's Fenster stellen sollte. Diese goß den Punsch in einen
Becher, der sich vom Ur-Aelter-Vater her, vielleicht noch
weiter, in der Familie fortgeerbt hatte, und nun durch's Loos
an meine Frau gefallen war. Wir hatten einen niedlichen
Kranz von Blumen und Myrthen darum befestigt; Lenchen
kam unbemerkt damit ins Zimmer zurück, trat zu Betty, und
singend reichte sie ihr die Hand:

(Mel.: Ohne Lieb' und ohne Wein 2c.)

Kleine Blümchen haben wir,
Schwester! noch gefunden,
Haben deinen Becher dir
Liebevoll umwunden.
Welche Freude, welche Lust,
Blumen dir zu pflücken!
Wirst dafür an deine Brust
Schwesterlich uns drücken.

(Der Chor wiederholte die vier letzten Verse bei jeder Strophe.)

Als des Bechers Loos dich traf,
Gabst du ihn dem Gatten;
Männer waren's, treu und brav,
Die zuvor ihn hatten;
Wirst ihn einst zum Eigenthum
Geben deinen Kindern,
Und die müssen nie den Ruhm
Ihrer Väter mindern.

Dieser Becher kam zu dir,
Weil, von deinem Segen

Unerquickt an deiner Thür
Niemand noch gelegen.
Gut und milde müssen sein,
Die den Becher erben,
Und ihm nie der Freudenwein
Fehlen, noch verderben.

Lenchen bebte die Stimme bei der ersten Note, sie konnte kaum fort; uns andern ging's nicht besser. Betty war aufgelöst bis in's innerste Leben. Während der zweiten Strophe schossen ihr die Thränen die Wangen herunter; sie blickte ihre Kinder an, dann mich, faßte mich mit beiden Händen und sah gen Himmel mit einem wunderbaren Ausdruck von Würde und Demuth und Dank und Flehen. — Zuletzt wendete sie sich zu ihren Kindern und sagte mit gebrochener Stimme: „Seht nur zu, daß ihr den Becher kriegt!" —

Unser Fest ging nun von neuem an, und keiner erinnerte sich, je ein schöneres begangen zu haben. Auch entzückte uns der Gedanke, daß es so ganz heimlich, so blos unter uns und für uns angestellt war; all die Lust, all die Wonne so im engsten Verstande unser eigen. Mein Bruder, meine Schwestern, meine Kinder, mein Schenk und unser trauter lieber Rektor Reiz machten die ganze Gesellschaft aus. Die Augenblicke wuchsen zu Minuten und die Minuten zu Stunden an, daß man sich nicht davor hüten konnte. Auf einmal sahen wir ein paar Wachslichter zu Ende gehen. Betty hatte sich sanft auf einem Sopha gelagert und war eingeschlummert. Wir löschten aus, brachten uns einander zu Bette und schliefen wohl bis an den Morgen.

Diese kleine Familien-Anekdote, wofür meine Sophie mir sicher Dank weiß, ist im Erzählen länger ausgefallen, als ich glaubte, und nun muß ich ältere Begebenheiten, die ich Ihnen mittheilen wollte, für ein anderes Schreiben bewahren.

(Der siebenzigste Geburtstag der Großmutter werde an die dabei wegen weiter Entfernung abwesend gewesene Tante beschrieben.)

10.

Von einer Harzreise im Winter.

Göthe an Frau v. Stein.

a.

Dienstag, 2. Decbr. 1777, Elbingerode.

Nur die Freude, die ich habe, wie ein Kind, sollten Sie im Spiegel sehen können! Wie doch nichts abenteuerlich ist als das Natürliche, und nichts groß, als das Natürliche, und nichts 2c. 2c. 2c., als das Natürliche!!!!! Heut wie ich auf einer Klippe saß — Sie sollen Sie sehen — wo mich Götter und Menschen nicht gesucht hätten. Ich zeichne wieder den ganzen Tag und werde doch nichts mitbringen, wie gewöhn-lich. Ich hab' Sie sehr lieb. In der ungeheuren Natur, da ich kritzelte und mir's sehr wohl war, fiel mir's ein: wenn Du's nur auch heut Abend in der grünen Stube aufhängen könntest! Da ist's freilich besser im Stern zeichnen. Aber dafür auch!!! Lieb Gold, Wege mitunter!! im dreckigen Jerusalem Swedenborgs ist's nicht gröber. Und wenn nun gleich die allzugefällige Nacht einem sich an den Rücken hängt!! — Die Trauer an den langen seichten Wassern hin in der Dämmerung! — Ohne den mindesten Unfall bin ich bis hier. Einige Fratzen, wo der Poete sich nicht verleugnet, ausge-nommen, so sehr ich mit Kaufmannsdiener = Aufmerksamkeit auf das Meinige zu reisen bemüht bin! Gar hübsch ist's, auf seinem Pferde mit dem Mantelsäckchen, wie auf einem Schiffe, herum zu kreuzen. Gute Nacht.

b.

Donnerstag, 4. Decbr. 1777, Goslar.

Von hier wollt' ich Ihnen zuerst schreiben; Sie sehen aber aus dem Bleistiftblättchen, daß ich früher laut geworden

bin. Ein ganz entsetzlich Wetter hab' ich heut ausgestanden.
Was die Stürme für Zeugs in diesen Gebirgen ausbrauen,
ist unsäglich, Sturm, Schnee, Schlossen, Regen und zwei
Meilen an einer Nordwand eines Waldgebirges her; Alles
fast ist naß, und erholt haben sich meine Sinne kaum nach
Essen, Trinken, 3 Stunden Ruhe u. s. w. Mein Abenteuer
hab' ich bestanden, schön, ganz wie ich mir's voraus erzählt,
wie Sie's sehr vergnügen wird, zu hören, denn Sie allein
dürfen's hören, auch der Herzog, und so muß es Geheimniß
sein. Es ist niedrig, aber schön, es ist nichts und viel, —
die Götter wissen allein, was sie wollen, und was sie mit
uns wollen; ihr Wille geschehe. Hier bin ich nun wieder in
Mauern und Dächern des Alterthums versenkt. Bei einem
Wirthe, der gar zu viel Väterliches hat; es ist eine schöne
Philisterei im Hause; es wird einem ganz wohl. — Wie
sehr ich wieder auf diesem dunkeln Zuge Liebe zu der Klasse
von Menschen gekriegt habe, die man die niedere nennt! die
aber gewiß für Gott die höchste ist. Da sind doch alle
Tugenden zusammen, Beschränktheit, Genügsamkeit, gerader
Sinn, Treue, Freude über das leiblichste Gute, Harmlosig=
keit, Dulden — Dulden — Ausharren in un — — un . . .
ich will mich nicht in Ausrufen verlieren.

Ich trockne nun jetzt an meinen Sachen! — Sie han=
gen um den Ofen. Wie wenig der Mensch bedarf, und
wie lieb es ihm wird, wenn er fühlt, wie sehr er das We=
nige bedarf! — Wenn Sie mir künftig was schenken, lassen
Sie's etwas sein, was man auf so einer Reise braucht. —
Nur das Stück Papier, wo die Zwiebacke eingewickelt waren,
zu wie vielerlei es mir gedient hat! — Es kann nicht fehlen,
daß Sie hier nicht lachen und sagen: Schließlich wird's also
den Weg alles Papieres gehen! Genug! es ist so. — —
Ich weiß nun noch nicht, wie diese Irrfahrt endigen wird;
so gewohnt bin ich, mich vom Schicksale leiten zu lassen, daß
ich gar keine Hast mehr in mir spüre, nur manchmal däm=

mern leise Träume von Sorglichkeit wieder auf, die werden aber auch schwinden. (NB. ich rede hier von einer kindischen Sorglichkeit nie über's Ganze, sondern nur über einzelne kleine Fälle.)

c.

Freitag, 5. Dcbr. 1777.

Guten Morgen noch bei Lichte. Es regnet gar arg und Niemand reist, außer wen Noth treibt und dringend Geschäft, und mich treiben seltsame Gedanken in der Welt herum. Abieu. Grüßen Sie Steinen.

d.

Sonnabend, 6. Dec. 1777, Goslar.

Mir ist's eine sonderbare Empfindung, unbekannt in der Welt herumzuziehen; es ist mir, als wenn ich mein Verhältniß zu den Menschen und den Sachen weit wahrer fühlte. Ich heiße Weber, bin ein Maler, habe jura studirt, oder ein Reisender überhaupt, betrage mich sehr höflich gegen jedermann, und bin überall wohl aufgenommen. Mit Frauen hab' ich noch gar nichts zu schaffen gehabt. Eine reine Ruhe und Sicherheit umgibt mich; bisher ist mir noch alles zu Glück geschlagen, die Luft hellt sich aus, es wird diese Nacht sehr frieren. Es ist erstes Viertel, ich hab' einen Wunsch auf den Vollmond; wenn ihn die Götter erhören, wär's großen Dankes werth. Ich nehm' auch nur mit der Hälfte vorlieb. Heut wollt' ich zeichnen, ein lieblich Fleck, es ging gar nicht. Mir ist's ein für allemal unbegreiflich, daß ich Stunden habe, wo ich so ganz und gar nichts hervorbringe.

Ich drehe mich auf einem sehr kleinen, aber sehr merkwürdigen Fleckchen Welt herum. Die kurzen Tage machen alles weiter. Und es ist ein gar schön Gefühl, wenn von Platz zu Platz aus Abend und Morgen ein Tag wird. — Schlafen thu' ich ganz ohne Maß.

e.

ben 7. Dec. 1777.

Heute früh hab' ich wahrhaftig schon Heimweh. Es ist mir, als wenn mir mein Theil wie ein Klotz angebunden wäre. Ich bin immer um unsere Gegenden und treffe Sie vermuthlich da an. Es ist kalt und heiterer Himmel; heut will ich hier weg und rücke Ihnen schon wieder einigermaßen näher.

Um 10 Uhr. Mir ist ganz wunderlich, als wenn mich's von hier wegrisse. Ich hab das Essen früher bestellt und will gleich fort. Adieu. Dieser Brief geht erst morgen ab. Adieu.

f.

Sonntag, 7. Dec. 1777, Abends, Klausthal.

Schöne Mondnacht und alles weiß im Schnee. Sie sehen wohl, daß ich auf den Bergen bin, weil sich in so wenig Stunden das Klima so sehr verändern kann. Aber nicht allein Klima. Ich hab' Ihnen viel zu erzählen, wenn ich wiederkomme. Wenn ich nur hernach erzählen kann. Den sonderbaren dramatisch = ministerialischen Effekt, den die Welt auf mich macht, durch die ich ziehe!! Das Schönste von dieser Wallfahrt ist, daß ich meine Ideen bestätigt finde auf jedem Schritt, über Wirthschaft, es sei ein Bauerngut oder ein Fürstenthum, und daß sie so simpel sind, daß man gar nicht zu reisen brauchte, wenn man bei sich etwas lernte. Nur die Einsamkeit will mir doch nicht recht; ich hab's sonst besser gekonnt; bei Euch verwöhn' ich mich; ich möchte doch in manchen Stunden wieder zu Hause sein.

g.

Montag, 8. Dec. 1777, Nachts.

Diesmal bring ich Sie um eine Menge toller Ideen. Heut den ganzen Tag schwatz ich mit Ihnen, was ich des Abends schreiben wollte. Und nun unterhält mich die Men-

schenwirthschaft durch einander so sehr, daß ich nur gute
Nacht sagen kann. Gute Nacht, Liebste.

h.

Dienstag, 9. Dec. 1777.

Es ist gar schön; der Nebel legt sich in leichte Schnee-
wolken zusammen, die Sonne sieht durch, und der Schnee
über alles macht wieder das Gefühl von Fröhlichkeit. In
meiner Verkappung seh ich täglich, wie leicht es ist, ein Schelm
zu sein, und wie viel Vortheile einer, der sich im Augenblick verleugnet, über die harmlose Selbstigkeit der Menschen
gewinnen kann. Niemand macht mir mehr Freude, als die
Hundsfötter, die ich nun so ganz gewähren und ihre Rolle
gemächlich ausspielen lasse. Der Nutzen aber, den das auf
meinen phantastischen Sinn hat, mit lauter Menschen umzu-
gehen, die ein bestimmtes einfaches dauerndes, wichtiges Geschäft haben, ist unsäglich. Es ist wie ein kaltes Bad, das
einen aus einer bürgerlich-wollüstigen Abspannung wieder zu
einem neuen kräftigen Leben zusammenzieht.

i.

Dienstag, 9. Dec. Abends, Altenau.

Was die Unruhe ist, die in mir steckt, mag ich nicht
untersuchen, auch nicht untersucht haben. Wenn ich so allein
bin, erkenn ich mich recht wieder, wie ich in meiner Jugend
war, da ich mich so ganz allein, so unter der Welt umhertrieb.
Die Menschen kommen mir noch ebenso vor, nur macht' ich
heut eine Betrachtung. So lang ich im Druck lebte, so lang
Niemand für das, was in mir auf- und abstieg, einig Gefühl hatte, vielmehr, wie's geschieht, die Menschen erst mich
nicht achteten, dann wegen einiger widerrennender Sonderbar-
keiten scheel ansahen, hatte ich mit aller Lauterkeit meines
Herzens eine Menge falscher, schiefer Prätensionen. — Es
läßt sich nicht so sagen, ich müßte ins Detail gehen. — Da
war ich elend, genagt, gedrückt, verstümmelt, wie sie wollen.

Jetzt ist's kurios, besonders die Tage her in der freiwilligen Entfernung, was da für Lieblichkeit, für Glück drin steckt.

Die Menschen streichen sich recht auf mir auf, wie auf einem Probirsteine, ihre Gefälligkeit, Gleichgültigkeit, Hartleibigkeit und Grobheit, eins mit dem andern macht mir Spaß — Summa Summarum, es ist die Prätension aller Prätensionen, keine zu haben.

Liebes Gold! Ich hab' an keinem Orte Ruhe; ich habe mich tiefer in's Gebirg gesenkt, und will morgen von da in seltsame Gegenden streifen, wenn ich einen Führer durch den Schnee finde. Um halb 4 Uhr fängt's schon hier an Nacht zu sein und das ist nach der Uhr des platten Landes gewiß erst drei.

Ich denke des Tags hundertmal an den Herzog und wünsche ihm den Mitgenuß so eines Lebens, aber den rechten leckern Geschmack davon kann er noch nicht haben; er gefällt sich noch zu sehr, das Natürliche zu was Abenteuerlichem zu machen, statt daß es einem erst wohlthut, wenn das Abenteuerliche natürlich wird.

Es ist eben um die Zeit, wenig Tage auf ab, daß ich vor 9 Jahren krank zum Tode war; meine Mutter schlug damals in der äußersten Noth ihres Herzens ihre Bibel auf und fand, wie sie mir nachher erzählt hat: „Man wird wiederum Weinberge pflanzen an den Bergen Samariä, pflanzen wird man und dazu pfeifen". Sie fand für den Augenblick Trost und in der Folge manche Freude an dem Spruche.

Sie sehen, was für Zeug mir durcheinander einfällt.

Daß ich jetzt um und in Bergwerken lebe, werden Sie schon errathen haben. Gestern hat mir das Schicksal wieder ein groß Compliment gemacht. Der Geschworne ward einen Schritt vor mir von einem Stück Gebirg, das sich ablöste, zu Boden geschlagen; da er ein sehr robuster Mann war, so stemmte er sich, da es auf ihn fiel, daß es in mehr Stücken aus einander brach, und an ihm hinabrutschte; es über-

wältigte ihn aber doch, und ich glaubte, es würde ihm wenigstens die Füße sehr beschädigt haben; es ging aber so hin;
einen Augenblick später, so stund ich an dem Fleck, denn es
war eben vor einem Ort, den er mir zeigen wollte, und meine
schwanke Person hätte es gleich niedergedrückt und mit der
völligen Last gequetscht. Es war immer ein Stück von
5 — 6 Centnern. Also daß Ihre Liebe bei mir bleibe und
die Liebe der Götter!

k.

Mittwoch, 10. Dec. 1777, Nachts gegen 7 Uhr.

Was soll ich vom Herren sagen mit Federspulen, was
für ein Lied soll ich von ihm singen? im Augenblick, wo mir
alle Prosa zur Poesie und alle Poesie zur Prosa wird. Es
ist schon nicht möglich, mit der Lippe zu sagen, was mir
widerfahren ist, wie soll ich's mit dem spitzen Ding hervorbringen? Liebe Frau. Mit mir verfährt Gott wie mit seinen
alten Heiligen, und ich weiß nicht, woher mir's kommt. Wenn
ich zum Befestigungs-Zeichen bitte, daß möge das Fell trocken
sein und die Tenne naß [Richt. 3, 36—40], so ist's so, und
umgekehrt auch, und mehr als alles die übermütterliche
Leitung zu meinen Wünschen.

Das Ziel meines Verlangens ist erreicht; es hängt an
vielen Fäden, und viele Fäden hingen davon. Sie wissen,
wie symbolisch mein Dasein ist. — — Und die Demuth,
die sich die Götter zu verherrlichen einen Spaß machen, und
die Hingebenheit von Augenblick zu Augenblick, die ich habe,
und die vollste Erfüllung meiner Hoffnung.

Ich will Ihnen entdecken (sagen Sie's Niemand), daß
meine Reise auf den Harz war, daß ich wünschte den Brocken
zu besteigen, und nun, Liebste, bin ich heute oben gewesen;
ganz natürlich, ob mir's schon seit acht Tagen alle Menschen
als unmöglich versichern. Aber das Wie? vor allem, das

Warum soll aufgehoben sein, wenn ich Sie wiedersehe. Wie gern schrieb' ich jetzt nicht!

Ich sagte: ich habe einen Wunsch auf den Vollmond! — Nun, Liebste, trete ich vor die Thüre hinaus, da liegt der Brocken im hohen herrlichen Mondschein über den Fichten vor mir; und ich war oben heut und habe auf dem Teufels= altar meinem Gott den liebsten Dank geopfert. Ich will die Namen der Orte ausfüllen. Jetzt bin ich auf dem soge= nannten Torfhause, eines Försters Wohnung zwei Stunden vom Brocken.

1.

Klausthal, Donnerstag 11 Dec. Abends 1777.

Heut früh bin ich vom Torfhause über die Altenau wieder zurück und habe Ihnen viel erzählt unterwegs, o! ich bin ein gesprächiger Mensch, wenn ich allein bin.

Nur ein Wort zur Erinnerung. Wie ich gestern zum Torfhause kam, saß der Förster bei seinem Morgenschluck in Hemdsärmeln, und discursive redete ich vom Brocken, und er versicherte die Unmöglichkeit hinaufzugehn, und wie oft er Sommers droben gewesen wäre, und wie leichtfertig es wäre, jetzt es zu versuchen. — Die Berge waren im Nebel, man sah nichts, und so sagt er, ist's auch jetzt oben, nicht drei Schritte vorwärts können Sie sehen. Und wer nicht alle Tritte weiß u. s. w. Da saß ich mit schwerem Herzen, mit halben Gedanken, wie ich zurückkehren wolle. Und ich kam mir vor, wie der König, den der Prophet mit dem Bogen schlagen heißt, und der zu wenig schlägt. Ich war still und bat die Götter, das Herz dieses Menschen zu wenden und das Wetter, und war still. So sagt er zu mir: nun können Sie den Brocken sehen; ich trat an's Fenster, und er lag vor mir klar, wie mein Gesicht im Spiegel; da ging mir das Herz auf und ich rief: Und ich sollte nicht hinaufkommen! Haben Sie keinen Knecht, Niemanden —

und er sagte: ich will mit Ihnen gehen. — — Ich habe ein Zeichen ins Fenster geschnitten zum Zeugniß meiner Freudenthränen, und wär's nicht an Sie, hielt' ich's für Sünde, es zu schreiben. Ich hab's nicht geglaubt bis zur obersten Klippe. Alle Nebel lagen unten, und oben war herrliche Klarheit und heute Nacht bis früh war er im Mondschein sichtbar und finster auch in der Morgendämmerung, da ich aufbrach. Abieu, Morgen geh' ich von hier weg. Sie hören nun aus anderen Gegenden von mir. Fühlen Sie etwa Beruf, mir zu schreiben, geben Sie's nur Philippen, dem hab' ich eine Adresse gemeldet. Abieu Liebste! Grüßen Sie Steinen und die Waldnern, sagen aber Niemanden wo ich bin. Abieu.

(Reisebriefe an die Freundin.)

———— ❊ ————

11.

Eine Reiseskizze.

Göthe an Merck.

Bern, 17. Oktober 1779.

Wir hatten immer das glücklichste Wetter gehabt. In Speier mit Berolbingen gegessen, einen ganzen Nachmittag mit ihm. In Emmenbingen alles recht gut und brav; hinter Freiburg in die Hölle, einen guten Tag mit Schlossers und den Mädels. In Basel Mechel; bei ihm interessante Wiener Portraits u. s. w. Gegend, Bibliothek, Holbeins u. s. w. Antiquitäten, Fabriken u. s. w. Durch Münsterthal, eine herrliche Felsgegend, abwechselnd, durch Münster auf Biel. In die Weinlese kamen wir, da, wo die

Trauben berühmt sind; halbstürmischen schönen Tag auf
dem See, nach Rousseau's Insel, eben in Weinlese begriffen,
für drei Jahr Trauben gegessen. Auf Anet, sodann wieder
bei Blaise am Neuburger See einen Mittag gefeiert; hohe
Sonnenblicke auf Murten, der einzige Regentag. Auf Bern;
nach einer kleinen gedruckten Anweisung Wyttenbach's auf
die Gletscher. Ueber Thun, Unterseen in's Lauterbrunn,
Staubbach, auf den Steinberg, die Gletscher gegenüber bis
an's Tschingelhorn, zurück, dann in Grindelwald, die beiden
Gletscher und unbeschreibliche Tage über den Scheideck in's
Oberhasli durch den Grund bis Guttanen, zurück auf Mey-
ringen. In der höchsten Klarheit des Himmels, Wärme
und Kühle, ein Grün über alles, und Farben an den ab-
stehenden, noch ganz beblätterten Bäumen! In Tracht bei
Brienz schlafen. Mit Sonnenaufgang auf den Brienzer See.
Ueber Unterseen auf den Thuner, nach Thun, auf Bern,
auf Langenau. Beim alten Micheli eine Nacht, auf Hin-
delbank das Grab der Langhans, nach Bern zurück; immer
vollkommenes Wetter! Die Bibliothek, das Zeughaus,
Sprünglin's Sammlung, höchst interessant. Bei Wyttenbach
war ich diesen Morgen drei Stunden. Er ist sehr instructiv.
Er hat von allen Bergen und Enden der Schweiz die Stein-
arten zusammengelesen, ist ein recht artiger Mann. Allerlei
Leute besucht. Aberli, ein Maler. — In Biel einen kennen
lernen, Hartmann, von dem ich mitbringe. Ueber alles,
was sich denken läßt, zeichnet der junge Schütz, der jetzt
bei einem Handelsmann, Burkhardt in Basel, ist. Aberli
macht seine Studien nach der Natur in Oel vortrefflich.

Wir sind wohl, mitunter recht lustig. Der Herzog
grüßt. Von Lavater hab' ich mir allerlei interessante Menschen
nennen lassen. So viel im Vogelflug von unsrer Tour, daß
Du folgen kannst und siehst, daß bisher die Götter mit uns
waren. Morgen gehen wir auf Lausanne.

Eben da ich so schrieb, sah ich durch die Schornsteine,

daß die Sonne unterging, und lief schnell auf die Terraſſe
hinter dem Münſter. Sie war ſchon untergegangen, und an
den Schneebergen ſtand noch das Roth, und der Mond oben
darüber. Du kennſt den Anblick. Abieu. Schick dieſen Brief,
wenn Du ihn geleſen haſt, meinen Eltern.

Meine Mutter ſoll künftig alle Packete an Hrn. Gedeon
Burkhardt in Baſel adreſſiren. Was ſie bisher abgeſchickt
hat, haben wir zu verſchiedenen Malen erhalten. Es iſt
uns nachgekommen.

(Skizze einer Gebirgsreiſe entweder nach der Wirklichkeit, oder nach
einem Buche.)

— — — ◇ — — —

12.

Ein Reiſegedanke.

Heinſe an Jacobi.

Marſeille, 26. October 1780.

Im Flug und auf dem Raub während dem Einpacken.
Im Genuß unbeſchreiblicher Luſt und Schönheit bin ich, nach
einer Reiſe von achtzig ſtarken franzöſiſchen Meilen, über
Lyon und Avignon, wo ich mich zwei ganze Tage bei Vaucluſe
aufgehalten habe, unter mancherlei ſonderbaren Auftritten,
die bei meiner Art zu reiſen nie ausbleiben, vor drei Tagen
glücklich hier angelangt, und werde binnen einer Stunde mit
einer genueſiſchen Felucke auf der See ſein. Ich habe plötzlich meinen Vorſatz abgeändert, nämlich bis nach Antibes
zu Land zu reiſen; weil die Wege dahin ſo unſicher ſind,
daß das Parlament von Aix nicht genug Straßenräuber rädern
und aufknüpfen laſſen kann; noch ſind die Straßen ſehr

schlecht, und ich müßte über zwanzig deutsche Meilen zu Fuß ablaufen, und vielleicht vierzehn Tage unterwegs liegen bleiben, bis ich nach Genua käme, und hätte doch noch die Gefahr, von den Engländern gefangen zu werden. Freilich habe ich von dem größten Glück zu sagen, wenn mich die Afrikaner nicht erwischen; und vielleicht ziehe ich, während Sie dieses lesen, mit vollen Segeln bei Sicilien vorbei in die Sklaverei. Auch haben die Winde in dieser Jahreszeit ihre gar große Freude an Stürmen. Doch es sei, wie es wolle: mein Geist ist sicher nicht zu vergehn. — Mein ganzes Leben gleicht einem der Ströme, die sich von den höchsten Alpen herabstürzen müssen, ehe sie Ruhe finden und sanften Lauf haben. In Düsseldorf ist es unbemerkt doch scharf und schnell durch einen glücklichen Bodensee geflossen; vielleicht muß es nun, nach einem königlichen Sturz bei Schaffhausen, sich durch die engen und schroffen Felsenklippen bei Laufenburg drängen und winden, und endlich doch unbegreiflich durch alle vorliegende Berge kommen. — Mein Geist wird gewiß Ihre Gegenwart wieder fühlen und Ihnen die seinige zu erkennen geben; und sollte es auch um Mitternacht, wenn die Stunde der Freiheit für die Abgeschiedenen schlägt, mit einem leisen Rausch von Engelsharmonie durch die Saiten ihres Fortepiano sein. — Wenn Sie binnen vierzehn oder schon acht Tagen nach Empfang dieses keine Nachricht von mir haben, so schwimme ich entweder als ein todter Leichnam auf dem mittelländischen Meer, oder bringe meinen Barbaren von Algier den goldnen Hermannszug (einen entscheidenden Zug im Schachspiele) an.

Ihr Herz muß fühlen, wie warm das meinige Liebe und Leben für Sie schlägt, und für Euch alle! Gott befohlen!

N. S. Gerades Weges vom Genfer See her, dem Thuner See, dem Vierwaldstädter See, dem Züricher See her, habe ich alle süße Seen für weiter nichts als Flüsse

gehalten, die sich durch Thäler innerlich durch und durch-
dringen und herausarbeiten müssen. Was man See an
ihnen nennt, ist unmerklicher innerer Fortfluß. So ist der
Genfer See weiter nichts als die Rhone in einem tiefen
Thale, und der Thuner See die Aar, der Züricher See die
Limmat in einem Thale, und mein Leben in Düsseldorf
gleicht dem Rhein in einem Thale, worin er Bodensee wird.
— Ich begreife nicht, wie die Seen bei uns in so heillosen
Credit gekommen sind, daß man manche Köpfe nachtheiliger
Weise mit einem See vergleicht. Wollte Gott, daß wir
dergleichen Köpfe viele hätten, wie die Schweizer Seen alle
sind; sie sind Tiefen von lebendigem Wasser, Herzen der
Wassergötter, und die Erquickung der Sterblichen in den
heißen Tagen, und die tiefsten, die Bodenseen, sind die besten.
(Der Mensch gleicht einem Strome. Vergleichende Betrachtung.)

———◆————

13.

Reiseblätter aus der Schweiz.

Heinse an F. H. Jacobi.

Luzern, den 29. August 1780.

Ich fühle jetzt die Zeit in ihrer ganzen Geschwindigkeit
und wie das Leben vorbeirauscht. Nichts ist mir mehr einerlei,
und die Scenen wechseln zu einem unendlichen Schauspiel.
Ich werde mir selber zum Abgrund, und kann mich nicht
fassen, etwas wieder zu geben. Ich bin glückselig, wie wenige
Menschen es sein können, gesund und hell und frisch, nimmer
ermüdet und immer neu gestärkt an allen Sinnen. Es geht
doch nichts über einen Reisenden zu Fuß mit fröhlichem Muth

und heitrer Seele, und Stärke und Munterkeit in den Ge-
lenken, der seinen Reisebündel selbst trägt, wie Pythagoras
und Plato.

So eben lange ich von dem angenehmsten Spaziergang
hier an, den ich mein Leben lang gemacht habe; nämlich einen
Spaziergang von Baden durch den Canton Zürich, durch die
Freiämter, durch die Cantone Zug, Schwyz, Canton Ober-
und Unterwalden. Mit Einem Wort: ich bin durch den
Mittelpunkt, durch den Kern der Schweiz gereist.

Ihnen wieder zu sagen, was für entzückende Gefühle all
mein Wesen durchschauert, ist mir jetzt nicht möglich; ich bin
erst in die wahre, große, lebendige Natur hineingekommen, und
das Meiste, was ich vorher gesehen habe, war klein, verfälscht
und verzerrt. In den Demokratien, die ich durchwandert
bin, hat sich mein Herz zuerst recht an der Menschheit gelabt.
Ich war wie in Athen zu den Zeiten des Themistokles. Nur
einige abgerissene Blätter aus einem dicken Folianten von
Empfindungen.

Den 25. August von Zug über den See nach dem Rigiberg; Morgen von neun bis zwölf Uhr beim schönsten Wetter.

Vor himmlischer Freude bin ich fast vergangen: so etwas
Schönes von Natur habe ich noch nie gesehen. Der spiegel-
reine und leicht und zart gekräuselte grünlichte See; die
Rebengeländer an den Ufern hinein mit Pfählen im Wasser
aufgestützt, die vielen hohen Nuß- und Fruchtbäume auf den
grünrasichten reinen Anhöhen, die lieblichen Formen den Berg
hinan mit Buchen und Fichten und Tannen besetzt: schroff
und schräg hinein hier und da, und hier und da wandweise,
hier buschicht wie Bergsammet, dort hochwaldicht mit mannichfaltigen Schattirungen süßen Lichts, und in der Tiefe hinten
der hohe Rigiberg graulicht und dunkel vor der Sonne liegend.
Alle Massen rein und groß und ungekünstelt hingeworfen.
Und weiterhin rechter Hand die hohen Schneegebirge, die über
den Streifwolken ihre Häupter gen Himmel empor strecken.

Günther, Musterbriefe.   4

Und wie sich das alles tief in den See unten hirein spiegelt, sanfter und milder. Man ist so recht seelenvoll in stiller lebendiger Natur, so recht im Heiligthum empfindungsvoller Herzen. Ich kann's nicht aussprechen; Gottes Schönheit bringt in all mein Wesen, ruhig und warm und rein; ich bin von allen Banden gelöst, und walle, Himmel über mir und Himmel unter mir, im Element der Geister wie ein Fisch im Quelle. Seligkeit einathmend und Seligkeit aus-athmend. Alles ist still und schwebt im Genuß; nichts regt sich als die plätschernden Floßfedern von meinem Nachen, der unmerkliche Taktschlag zu dem wollüstigen geistigen Con-certe. Immer stärker läuft mir das Entzücken wie ein Felsenquell durch alle Gewebe meines Rückgrats.

Nah am Rigiberge stehen die schlanken hochstämmigen Buchen immer erfreulicher die schroffen Ufer herunter zwischen Felsenmassen; und in der Tiefe hinten liegt das kleine A r t h wie ein Lustörtchen, ein Ruheplätzchen der Liebe, ein sicherer Port vom Gebirge beschirmt vor Stürmen. Die ganze linke Seite stehen im Grünen einzelne Schweizerhäuschen, mit ihren drei bis vier Wetterdächern meistens in Weinlaub steckend; und oben weidet das schöne Vieh.

*   *

> Morgens um 5 Uhr, den 26. August, auf dem höchsten Joche des R i g i b e r g s, eines der berühmtesten in der ganzen Schweiz wegen seiner Aussichten.

Hier sitz ich oben in den glänzenden Strahlen der neuen Sonne, die über die Glarnergebirge jugendlich hervorspringt, und Jubel und Wonne mir in die Seele leuchtet; erschreck-lich tief unter mir, die schroffen und senkrechten Felsen herab, liegt die braune Nacht auf den stillen Seen, wo keine Welle ans Ufer schlägt. Weit und breit über die Erde her ziehen Heere von Nebelwolken, weißgräulicht, chaotisch und unförm-lich, wie die tausendköpfige Mutter Nacht in Person, schwanger von unendlichem unreifem Leben. Darüber blitzen hervor die Schneegipfel von Schwyz und Unterwalden, wie ungeheure Brillantenblöcke. Und fernerhin schimmern und leuchten und funkeln rosenrothe Streifwölkchen im himmelreinen Aether. Jetzt vermischt sich gegen Westen Himmel und Erde und die Welt ist lauter Nebel. Gegen Osten bekämpfen ihn die Strahlen der Sonne und er sinkt und fällt. Die Hügel stehen im Thau, und in den Alpen herum weiden die Kühe. Die Erde zeigt ihr holdselig Antlitz, und eine Menge freundlicher Seen lächeln um mich herum, und Flüsse gehen stolz und strahlend ihren Schlangengang, die Wesen zu erquicken.

Der Rigi ist der erste hohe Berg, den ich erstiegen habe. Um zwei Uhr Nachmittags den 25. ging ich von Arth allein ohne Wegweiser aus, und stieg die waldige Anhöhe hinan; verfehlte aber gleich den Pfad und kam so ins Steile, daß ich weder zurück noch vorwärts konnte; und wurde gewahr, daß ich mit keinem Grafenberg zu thun hatte. Ich ließ meinen Büchsenranzen zuerst hinab ins Gesträuch rollen, und spähte dann am Felsen hangend meinen Rückzug aus. Und das Glück war mir so günstig, daß ich noch mit einigen gefährlichen Sprüngen wieder auf den alten und rechten Weg kam. Nun stieg ich um den Berg herum zwei Stunden lang, mit einem Bettler, der hinauf zu den Kapuzinern wollte, und welchen ich auf dem Wege eingeholt hatte; (es ist oben ein Kapuziner-Klösterli nur mit vier Mönchen besetzt und einem Bruder, und darum herum drei Wirthshäuser für die Fremden, die im Sommer aus der ganzen Schweiz hierher kommen) und befand mich endlich auf der ersten Anhöhe. Der Schweiß lief mir über den ganzen Leib herab; ich schwitzte von außen und innen; und kam auf die Entdeckung, daß die Schweizer vom Schwitzen ihren Namen her hätten; zuerst die Einwohner von der Schwyz, hernach alle, weil die Benennung doch wirklich auf die meisten so unvergleichlich paßt und sie alle in der That Schwitzer, der eine mehr als der andere, sind.

4*

Was ich den ganzen Weg und insonderheit hier sah und
hörte, habe ich noch nie erfahren, und es läßt sich keinem
davon eine Vorstellung machen. Rund um und überall rauscht
der ganze Berg, der in einer Menge von Riesengipfeln gen
Himmel emporragt, von herabschießenden Bächen, und Quellen
rieseln aus dunkeln Schatten unter Felsen hervor, und Katarakten hallen und brausen dazwischen. Das freundliche Leben,
denn anders kann ich oft lechzender Wanderer mir das Wasser
nicht denken, scheint zu zürnen, daß es nur todte Felsen
findet, die es zu seinem neuen Wachsthum beseelen kann.
Auf dieser ersten Höhe steht schon ein Wirthshaus, und hier
stärkt' ich mich und meinen Bettler mit einer Flasche rothen
wälschen Wein und einem guten Stück Schweizerkäse. Die
zweite Höhe kommt man an einem Einschnitt linker Hand
zwischen zwei hohen Gebirgen durch, und hat über den Abgrund, wodurch ein Bach stürzt, gegenüber eine halbe Stunde
lang eine jähe, oft senkrecht herabsteigende Felsenwand, voller
kleiner hoch herab in die Tiefe stürzender Katarakten, mit
Fichten überall bewachsen, wo nur ein Strauch hat Wurzel
fassen können; weßwegen sie auch vom Wind hier und dort,
wie Halme, niedergeschlagen oder entwurzelt liegen und hangen
und verfaulen, weil Niemand hinzu kann. Voran steigt ein
Felsenjoch in die Höhe in einer ungeheuren Reihe gothischer
Colonaden. Der Bach, der in unzähligen Fällen hinabrauscht,
ist hier und da, unten und oben, mit Erlen und Buchen
und Fichten eingefaßt. Der Berg überhaupt ist sehr fruchtbar, hat unten und oben sehr fette Alpen, unten starke Buchen
und oben viel Fichtenholz. Das herrlichste Vieh weidet überall
herum. Die Wege oder der Pfad hinan ist äußerst beschwer-
lich, oft so enge und klein an Abgründen, daß man kaum
darüber weg kann. Die Kapuziner und die Melker haben
ihn mit unsäglicher Mühe noch so herausgebracht, sonst wäre
er gar nicht zu besteigen. An vielen Orten liegen dabei
große Felsstücke mit Moos überzogen und mancherlei Kräutern,

woraus meistens ziemlich hohe Buchen in der Tiefe und oben
Fichten und Gesträuch wachsen. — So habe ich überhaupt
noch wenig Thäler zwischen den hohen Bergen angetroffen,
wo nicht solche große Felsenstücke liegen, die fast alle mit
Bäumen bewachsen sind, welches der Gegend erst so recht
das Schweizerische gibt.

Noch denselben Abend stieg ich hinauf auf den höchsten
Gipfel, und sah die Sonne gar schön untergehen, indeß die
Seen unten schon ganz dunkel waren und die Nacht, nicht
nur Dämmerung, wirklich darauf lag; welches einen ent=
zückenden Contrast macht. Ich orientirte mich hier in der
ganzen Gegend. Man sieht zuerst unten den ganzen Zuger
See, dann den größten Theil von dem vielwinklichten Vier=
waldstätter See, den Lowerzer See, den Surfee, und weit in
der Ferne den Züricher See, und noch einige andere, und
eine große Strecke den Lauf der Reuß, und eine Menge Ort=
schaften, als Luzern, Küßnacht, Zug, Art, Schwyz u. a. Auf
den untern Alpen saßen die meisten schwarzen Kühe aus wie
große Maulwürfe, die sich aus der Erde hervorgemacht haben.
Darum her liegt der herrliche Kranz von Schneegebirgen,
die der Natur über den Kopf gewachsen zu sein scheinen.

Den 26. gegen Mittag stieg ich den Ringen herab, und
über Goldau den Lowerzer See vorbei am Gebirge nach
Schwyz. Der Ringenberg besteht fast durchaus aus zusammen=
gekitteten Kieselsteinen, die meistens so glatt aussehen, als ob
sie ein Fluß zusammengeführt und abgeschliffen hätte. Ver=
steinerungen sind gar nicht anzutreffen. Am Lowerzer See
sind die Felsen hingegen ganz massiv und bestehen aus lauter
kolossalischen Massen, die am Weg, der hart am See vorbei=
läuft, senkrecht in die Höhe gehen und einem fürchterlich über
den Kopf hangen. Stürze von ihnen liegen an einigen Orten
unten im See.

Die mit hohen Gebirgen umschlossene Gegend des Lo=
werzer Sees, an dessen Ende Schwyz liegt, füllt Herz und

Sinnen mit lauter Größe und Kühnheit und Reinheit; und
unbegreiflich wirds einem auf der Stelle, wie die Bewohner
derselben noch so lange, vom Herrscher Julius Cäsar an,
das Joch der Knechtschaft haben tragen können. Wenn man
darin auch an den größten Monarchen der Welt denkt, an
einen Alexander, an einen Karl den Großen: so kann man
ihn doch wahrlich nie anders in der Einbildung sehen, als
einen kleinen Zwerg.

Von meiner Reise durch Schwyz und über den Vier=
waldstätter See durch beide Unterwalde kann ich nichts her=
ausgeben; meine heiligen Gefühle wollen nichts mit der
Sprache zu schaffen haben.

Schwyz und Brunnen, und Buchs und Stanz
und Saxeln haben mich entzückt, als ob sie das erste Pa=
radies der Welt wären. Oben auf den fruchtbaren Alpen
der hohen Gebirge weidet das schöne Vieh, und unten in den
reinen Grastriften wohnt das Volk der Unschuld und Freude;
jeder in seiner von dem andern fünfzig Schritte wenigstens
weit entfernten Hütte, Hausvater und Unterthan und König.
Die Menschen sind lauter Kraft und Stärke, und ihre Nerven
scheinen Stahlgelenke zu sein. Keine Falte im Gesicht, alles
so straff und festfleischig. Ihre Mienen und Geberden und
ihr Blick ist langsames Metallfeuer, Unbiegsamkeit und trotziger
Enthusiasmus. Ich rede von den Kernleuten. In der Schwyz
ist der Wuchs hoch und schlank, in Unterwalden starkstämmig.
Es wimmelt in beiden Cantonen aus jedem Hause von Men=
schen gesund und frisch hervor. Bei ihrer Nahrung von
Milch und Käse und dem besten Rindfleisch kann dies nicht
anders sein unter dem gesundesten Himmelsstriche. In ganz
Unterwalden trifft man fast kein Kornfeld an; alles ist Wiese,
vollgrünend von den saftigsten Milchkräutern, mit Nußbäumen
und Obstbäumen bepflanzt. Sie dürfen keine Kornfelder
machen, um im Winter für ihr Vieh Futter zu haben.

Sie haben gar wenig Arbeit, und leben sehr bequem.

Sie thun weiter nichts, als daß sie ihr Vieh melken und
Käse machen, und das Heu mähen und einsammeln, und
Korn und Wein für ihren Ueberfluß eintauschen. Die übrige
Zeit bringen sie mit Schießen und Singen und Tanzen zu.
Das junge Volk von zwanzig bis dreißig dient meistens in der
Fremde, um sich in der Welt ein wenig umzusehen.

Von Stanz bis Kerns bin ich mit einer der schlankſten
und kräftigsten und schönsten Schweizerdirnen und ihrem Bruder in der Fremde der Auserwählten fortgezogen; sie haben
mir freundlich vielerlei erzählt und eine Menge Schweizer-
lieder vorgesungen, die alle viel Sinn hatten. Die Melodie
war meistens zum Tanz eingerichtet. Wir haben uns oft in
die Schatten hineingelagert, und mir ist nie so wohl gewesen.

Die schönste Gegend aber, die mich so recht mit Luft
wie ein Regen durchgossen, war von Kerns bis zu Bruder
Klausens Einsiedelei. Ich weiß nicht, ob Sie diesen Bruder
Klaus kennen. Er war Einsiedler um das Jahr 1480, nachdem er schon verschiedenen Feldzügen beigewohnt und als Held
sich berühmt gemacht, und hernach zehn Kinder gezeugt hatte;
und stiftete durch seine Einsicht und klugen Rath Frieden
zwischen den Städten und Ländern noch als Einsiedler und
wurde allgemein geliebt und verehrt. Nur ein paar Sprüche
von ihm, und Sie werden ihn hochschätzen.

„Liebe ist die Mutter aller Tugenden im Himmel
und auf Erden: sie äußert sich an allen ihren Jün-
gern sichtbarlich; an dem Unterthanen z. E. durch
Gehorsam, an seinem Obern durch Gerechtigkeit. —
Man ehre die Priesterschaft, auch die unwürdige;
es ist gleich, ob lebendiges Quellwasser durch Gold
oder durch Blei rinnt“.

Er wohnte als Hausvater in dem Dorfe Flüe, das entzückend auf einer Anhöhe vor seiner Klause liegt. Man nennt
es den Ranft, wo sie ist; eine Tiefe hinten zwischen zwei
hohen Gebirgen, dem Brandshorn linker Hand, und rechter

Haub dem Saxeler Berge. Die Hügel voran sind alle mit Bäumen bewachsen, und Häuserchen, und hier und da mit einer schönen Kapelle besetzt. Die Bäche und Quellen, die überall herunterstürzen, lassen den Verstand über die Empfindung gar nicht Herr werden.

Den 27. Aug., bei Bruder Klausens Kapelle.

Die Welt weiß nicht, welche Seligkeit einen da umfängt, und was für Ruhe, Freude und Entzücken in alle Sinne da hinein quillt, sonst würde jeder Naturmensch seine Wallfahrt dahin thun, wie ein frommer Pilgrim in den alten Zeiten nach dem gelobten Lande. Von himmelhohen Bergen umringt sitzt man da, an der hernniederrauschenden Melch, im kühlen Schatten dicht belaubter Bäume, auf dem frischgrünendsten Rasen, und der Wind treibt oben mit den Wolken sein Spiel. Heiliger Bruder Klaus, du hattest Recht; hier ist ein wahrer Brennpunkt von Gottheit. Deine frischen schlanken Buchen die Anhöhen herab weht lauter lebendiger Geist, und die Liebe, ewig da zu sein, durchschauert einen ganz. Ach! deine Kapelle war groß genug für dich, du hattest alles von innen. Und was brauchtest du weitläufiger Zimmer und Mauerwerk! Du wandeltest in einem Tempel, wogegen Roms Peterskirche ein zusammengerechnetes Ding der Langweile sein muß!

Im letzten Haus von Unterwalden ob dem Kernwald kam ich noch zu einem Schweizertanze, der mich zwei Stunden lang inniglich ergötzt hat. Ihr Tanz ist das ernsthafteste, feierlichste Zittern der Lust in allem Wesen, das bis zur Angst geht, besonders bei den Mannsleuten. Alle ihre Bewegungen und Tritte und Schwenkungen sind sehr freiwillig und hangen viel von jedem ab.

Das erste, was aus der Aristokratie Luzern mir entgegenkam, war eine Kutsche mit vieren, und vorn und hinten mit einem rothen Affen von Bedienten — und gleich

darauf schrie hintendrein ein Kerl dem andern zu: Wart, du
Gehetzer! — Sonst liegt Luzern wunderschön an dem Aus-
fluß des Sees in die Reuß, vor dem Riegen= und Pilatige-
birge und dem Brandshorn in der Ferne; und die Menschen
scheinen sehr gutartig.

Noch einiges Komische:

Als ich auf dem Weg nach Zug in einer Schenke ein-
kehrte, wo ein Haufen junger Bursche saß, und ich dem
lernhaftesten darunter auf seine Frage, wo ich hin wollte,
antwortete: Nach Schwyz und Unterwalden, so sagte er
darauf: „Want' rr os Limmel aach sie? d. i.: Wollt ihr
uns Limmel auch sehen? — Als ich über den Vierwaldstädter
See fuhr, war mein Schiffer ein gar flinker, kräftiger, stäm-
miger und gut aussehender junger Kerl von dreißig Jahren,
der schon zehn Jahr in Frankreich gedient hatte. Nach
mancherlei kurzweiligen und drolligen Gesprächen fragt' ich
ihn noch etwas aus seiner Heimath; und als er mir's nicht
recht zu sagen wußte, so schlug ich es in einem Büchelchen
über die Schweiz nach, das ich bei mir hatte, und erzählt
es ihm: „Ja, wenn ich lesen könnte (sagte er), ich wollt'
es zwanzigmal theurer bezahlen, als es ist.“ So könnt ihr
nicht lesen? — „Ach, nein! ich bin zwar drei Jahr in die
Schule gegangen, aber ich habe einen gar harten Kopf —
(hiebei griff er sich voll naiver Redlichkeit an die Stirn), ich
konnt's nie begreifen!“ —

Ein Rekrut aus dem Luzernischen, der noch nie eine
Flinte losgedrückt hatte, war zum ersten Male beim Feuern.
Und als er eine Patrone nach der andern bis auf sechs in
sein Gewehr geladen hatte, ohne daß es vorher losgegangen
war, so fing es Feuer, und alles ging auf einmal fort,
und der Schlag war so heftig, daß er niederstürzte. Der
Hauptmann lief nach der Flinte, und er sprang von der
Erde auf und bat um Gotteswillen, daß er sie liegen lassen

sollte: „es wären noch fünf Schüsse darinnen;" und dergleichen eine Menge, wenn ich Zeit hätte.

Morgen reise ich von hier ab nach Altorf, und von hier nach dem Gottharbt, darauf und über die Furka ins Walliser Land, und zurück über Scheideck, Grindelwald, Lauterbrunn, den Thuner See, durch die Gletscher bis nach Bern. Da werde ich noch ganz andere Berge zu besteigen haben, wogegen die jetzigen noch gar nicht groß sind. Wenn ich nur mit meinem Geld hinreiche, wovor ich sehr bange bin! ich lebe so sparsam, als ich kann. Da ich einmal auf dem Wege bin und das beste Wetter habe, so wäre es Thorheit, nicht weiter zu wollen. Das Schlimmste ist, daß man mich überall für einen versteckten vornehmen Herrn hält, und ich hier und da mehr bezahlen muß, als ich sollte, ob ich gleich mein Börbchen von meinem Hut schon längst abgemacht habe, und meine Weste bis an den Hals zuknöpfe. — Ich hoffe, daß Sie einen Wechsel für mich auf Genf stellen können; denn bis Lyon oder gar Marseille werd' ich gewiß nicht aushalten.

Ueber Schlossern, Pfeffeln, Lavatern, Geßnern, Bodmern rc. kann ich Ihnen jetzt unmöglich schreiben; allein es soll nicht ausbleiben. Lassen Sie mir nur erst ein wenig Ruhe; jeder ist schon zu wichtig, geschweige alle in solcher Eile. Sie haben mich mit mehr Liebe und Zuneigung aufgenommen, als ich hoffen durfte. Bei diesem und jenem habe ich meine Vorstellung bewährt gefunden und manchen ganz neu gesehen. Ueber Lavater vorzüglich einmal eine Stunde auf den Hügeln unter dem Schatten der Buchen.

Nun nur noch einen letzten Besuch, unter vielen, beim Rheinsturz zu Neuhausen bei Schaffhausen auf der Züricher Seite.

Den 16. Aug., Nachmittags 5 Uhr.

Es ist, als ob eine Wasserwelt in den Abgrund aus den Gesetzen der Natur hinausrollte. Die Gewölbe der

Schaumwogen im wüthenden Schuß flammt ein glühender
Regenbogen, wie ein Geist des Zorns, schräg herab. Keine
Erinnerung, der stärkste Schwung der Phantasie kann's der
gegenwärtigen Empfindung nachsagen. Die Natur zeigt sich
ganz in ihrer Größe. Die Allmacht ihrer Kräfte zieht don-
nernd die kochenden Fluten herab und gibt den ungeheuren
Wassermassen die Eile des Blitzes. Es ist die allerhöchste
Stärke, der wüthendste Sturm des größten Lebens, das
menschliche Sinne fassen können. Der Mensch steht klein
wie ein Nichts davor da und kann nur bis ins Innerste gerührt den Aufruhr betrachten. Selbst der Schlaffste muß des
Wassergebirggetümmels nicht satt werden können. Der käl-
teste Philosoph muß sagen, es ist eine von den ungeheuersten
Wirkungen der anziehenden Kraft, die in die Sinne fallen.
Und wenn man es das hundertste Mal sieht, so ergreift's
einen wieder von neuem, als ob man es noch nicht gesehen
hätte. Es ist ein Riesensturm, und man wird endlich ungeduldig, daß man ein so kleines, festes, mechanisches, zer-
brechliches Ding ist, und nicht mit hinein kann. Der Per-
lenstaub, der überall wie von einem großen wüthenden Feuer
herumdampft und wie von einem Wirbelwind herumgejagt
wird und allen den großen Massen einen Schatten ertheilt
oder sie gewitterwolkicht macht, bildet ein so fürchterliches
Ganzes mit dem Flug und Schuß und Drang und An- und
Abprallen und Wirbeln und Sieden und Schäumen in der
Tiefe und dem Brausen und dem erdbebenartigen Krachen
dazwischen, daß alle Tiziane, Rubens und Barnets
vor der Natur müssen zu kleinen Kindern und lächerlichen
Affen werden. O Gott, welche Musik, welches Donner-
brausen, welch ein Sturm durch all mein Wesen! Heilig,
heilig, heilig! brüllt es in Mark und Bein. Kommt und
laßt euch die Natur eine andre Oper vorstellen, mit anderer
Architektur und anderer Feenmalerei und anderer Harmonie
und Melodie, als die von jämmerlicher Verschneidung mit

einem winzigen Messer euch entzückt. Es ist mir, als ob
ich in der geheimsten Werkstatt der Schöpfung mich befände,
wo das Element von fürchterlicher Allgewalt gezwungen sich
zeigen muß, wie es ist, in zerstürmten ungeheuren großen
Massen. Und doch läßt das ihm eigenthümliche Leben sich
nicht ganz bändigen, und schäumt und wüthet und brüllt,
daß die Felsen und die Berge nebenan erzittern und erklin-
gen, und der Himmel davor sein klares Antlitz verhüllt,
und die flammende Sommersonne mit milderen Strahlen
drein schaut.

Es ist der Rheinstrom; und man steht davor wie vor
dem Inbegriff aller Quellen; so aufgelöst ist er; und doch
sind die Massen so stark, daß sie das Gefühl statt des Auges
ergreifen, und die Bewegung so trümmernd heftig, daß dieser
Sinn ihr nicht nach kann und die Empfindung immer neu
bleibt und ewig schauervoll und entzückend.

Man hört und fühlt sich selbst nicht mehr, das Auge
sieht nicht mehr, und läßt nur Eindruck auf sich machen;
so wird man ergriffen und von nie empfundenen Regungen
durchdrungen. Oben und unten sind kochende Staubwolken
und in der Mitte wälzt sich blitzschnell die dicke Flut wie
grünliches Metall mit Silberschaum im Fluß, unten stürzt es
mit allmächtiger Gewalt durch den kochenden Schaum in den
Abgrund, daß er wie von einer heftigen Feuersbrunst sich in
Dampf und Rauch auflöst und sich über das weite Becken
wirbelt und kräuselt. An der linken Seite, wo sein Strom
am stärksten sich hineinwälzt, fliegt der Schuß wie Ballen
zerstäubter Kanonenkugeln weit ins Becken und gibt Stöße
an die Felsenwand wie ein Erdbeben. Rundum weiterhin
ist alles Toben und Wüthen und das Herz und die
Pulse schlagen dem Wassergotte, wie einem Alexander nach
gewonnener Schlacht.

Freude die Fülle und lieblich Wesen Ihnen, Bester,
und allen Ihren Lieben! Vergessen Sie mich nicht ganz in
den Sphären, wo Sie leuchten! Was macht Vater Gleinr?
Nächstens schreibe ich ihm vom Gotthardt. Die Züricher
klagen sich sehr über sein Stillschweigen.

(Referirender Auszug aus diesem Briefe. —

Auf welche Dinge hat ein Reisender und Reisebeschreiber zu achten
— zu beantworten nach diesem Briefe. —

Reisebrief an die Freundin. —)

14.

Von der Kunst zu reisen.

W. v. Humboldt an Göthe.

Paris, im Sommer 1800.

Sie wünschen, lieber Freund, daß ich fortfahre, Ihnen
etwas Ausführlicheres über meine spanische Wanderung zu
sagen, so wie ich es im Anfange derselben, bis Madrid hin,
that; und ich erfülle Ihren Wunsch um so lieber, als ich
ohnehin jetzt (zu Paris) damit beschäftigt bin, meine auf der
Reise gesammelten Materialien noch einmal durch zu gehen
und mit spanischen und ausländischen Schriften zu vergleichen.

Mir von fremdartigen Eigenthümlichkeiten einen anschaulichen Begriff zu verschaffen, war, was ich vorzüglich bei
meinen Reisen beabsichtigte. — Um das Ausland wissenschaftlich zu kennen, ist es nur selten nöthig, es selbst zu besuchen; Bücher- und Briefwechsel sind dazu weit sicherere
Hülfsmittel, als eignes Einholen immer unvollständiger und
selten zuverlässiger Nachrichten. Aber um eine fremde Nation zu begreifen; um den Schlüssel zur Erklärung ihrer

Eigenthümlichkeiten in jeder Gattung zu erhalten, ja selbst nur um viele ihrer Schriftsteller vollkommen zu verstehen, ist es schlechterdings nothwendig, sie mit eignen Augen gesehen zu haben.

Auch die treuesten und lebendigsten Schilderungen ersetzen diesen Mangel nicht. Wer nie einen spanischen Eseltreiber mit seinem Schlauch auf einem Esel sah, wird sich immer nur ein unvollkommenes Bild Sancho Pansa's machen; und Don Quixote (gewiß ein unübertreffliches Muster wahrer Naturbeschreibung) wird doch nur immer demjenigen ganz verständlich sein, der selbst in Spanien war und sich selbst unter Personen und Klassen befand, welche ihm Cervantes schildert. Der andere wird oft, statt der wahren Gestalten, nur Karrikaturen sehen, und da er bloß Züge verbinden kann, welche der Dichter abgesondert heraushob, so werden ihm die meisten ergänzenden und mildernden Nebenzüge mangeln.

Denn gerade darauf kommt es an, jede Sache in ihrer Heimath zu erblicken, jeden Gegenstand in Verbindung mit den andern, die ihn zugleich halten und beschränken.

Wie sichtbar ist dies nicht sogar bei der leblosen Natur! Was ist eine Pflanze, die, ihrem vaterländischen Boden entrissen, auf fremden verpflanzt ist? was ein Orangenbaum oder eine Dattelpalme in unsern Treibhäusern und künstlichen Gärten, und was, in den beglückten Fluren Valencias und in den Palmenhainen von Elche?

Es gibt eine große Menge von Verrichtungen im Leben, zu welchen der bloß durch Ueberlieferung erhaltne Begriff hinreicht; aber wenn Gefühl und Einbildungskraft in uns rege werden sollen, so wird immer mehr und etwas Lebendiges erfordert. Ueberhaupt begnügen sich wohl alle untergeordneten Kräfte des Menschen, der sammelnde Fleiß, das aufbewahrende Gedächtniß, der ordnende Verstand, an dem Zeichen, dem Begriff oder dem Bilde. Aber die höchsten und besten in ihm, diejenigen, welche seine eigentliche Per-

fönlichkeit bilden, die Phantasie, die Empfindung, der tiefere
Wahrheits- und Schönheitsfinn bedürfen zu ihrer kräftigeren
Nahrung auch der Sache, der Anschauung und der leben-
digen Gegenwart.

Wenn nur wenige Reisende eigentlich diesen Gesichtspunkt,
sich von jedem Gegenstand, der ihre Aufmerksamkeit an sich
zieht, ein vollkommen industrielles Bild zu verschaffen, sein
Dasein und seine Natur aus den Dingen, die ihn umgeben
und auf ihn einwirken, zu begreifen und diesen anschaulichen
Begriff wiederum andern gleich vollständig und lebendig zu
überliefern — wenn, sag' ich, nur wenige diesen Gesichtspunkt gefaßt haben, oder doch nur die Beschreibungen weniger in dieser Rücksicht großen Nutzen gewähren; so scheint
mir dies nicht sowohl daher zu rühren, daß es ihnen an
Empfänglichkeit mangelte, einen fremden Eindruck rein und
unverändert aufzunehmen, sondern daher, daß sie sich dieser
Empfänglichkeit nicht genug überließen. Bei dem Eintritte
in ein fremdes Land fallen dem Reisenden immer eine Menge
Fragen ein, die er sich künftig einmal vorlegen könnte; auf
alle sucht er die genügende Antwort, und eigne Erfahrung
hat mich gelehrt, daß man darüber oft dasjenige versäumt,
was man hernach nie wieder einholen kann. Man vergißt
zu leicht, daß man auf einer (nicht zu einer einzelnen Untersuchung bestimmten) Reise, die immer ein Abschnitt im thä-
tigen Leben und allein dem Beschauenden gewidmet ist, bloß
herumstreifen, Menschen sehen und sprechen, leben und genießen, jeden Eindruck ganz empfangen und den empfangenen
bewahren soll.

Dies habe ich auch zu thun versucht, aber wenn ich
mich freilich meistentheils nur an das hielt, was ich
selbst sah, so bin ich doch auch oft daneben von dem
gegenwärtigen Zustande des Landes in den ehemaligen zurück-
gegangen, daß das Bild des Menschen immer erst in einer
Folge von Zeiten vollständig ist. Auch habe ich die Schrift-

steller der Nation vollständig verglichen, um wo möglich auch in ihnen nichts vorbeizulassen, was vorzüglich charakteristisch scheinen konnte.

Wir umfassen mit unsrer unmittelbaren Erfahrung nur eine so kleine Spanne des Raums und der Zeit, und doch können wir es uns nicht verleugnen, daß wir nur dann das Leben vollkommen genießen und benutzen, wenn wir uns bemühen, den Menschen in seiner größesten Mannigfaltigkeit und in dieser lebendig und wahr zu sehen.

Sollte es daher nicht der Mühe werth sein, mehr, als bisher geschehen ist, Gestalten der Natur und der Menschheit aufzufassen und zu zeichnen? zu sehen, was die ersteren wirken, und wozu sich die letzteren ausbilden können?

Freilich gibt es nicht leicht ein einzelnes Fach weder der Wissenschaften, noch der Beschäftigungen, in welches diese Bemühung unmittelbar eingreifen könnte. Für die Menschenkenntniß, welche das geschäftige Leben fordert, dürfte sogar diese allgemeine den Sinn nur verwirren und abstumpfen.

Aber dem Künstler und dem Menschen überhaupt, jenem, um sehr Werk, diesem, um sich selbst zu bilden, müßte, dünkt mich, ein solcher Verlust höchst erwünscht sein, und ich darf daher hoffen, daß Ihnen meine Schilderungen gerade darum erwünscht sein werden, weil sie von diesem Gesichtspunkte ausgehen.

Für heute wünsche ich sie in eine Gegend zu führen, mit der wohl nur ein paar andere in Europa verglichen werden können, wo die Natur und ihre Bewohner in wunderbarer Harmonie mit einander stehen, und wo selbst der Fremde, sich auf einige Augenblicke abgesondert wähnend von der Welt und den Menschen, mit sonderbaren Gefühlen auf die Dörfer und Städte hinabblickt, die in einer unabsehlichen Strecke zu seinen Füßen liegen — in die Einsiedlerwohnungen des Montserrat bei Barcelona.

Ich habe zwei unvergeßlich schöne Tage dort zugebracht, in denen ich unendlich oft Ihrer gedachte. Ihre Geheimnisse schwebten mir lebhaft vor dem Gedächtniß. Ich habe diese schöne Dichtung, in der eine so wunderbar hohe und menschliche Stimmung herrscht, immer außerordentlich geliebt, aber erst, seitdem ich diese Gegend besuchte, hat sie sich an etwas in meiner Erfahrung angeknüpft; sie ist mir nicht werther, aber sie ist mir näher und eigner geworden.

Wie ich den Pfad zum Kloster hinaufstieg, der sich am Abhang des Felsens langsam herumwindet, und noch ehe ich es wahrnahm, die Glocken desselben ertönten, glaubte ich Ihren frommen Pilgrim vor mir zu sehen; und wenn ich aus den tiefen grünbewachsenen Klüften emporblickte und Kreuze sah, welche heilig kühne Hände in schwindelnden Höhen auf nackten Felsspitzen aufgerichtet haben, zu denen dem Menschen jeder Zugang versagt scheint, so glitt mein Auge nicht, wie sonst, mit Gleichgültigkeit an diesem durch ganz Spanien unaufhörlich wiederkehrenden Zeichen ab. Es schien mir in der That das,

„zu dem viel tausend Geister sich verpflichtet,
zu dem viel tausend Herzen warm gefleht.“

Und wie sollt' es auch anders sein? Die Größe der Natur und die Tiefe der Einsamkeit erfüllen das Herz mit Gefühlen, die selbst der leersten Hieroglyphe bedeutenden Inhalt zu geben vermöchten, und wie wir auch über eine Meinung oder einen Glauben denken mögen, so steht immer, als Vermittler, zwischen uns und ihm der Mensch, aus dessen Empfindungen er entsprang. In dem Getümmel der Welt vergessen wir das oft und urtheilen rasch und hart darüber ab; aber, milder gestimmt in der Stille der Einsamkeit, ist uns alles, was menschlich ist, auch näher verwandt.

Lange hab' ich mich nicht losreißen können von dem Gipfel dieses wunderbaren Berges, lange hab' ich wechsels-

weis meine Blicke auf die weite Gegend vor mir, die hier
von dem Meere und einer schneebedeckten Gebirgskette um-
grenzt ist, bort sich in's Unabsehliche hin verliert, bald a[n]
bie waldigen Gründe unter mir geworfen, deren tiefe Still[e]
nur von Zeit zu Zeit der Ton einer Einsiedlerglocke unter[ ]
bricht. Ich habe mich nicht erwehren können, diesen Pla[tz]
als den Zufluchtsort stiller Abgeschiedenheit von der We[lt]
anzusehen, wo die gewiß nur Wenigen, ganz fremde Seh[n]
sucht, mit sich und der Natur allein zu leben, volle und un-
gestörte Befriedigung genöffe; und follte nicht billigerweif[e]
jeder rein menschlichen Empfindung auf Erben ein von de[r]
Natur besonders für sie begünstigter Ort geheiligt sein, z[u]
welchem der Mensch, wenn nicht sich selbst, doch wenigften[s]
seine Einbildungskraft und seine Gedanken retten könnte?

(Wozu und wie soll man reisen? Ein Abschiedsgruß an die [ ]
einer weiten Reise gerüstete Freundin. —

Vergleichung der vorigen Reisebriefe mit diesem. An den Lehrer. —

Für welches Gefühl möchte welcher Ort unter ben bekannten d[ ]
entsprechendste sein? An bie Schwester. —

Von einer Wanderung auf den benachbarten Dorfkirchhof. — a[ ]
bie Tante, welche im vorigen Jahre bie Tochter verloren hat. —)

---◦---

15.

Ein Reisegruß.

v. Herder an seine Kinder.

Rom, 15. October 1788.

Dir, lieber Gottfried, will ich von römischen Alter-
thümern, Dir, lieber August, von schönen Göttern und

Göttinnen, Dir, braver Wilhelm, von vortrefflichen Ge-
bäuden, der Rotonda u. a., Dir, Du kernfester Abal-
bert, von italienischen Ochsen, Kühen, Bäumen, Dir, liebes
Luischen, von Gärten und hübschen Bildern, Dir, Du
lieber Emil, von Weintrauben und andern Sachen schreiben.
Bald kommt auch Herr Moritz zu Euch, der künftige Woche
von hier abreisen wird; der wird Euch vieles von Rom und
von mir erzählen. Habt ihn lieb und fragt ihn nur viel.
Er ist ein gar guter Mann, und ich hab' ihn recht lieb.
Er wird Euch auch was mitbringen, daß Ihr mich nicht
vergeßt und mich lieb behaltet. Küßt ihn alle, denn ich werd'
ihm einen Kuß an Euch mitgeben.

Du lernst recht schöne Lieder, liebes Luischen, und
Deine Blättchen an mich sind recht hübsch. Insonderheit
freu' ich mich über das Lied: „Befiehl du deine Wege."
Du mußt auch einige Verse aus dem Liede: „Ich singe
dir mit Herz und Mund" lernen; es ist ein gar schönes
Lied. — In Deinem neuen Biberkleidchen, lieber Emil,
möchte ich Dich gerne sehen; aber ich komme erst wieder,
wenn Du es nicht mehr trägst. Trag' es gesund und be-
halte mich lieb.

An Dich, lieber Gottfried, muß ich, da Du doch
schon ein Academicus bist, auch einmal einen ordentlichen
Brief schreiben, und das zwar von Tivoli, oder dem alten
Tibur, das ich vorigen Sonnabend und Sonntag mit dem
größten Vergnügen gesehen und genossen habe. Am schönsten
Ort der Aussicht, wo jetzt das Kloster Antonio ist, hatte
Horaz sein Haus, wenn er in Tivoli war. Seine kleine
Villa lag drei deutsche Meilen in den Sabinerbergen.
Hier war denn der Winkel der Erde, der ihm am schönsten
gefiel, und wo er sein ruhiges Alter hinbringen wollte. Es
ist auch ein gar lieblicher Erdenwinkel, der die Phantasie so
ausfüllt in einem engen Raum, daß ihr nichts übrig bleibt.
Ich bitte Dich, lies die siebente Ode des ersten und die

sechste des zweiten Buchs, und habe den Horaz lieb, den ich, wie Du weißt, immer lieb gehabt und jetzt siebenfach lieber habe, nachdem mir die Wahrheit und Schönheit seiner Empfindungen der Natur und des Lebens in seinem heiligen Tibur recht lebhaft gemacht worden.

(Reisebrief an die drei jüngsten Geschwister daheim.)

16.

Von einer Audienz bei Friedrich dem Großen.

Joh. v. Müller an seine Mutter.

Berlin, 20. Februar 1781.

Vorige Woche, l. M., gab ich ein französisches Buch heraus (essays historiques), welches eine Schilderung der Universalgeschichte inner tausend Jahren, Betrachtungen über Bern und eine Geschichte der Unruhen in Genf enthält. Es wurde an den König überschickt. Am Donnerstag bekam ich einen Brief: wenn ich nach Potsdam komme, werde der König mich sprechen. Den folgenden Nachmittag fuhr ich hinüber. Ein italienischer Marquis (Pucchesini), königlicher Kammerherr, ein Mann von vielen Kenntnissen und Einsichten, ist mein Freund. Er rieth mir, dem Könige zu schreiben. Dieses that ich sogleich. Sonntags Nachmittag um zwei Uhr wurde ich zum König gerufen. Als ich im Vorzimmer wartete, welche Gemüthsbewegungen, l. M. glaubet Ihr wohl, daß ich gefühlt haben müsse, da ich diesen weltberühmten Helden sehen sollte, vor dessen Schwert Franzosen, Russen und Oesterreicher vierzehnmal die Flucht genommen, dessengleichen kein Jahrhundert hervorgebracht seit

Julius Cäsar, vor dessen Blick Staaten erzittern, und der
aus dem Cabinet, vor dem ich stand, auf ganz Europa wirkt.
Es war mir ungemein wohl zu Muthe, da ich schon so
lange gewünscht, Friedrich den Großen, dessen die Historie
voll ist, mit eigenen Augen zu sehen. Als der Kammerhusar
die Thür öffnete, trat ich herzhaft und munter in des Königs
Zimmer. Er saß an seinem Schreibtisch in seinen Haus=
kleidern. Ich stand hart neben ihm. Eine ganze Stunde
sprach er mit unbeschreiblicher Anmuth, Güte und Gelehr=
samkeit über eine sehr große Menge gelehrter und politischer
Materien. Er frug auch nach meinen Eltern und Ge=
schwistern. Sein Blick, wie er plötzlich sich erheiterte, werde
ich, wenn ich hundert Jahre lebe, niemals vergessen: so
feine Züge, so viel Geist und Seele, ein so blitzendes Auge
hatte ich noch niemals gesehen und werde dergleichen wohl
nie wieder sehen. Nie werde ich auch vergessen, mit welchem
gütigen Tone er mich verabschiedete: „Nun, ich werde
Ihrenthalben Befehle ausstellen!" Ein paar Stunden, die
ich mit Besuchen zubrachte, war ich wie außer mir. Hierauf
wurde ich betrübt, Friedrich den Großen nicht unaufhörlich
zu sehen. Thränen stehen mir im Auge, so oft ich an ihn
gedenke. Den folgenden Tag besuchte ich den Kronprinzen.
Dieser empfing mich mit einnehmender Gefälligkeit. Er
sprach mit mir von der „Schweizerhistorie", vom Kapitel von
Rudolphen von Habsburg und anderen Stellen. Er frug
viel von meinen persönlichen Umständen, und wünschte, daß
ich hier bleiben und Staatsgeschäfte studiren möchte.

Man sagt mir, der König werde mich in die Akademie
der Wissenschaften aufnehmen. Hier wäre ich zu nichts
Anderem verpflichtet, als jährlich eine oder zwei historische
Abhandlungen der Gesellschaft vorzulesen. Hiefür bekäme
ich so viel Besoldung, als zu Berlin nöthig ist, und würde
der schönsten Muße zum Studiren und der besten und auser=
lesensten Gesellschaft genießen. Mein Glück stünde auf einem

feſten Fuße, und könnte zu=, aber nicht abnehmen; denn wenn ich zugleich die Staatsgeſchäfte ſtudire, iſt mir geſtattet, mit jener Stelle noch andere zu verbinden; wenn ich mich aber allein den Wiſſenſchaften weihe, ſo wird vielleicht mein Gehalt bei der Akademie von Zeit zu Zeit vermehrt. Hie= rüber, l. M., ein Mehreres, wenn ich mit Gewißheit ſprechen kann.

(Bericht von einer Audienz bei dem Landesherrn, welcher um Be= gnadigung des wegen eines Duells verurtheilten Bruders angegangen worden iſt, an die verwittwete gelähmte Mutter.)

— ❦ — —

17.

Eine Audienz bei Napoleon I.

Joh. v. Müller an ſeinen Bruder.

Berlin, 25. November 1806.

Am 19. Mai berichtete mir der Miniſter Staatsſekre= tär Maret, daß ich den folgenden Tag Abends um 7 Uhr bei Kaiſer Napoleon ſein ſoll. Ich fuhr alſo auf die be= ſtimmte Stunde zu dieſem Miniſter und wurde vorgeſtellt. Der Kaiſer ſaß auf einem Sopha: wenige Perſonen, mir nicht bekannte, ſtanden entfernt im Zimmer. Der Kaiſer fing an von der Geſchichte der Schweiz zu ſprechen: daß ich ſie vollenden ſoll; daß auch die ſpätern Zeiten ihr In= tereſſe haben. Er kam auf das Vermittlungswerk, gab ſehr guten Willen zu erkennen, wenn wir nur uns in nichts Fremdes miſchen und im Innern ruhig bleiben. Wir gingen von der ſchweizeriſchen auf die altgriechiſche Verfaſſung und Geſchichte über, auf die Theorie der Verfaſſungen, auf die gänzliche Verſchiedenheit der aſiatiſchen (und derſelben Ur=

sachen im Klima, der Polygamie u. a.), die entgegengesetzten
Charaktere der Araber (welche der Kaiser sehr rühmte) und
der tartarischen Stämme (welches auf die für alle Civilisa-
tion immer von jener Seite zu besorgenden Einfälle — und
auf die Nothwendigkeit einer Vormauer führte) —; von dem
eigentlichen Werthe der europäischen Cultur (wie größere
Freiheit, Sicherheit des Eigenthums, Humanität, überhaupt
schönere Zeiten, als seit dem XV. Jahrhundert); alsdann
wie alles verkettet und in der unerforschlichen Leitung einer
unsichtbaren Hand ist, und er selbst groß geworden durch
seine Feinde; von der großen Völkerföderation, deren Idee
nicht Heinrich IV. gehabt; von dem Grund aller Religion
und ihrer Nothwendigkeit; daß der Mensch für vollkommen
klare Wahrheit wohl nicht gemacht ist, und bedarf, in Ordnung gehalten zu werden; von der Möglichkeit eines gleichwohl glücklicheren Zustandes, wenn die vielen Fehden aufhörten, welche durch allzu verwickelte Verfassungen (dergleichen die deutsche) und unerträgliche Belastung der Staaten
durch die übergroßen Armeen veranlaßt worden. Es ist noch
sehr viel und in der That über fast alle Länder und Nationen gesprochen worden. Der Kaiser sprach anfangs wie
gewöhnlich; je interessanter aber die Unterhaltung wurde,
immer leiser, so daß ich mich ganz bis an sein Gesicht
bücken mußte, und kein Mensch verstanden haben kann, was
er sagte (wie ich denn auch Verschiedenes nie sagen werde).
Ich widersprach bisweilen, und er ging in die Discussion
ein. Ganz unparteiisch und wahrhaft, wie vor Gott, muß
ich sagen, daß die Mannichfaltigkeit seiner Kenntniß, die
Freiheit seiner Beobachtungen, der gediegene Verstand (nicht
blendender Witz), die große umfassende Uebersicht, mich mit
Bewunderung, so wie seine Manier, mit mir zu sprechen,
mit Liebe für ihn erfüllte. Ein paar Marschälle, auch der
Herzog von Benevent, waren indeß gekommen. Er unterbrach sich nicht. Nach fünf Viertel- oder anderthalb Stunden

ließ er das Concert anfangen, und ich weiß nicht, ob zufällig, oder aus Güte, er begehrte Stücke, deren, zumal
Eines, auf das Hirtenleben und den schweizerischen Kühreihen
sich bezog. Nach diesem verbeugte er sich freundlich und verließ das Zimmer. Seit der Audienz bei Friedrich (1782)
hatte ich nie eine mannichfaltigere Unterredung, wenigstens
mit keinem Fürsten; wenn ich nach der Erinnerung richtig
urtheile, so muß ich dem Kaiser in Ansehung der Gründ-
lichkeit und Umfassung den Vorzug geben; Friedrich war
etwas voltairisch. Im Uebrigen ist in seinem Ton viel Festes,
Kraftvolles, aber in seinem Mund etwas ebenso Einneh-
mendes, Fesselndes, wie bei Friedrich. Es war einer der
merkwürdigsten Tage meines Lebens. Durch sein Genie und
seine unbefangene Güte hat er auch mich erobert.

Sonst hat sich nichts Neues mit mir ereignet. Sollte
sich eine gute Stelle in einem ruhigen Lande zeigen, so würde
ich sie dankbar annehmen; gesucht habe ich keine; und
wenn, wie ich hoffe, der Gehalt mir ferner vom Kaiser
ausbezahlt wird, so kann ich um so eher warten. Freilich
wünsche ich sehr, einen festen Plan machen zu können, und
dieser beruhet auf der Muße, die ich jederzeit haben werde.
Indessen setze ich den 5ten Theil der Schweizergeschichte fort;
freilich nicht ohne Unterbrechungen: die Sorge der Zukunft
beschleicht einen doch wohl, und mannichfaltige Ideen stellen
sich der Phantasie dar. Ich warte noch. Gott hat mich
nie verlassen.

(Vergleichung der beiden Regenten, Friedrich II. und Napoleon I.,
nach beiden vorigen Briefen. —

In wiefern hat sich der Briefsteller, Joh. v. Müller, seit der
Audienz bei Friedrich II. verändert? Aus Vergleichung beider Briefe zu
beantworten. —)

18.

Noch eine Audienz — bei Friedrich dem Großen.

Gellert an Rabener.

Leipzig, den 29. Januar 1761.

Liebster Rabener!

Sie mögen mit mir machen, was Sie wollen, so werde ich Ihnen doch diesmal keine ausführliche Antwort schreiben, denn ich bin schon seit vierzehn Tagen von einem Husten und von Schmerzen in der linken Hüfte krank. Es ist wahr, daß ich in der Mitte des letzten Monats vorigen Jahres durch einen Major zu dem Könige gerufen worden bin, daß er sich von vier Uhr bis drei Viertel auf sechs Uhr mit mir von den schönen Wissenschaften und der deutschen Literatur und der Methode, womit er seine Hypochondrie kurirt und mit der ich die meinige kuriren sollte, unterredet, daß er mir sehr gnädig begegnet hat, daß ich wider allen meinen Charakter ohne die geringste Furcht, ohne Begierde zu gefallen bloß das, was Wahrheit und Ehrerbietung befahlen, geredet und eben deßwegen gefallen habe. Am Ende des Gesprächs fragte er mich, ob ich keine von meinen Fabeln auswendig könnte. „Nein, Sire." — „„Besinne Er sich doch, Herr Professor, ich will etlichemal in der Stube auf- und abgehn."" Endlich fiel ich, ohne zu wissen warum, auf den Maler, die letzte Fabel im ersten Theile. „„Nun, sagte er, das ist gut, das ist sehr gut, natürlich, kurz und leicht. Das habe ich nicht gedacht. Wo hat Er so schreiben lernen?"" — „In der Schule der Natur." — „„Hat Er den Lafontaine nachgeahmt?"" — „Nein, Ihre Majestät, ich bin ein Original, aber darum weiß ich noch nicht, ob ich ein gutes bin." — „„Nein, ich muß Ihn loben."" Und da sagte er zum Major, der dabei stand, noch viel zu meinem Lobe, das ich in der That nicht hören wollte. — „„Komme

Er wieder zu mir und stecke Er seine Fabeln zu sich und lese Er mir welche vor."" — Allein, guter Rabener, ich bin nicht wieder gekommen. Der König hat mich nicht wieder rufen lassen, und ich habe an Sirach's Wort gedacht: „Dränge dich nicht zu den Königen!" Er hat mich den Tag darauf bei der Tafel gegen den Oberstlieutenant Marwitz, auch den englischen Gesandten, den Marquis d'Argens, den Lektor le Cat und andere, die mir's wieder gesagt haben, mit einem Lobspruche gelobt, den ich nicht herfetzen will, weil es doch eitel sein würde. Der englische Gesandte, der ein vortrefflicher Mann ist, mag wohl die wahre Ursache gewesen sein, warum mich der König sehen wollen; denn der Gesandte hat mit Straube in Breslau meine Fabeln größtentheils gelesen und ist sehr für sie eingenommen. Der König sprach bald deutsch, bald französisch; ich meistens deutsch, nur im Nothfalle französisch. Den ausführlichen Inhalt einem Briefe anvertrauen, würde wenigstens wider die Klugheit sein. Warten Sie, bis ich Sie spreche. Gott gebe, daß dieses bald geschehe, und daß ich Sie gesund und zufrieden umarmen kann, wo es auch sei. Das Ende Ihres Berichts, liebster Rabener, ist sehr ernsthaft. Allein Ihr Ernst ist mir so schätzbar, als kaum Ihr Scherz. Sie reden von Ihrem Tode. Ja, davon sollten wir alle reden, oft reden und getrost, wie Sie, reden. Gott lasse uns leben, um wohl zu sterben zu der Zeit, da er es beschlossen hat. Menschlich zu reden, müssen Sie mich lange und weit überleben. Ihren Brief an Cramer, der auch trefflich ist, hebe ich allerdings auf. An den Herrn Kammerrath Lindemann würde ich geschrieben und ihm zu der so glücklichen Wahl meinen Wunsch recht von ganzer Seele abgestattet haben, wenn ich nicht zeither zu allen Verrichtungen und Pflichten der Gesellschaft ungeschickt gewesen wäre. Ich umarme Sie, liebe Sie und bin ewig der Ihrige.

Den 5. Februar.

Ich habe alle Tage noch mehr zu diesem Briefe schreiben wollen und nicht gekonnt. Morgen soll er also fortgehen. Eins können Sie noch anhören. Der König fragte mich nach den guten deutschen Schriftstellern, und die ersten, die mir einfielen, waren Sie und Cramer. Er schmälte auf die Unförmlichkeit und Härte der deutschen Sprache. — „„Aber warum nöthigen uns die Deutschen nicht durch solche gute Bücher, wie die Franzosen, daß wir sie lesen müssen?"" — Vielleicht, Sire, fehlt uns noch die Zeit, vielleicht auch noch Auguste und Louis XIV. — „„Sachsen hat ja zwei Auguste gehabt."" — Ja, Sire, und wir haben auch schon einen guten Anfang in der schönen Literatur gemacht. Als die Griechen aufhörten zu schreiben, da fingen die Römer an. Wir hoffen ruhigere Zeiten. — „„So gefallen ihm diese Zeiten nicht? Sind's böse Zeiten?"" — Ich wünsche ruhigere Zeiten, und wenn ich der König von Preußen wäre, so hätten die Deutschen Frieden. — „„So? Steht dies bei mir? Drei wider Einen!"" — Ich wiederhole es noch einmal, Sire, wollte Gott, Sie gäben uns den Frieden! — „„Ja, ja!""

(Vergleichung der drei Briefe (Nr. 16. 17. 18.) über die Audienzen bei großen Fürsten in einem Briefe an den Lehrer.)

———o———

19.

Mittheilung von Lesefrüchten.

Joh. v. Müller an seinen Bruder.

Wien, 30. April 1800.

Du hast mich reichlich wieder getröstet, mein Lieber! Deine zwei Briefe haben mir viele Freude gemacht. Mein

Schmählen über ihre Seltenheit kann Dir nicht mißfallen. Ich befinde mich recht wohl; die Augen sind wieder klar, Appetit, Schlaf, alle Bewegungen in Ordnung, und der ganze Mensch munter. Auch die schweizerhistorischen Morgenstunden tragen, glaube ich, dazu bei; denn ich arbeite mit rechtem Vergnügen an der Fortsetzung; das sind meine Kinder! — —

Das ist eine nicht ungewöhnliche Erscheinung im XIV. und XV. Jahrhundert Italiens, daß plötzlich, manchmal auf eines heiligen Einsiedlers Wort, oder auf Eines Predigers Kraftreden, die erbittertste Parteisucht, nicht allein in einer Stadt, sondern einem großen Theile Italiens aufhört, Städte und Landschaften einander in weißen Kleidern besuchen, Mörder den Bluträchern das Schwert und sich waffenlos überliefern, die heftigsten Feinde unter lautem Weinen sich den Friedenskuß geben. So 1233, so 1399. Mit Einem Worte: wo Glauben ist, da ist noch Ressource. — Daß Du von Mosheims Kirchenhistorie auch so denkst, wie ich, freut mich. Ueberhaupt war er ein trefflicher Mann, wie ein gelehrter Bischof der alten Zeit oder Englands. Das Geschlecht solcher Theologen scheint auszusterben.

Eine sonderbare Geschichte, weil Du Griffoni's seine so freundlich aufnahmst, aus der Fortsetzung der Geschichte des Bartolommeo della Pugliola:

Im Jahre 1461 zog ein von jenseits der Alpen kommender Kaufmann, mit 5000 Ducaten baar, über Siena nach Rom. Dieser träumte zu Siena in einer Nacht dreimal und ganz erschütternd, man schneide ihm die Gurgel ab. Er konnte es dem braven Gastwirth nicht verhehlen, der, den Kopf schüttelnd, ihm rieth zu beten, zu beichten. Nach dem Gottesdienste ritt er fort. Unterwegs wird er angefallen; von wem? von dem Beichtvater, dem er seine Geschichte erzählt hatte. Dieser mit einem Ordensbruder tödtet ihn. Indeß lief das Pferd mit den Geldsäcken in

das Wirthshaus zurück. Der Wirth erschrack, führte es zum
Podestà. Dieser sandte auf die Straße aus, und man fand
die Mönche mit blutbeflecktem Stricke: sie bekamen ihren
Lohn. Die Geschichte dieses Bartolommeo und seiner Fort-
setzer bis 1471 ist sehr merkwürdig, über Bologna besonders.
Nicht weniger ist's die ehrliche Erzählung des Johann Ser
Cambii von Lucchesischen Sachen. Sie ist voll angenehmer Historien, deren ich doch eine Dir sagen muß. —
Zu Marano im Mailändischen war ein reicher Mann, der
einen einzigen Sohn hatte, welchem er alles zuließ. Dieser
gab unaufhörliche Gastgebote, und sein Weg mißfiel dem
Alten. Einst sagt er: „Nun, Facino, es geht recht gut:
Du hast der Freunde recht viele." „O ja, Vater, fünfzig
und so viel ich will." „Das ist viel", sagte Ambrogio; „ich
habe fünfzig Jahre gelebt, ehe ich einen fand." „Ja, Vater,
das kommt von eurem altmodischen Leben." „Es kann sein;
doch, Facino, laß uns wetten; wer, Du oder ich, der
Freunde mehr hat, soll von nun an das ganze Vermögen
verwalten. Nimm das Schwein, das wir ohnehin schlachten
wollten; tödte es; stecke es blutig in einen Sack, gehe zu
deinen Freunden, und rede so und so." Facino ging zu dem
Vertrautesten: „Bruder, es ist mir ein Unglück begegnet;
ich habe einen Mord gethan; der Todte liegt draußen; thue
mir die Liebe, ihn in den Po zu tragen. — „Da werde ich
mich wohl hüten, Theil zu nehmen; den du da getödtet, den
vergrabe selbst." Ein anderer drohete, wenn er ihn nicht
ruhig lasse, es anzugeben. So alle. Und Facino zum Vater.
Dieser: „wo ist der Todte?" Der Sohn sprach: „ach,
Vater! du kennst die Menschen besser, als ich." Nun der
Alte: „gehe jetzt zu meinem Tabbeo." Er ging, es war
Nacht. Tabbeo seufzte: „Uebel, mein Sohn! aber wo ist
der Sack?" lud ihn auf, ging zum Po; als eben Ambrogio
kam und rief: „Hüte dich, das ist unsre Sau, von der wir
morgen essen wollen." Da erkannte Facino, daß, um Freunde

zu finden, der Schmaus nicht hinreicht. Dergleichen witzige Geschichtchen hat der Mann allerlei, jede mit ihrer Nutzanwendung. —

Lebe wohl, Allerliebster, Deine Liebe ist die innigste Freude meines Lebens; daher die Begierde, womit man Deine Briefe verschlingt. Wenn dieser neun Tage läuft, so kommt er wohl an unserer Mutter heiliger Jahreszeit zu Dir: dann umschwebe ihr Engel den Leser, und lispele ihm etwas recht Liebliches zur Antwort ein; sie aber soll wissen, die Gute und Liebe, daß ihr Gedächtniß in uns unauslöschlich und die Wiedersehensfreude der fröhlichste Stoff der Träume unserer Zärtlichkeit ist.

(Mittheilung einiger Lesefrüchte an die Freundin. — Der wunderbare Traum. Eine poetische Erzählung. — Die Probe der Freundschaft. Ein Schwank in Einem Akt. —)

20.

Der Fund eines Freundes.

Joh. v. Müller an seinen Bruder.

Wien, den 28. Jänner 1797.

Noch niemals, liebster Bruder, habe ich Dir in einer vergnügtern Gemüthsstimmung geschrieben. Die gute Vorsehung hat mir ein Neujahrsgeschenk gemacht, welches meinem Herzen das allernöthigste war. He gain'd from heaven ('t was all he wish'd) a friend. Ein Bolognesischer Cavalier, von jenem durch den canonisirten Pius V. und sonst mehrere verdienstvolle Männer ausgezeichneten Hause der Marquisen Ghisilieri, war seit einiger Zeit hier; ohne ihn gesprochen zu haben, gewann ich ihn lieb, als ich ihn zum erstenmale sah; ohne mich gesehen zu haben, hatte er mich aus einigen meiner Schriften lieb; Gott leitete, daß er in dasselbe Departement kam, wo ich täglich 7—8 Stunden zubringe. Als wir uns näherten, wie soll ich Dir es beschreiben, Bruder! Es war das Zusammentreffen zweier von Ewigkeit her für einander bestimmten Menschen, und ich kann nicht sagen, welcher von beiden es zuerst und am wärmsten fühlte; ebenso wenig könnte ich sagen, daß ich in diesem Augenblicke an seine außerordentliche Liebenswürdigkeit, welche ihm alle Herzen gewinnt, oder an die reiche und feine Cultur seines Geistes, an seine mannichfaltigen Kenntnisse, an sein edles, redliches, gefühlvolles, religiöses Herz besonders gedacht; ja ich habe diese Vollkommenheiten großentheils später entdeckt; aber die schöne Harmonie des Ganzen riß mich hin, ich fühlte, daß ich sein wäre, und er mein, ehe ich wußte warum und wie es recht zuging. Nie hätte ich gehofft, wieder einen, und einen solchen, Freund zu finden, der so ganz das tägliche Bedürfniß meiner Seele ausfüllen würde. Was mich vorzüglich freut, und was gar nie einer meiner Freunde in dem Maaße hatte, ist seine warme Anhänglichkeit an den Gegenstand der Verachtung unsers Zeitalters, die Religion; ist sein beständiges Streben nach Vervollkommnung (obwohl ich nicht sehen kann, daß er ihrer eben sehr bedürfe). Kostbar ist mir dabei sein richtiger Geschmack, sein gesundes Urtheil, auch über jede meiner Arbeiten. Und die Hauptsache: daß er ganz Freund zu sein weiß. Ich habe in den ersten Wochen mehrere Stunden in anscheinendem Müßiggange zugebracht; ich dachte nur an mein Glück; nie habe ich Gott wärmer gedankt. Das war es, dieser war es, der mir hier fehlte. Wie eifrig will nun auch ich, täglich gelehrter, besser, angenehmer zu werden mich bemühen, um ihm immer mehr zu gefallen; um das, was ich ihm gegeben habe, mein Ich, seiner würdiger zu machen. Ich habe Dir dieses ausführlich geschrieben, weil es in der That lächerlich gewesen wäre, über Krieg und Frieden, über Bücher und Schriften Dir viel zu sagen, und zu übergehen, was mich am meisten angeht, und mir mehr ist, als alle todten Buchstaben von Homerus bis auf jetzt. — — —

Ich muß abbrechen; es kommen Geschäfte. Adieu, Liebster und Bester! Gruß und Kuß rc.

(Nachricht an die Mutter von der Erlangung einer Freundin.)

21.

Anknüpfung eines Briefwechsels und nachträglicher Abschied.

Göthe an Schönkopf.*)

Frankfurt, den 1. October 1768.

Ihr Diener, Herr Schönkopf; wie befinden Sie sich, Madame? Guten Abend, Mamsell, Peterchen, guten Abend. NB. Sie müssen sich vorstellen, daß ich zur kleinen Stubenthüre hineinkomme. Sie, Herr Schönkopf, sitzen auf dem Canapee am warmen Ofen, Madame in ihrem Eckchen hinterm Schreibtisch, Peter liegt unterm Ofen, und wenn Käthchen auf meinem Platze am Fenster sitzt, so mag sie nur aufstehen und dem Fremden Platz machen. Nun fange ich an zu discouriren.

---

*) Weinhändler in Leipzig, bei welchem Göthe in Leipzig zu Mittag mit anderen geistreichen jungen Leuten sich einzufinden pflegte, und in dessen Familie er auch Abends viel verweilte. Die Tochter desselben war Anna Katharina, später an D. Kanne verheirathet, der kleine Sohn Peter.

Ich bin lange außen geblieben, nicht wahr? Fünf ganze
Wochen und darüber, daß ich Sie nicht gesehen, daß ich Sie
nicht gesprochen habe; ein Fall, der in dritthalb Jahren nicht
ein einzigmal passirt ist und hinfüro leider oft passiren wird.
Wie ich gelebt habe, das möchten Sie gerne wissen? Eh,
das kann ich Ihnen wohl erzählen, mittelmäßig, sehr mittelmäßig.

Apropos, daß ich nicht Abschied genommen habe, werden
Sie mir doch vergeben haben. In der Nachbarschaft war
ich, ich war schon unten an der Thüre, ich sah die Laterne
brennen und ging bis an die Treppe, aber ich hatte das
Herz nicht, hinaufzusteigen. Zum letztenmal, wie wäre ich
wieder heruntergekommen?

Ich thue also jetzt, was ich damals hätte thun sollen,
ich danke Ihnen für alle Liebe und Freundschaft, die Sie
mir so beständig erwiesen haben und die ich nie vergessen
werde. Ich brauche Sie nicht zu bitten, sich meiner zu
erinnern, tausend Gelegenheiten werden kommen, bei denen
Sie an einen Menschen gedenken müssen, der dritthalb Jahre
ein Stück Ihrer Familie ausmachte, der Ihnen wohl oft
Gelegenheit zum Unwillen gab, aber doch immer ein guter
Junge war, und den sie hoffentlich manchmal vermissen
werden. Wenigstens ich vermisse Sie oft. — Darüber will
ich weggehen, denn das ist immer für mich ein trauriges
Kapitel. Meine Reise ging glücklich und mittelmäßig; alles
habe ich hier gesund angetroffen, außer meinem Großvater,
der zwar wieder an der durch den Schlag gelähmten Seite
ziemlich hergestellt ist, aber doch wie ein Mensch, der in
Zweifel steht, ob er die Lungensucht hat oder nicht, sich befinden kann; doch geht es etwas besser; ich nehme an Backen
wieder zu, und da ich hier nichts habe, was mich plagen
könnte, so hoffe ich von Tag zu Tag weiter zu kommen.

Hören Sie, Mamsell, hat Ihnen mein Verwalter neulich die geringen Kleinigkeiten zugestellt, die ich Ihnen auf

Abschlag schickte, und wie haben Sie sie aufgenommen? Die übrigen Commissionen sind alle nicht vergessen, wenn sie gleich nicht alle ausgerichtet sind. Das Halstuch ist mit dem größten Gusto fertig und wird mit ehester Gelegenheit folgen. Verlangen Sie eins von inliegender Farbe, so dürfen Sie nur befehlen, und auch was für eine Farbe Sie darauf haben wollen. Der Fächer ist in der Arbeit, er wird fleischfarb, der Grund mit lebendigen Blumen. Halten die Schuhe noch? Machen Sie mit Ihrem Schuster aus, ob er sie, wenn sie recht fest gemalt sind, so in Acht nehmen will, daß er sie nicht verdirbt, wenn er sie macht, und dann schicken sie mir Ihr Schuhmuster, und da will ich Ihnen malen, so viel Sie wollen und von was für Farben Sie wollen, denn es geht geschwind. Was andere Dinge mehr sind, wird die Zeit fügen. Schreiben Sie mir, wann Sie wollen, nur noch vorm ersten November, denn da schreibe ich wieder an Sie und mehr. Ich weiß doch, lieber Herr Schönkopf, daß sie nicht selbst schreiben, aber treiben Sie Käthchen ein Bischen, daß ich bald Nachricht von Euch kriege. Nicht wahr, Madame, das wäre unbillig, wenn ich nicht wenigstens alle Monate einen Brief aus dem Hause bekäme, wo ich bisher alle Tage drinne war? Und schreibt Ihr mir nicht, so thut's nichts; den ersten November schreibe ich wieder.

Empfehlungen an Mad. Oberm., Herrn Obermann, Mdselle. Obermann ganz besonders, Hrn. Reich, Hrn. Junius, ferner Mdselle. Weidemann, die Sie um Verzeihung bitten müssen, daß ich nicht Abschied genommen habe. Adieu alle zusammen. Käthchen, wenn Sie mir nicht schreiben, so sollen Sie sehen.

Fortgeschickt den 3. Octbr.

(Erster Brief an eine Familie, bei welcher die Schreiberin vier glückliche Ferienwochen zugebracht hat, und mit welcher sie durch die älteste Tochter, ihre Freundin, einen Briefwechsel anzuknüpfen wünscht.)

———◆———

22.

Zum Kampf für die Freiheit!

Theodor Körner an seinen Vater.

Wien, am 10. März 1813.

Liebster Vater. Ich schreibe Dir diesmal in einer An-
gelegenheit, die, wie ich das feste Vertrauen zu Dir habe,
Dich weder befremden, noch erschrecken wird. Neulich schon
gab ich Dir einen Wink über mein Vorhaben, das jetzt zur
Reife gediehen ist. — Deutschland steht auf; der preußische
Adler erweckt in allen treuen Herzen durch seine kühnen
Flügelschläge die große Hoffnung einer deutschen, wenigstens
norddeutschen Freiheit. Meine Kunst seufzt nach ihrem Vaterlande, — laß mich ihr würdiger Jünger sein! — Ja,
liebster Vater, ich will Soldat werden, will das hier ge-
wonnene glückliche und sorgenfreie Leben mit Freuden hin-
werfen, um, sei's auch mit meinem Blute, mir ein Vaterland zu erkämpfen. — Nenn's nicht Uebermuth, Leichtsinn,
Wildheit! — Vor zwei Jahren hätte ich es so nennen lassen,
jetzt, da ich weiß, welche Seligkeit in diesem Leben reifen kann,
jetzt, da alle Sterne meines Glücks in schöner Milde auf
mich niederleuchten, jetzt ist es bei Gott ein würdiges Gefühl, das mich treibt, jetzt ist es die mächtige Ueberzeugung,
daß kein Opfer zu groß sei für das höchste menschliche Gut,
für seines Volkes Freiheit. Vielleicht sagt Dein bestochenes
väterliches Herz: Theodor ist zu größeren Zwecken da, er
hätte auf einem andern Felde Wichtigeres und Bedeutenderes
leisten können, er ist der Menschheit noch ein großes Pfund
zu berechnen schuldig. Aber, Vater, meine Meinung ist die:
Zum Opfertode für die Freiheit und für die Ehre seiner
Nation ist keiner zu gut, wohl aber sind viele zu schlecht
dazu! — Hat mir Gott wirklich etwas mehr als gewöhnlichen Geist eingehaucht, der unter Deiner Pflege denken

6*

lernte, wo ist der Augenblick, wo ich ihn mehr geltend machen kann? — Eine große Zeit will große Herzen, und fühl' ich die Kraft in mir, eine Klippe sein zu können in dieser Völkerbrandung, ich muß hinaus, und dem Wogensturm die muthige Brust entgegendrücken.

Soll ich in feiger Begeisterung meinen siegenden Brüdern meinen Jubel nachleiern? — Soll ich Komödien schreiben auf dem Spotttheater, wenn ich den Muth und die Kraft mir zutraue, auf dem Theater des Ernstes mitzusprechen? — Ich weiß, Du wirst manche Unruhe erleiden müssen, die Mutter wird weinen! Gott tröste sie! ich kann's Euch nicht ersparen. Des Glückes Schoßkind rühm' ich mich bis jetzt, es wird mich jetzo nicht verlassen. — Daß ich mein Leben wage, das gilt nicht viel; daß aber dies Leben mit allen Blütenkränzen der Liebe, der Freundschaft, der Freude geschmückt ist, und daß ich es doch wage, daß ich die süße Empfindung hinwerfe, die mir in der Ueberzeugung lebte, Euch keine Unruhe, keine Angst zu bereiten, das ist ein Opfer, dem nur ein solcher Preis entgegengestellt werden darf. — Sonnabends oder Montags reise ich von hier ab, wahrscheinlich in freundlicher Gesellschaft, vielleicht schickt mich auch H. als Courier. In Breslau, als dem Sammelplatze, treffe ich zu den freien Söhnen Preußens, die in schöner Begeisterung sich zu den Fahnen ihres Königs gesammelt haben. Ob zu Fuß oder zu Pferd, darüber bin ich noch nicht entschieden und kommt einzig auf die Summe Geldes an, die ich zusammenbringe. Wegen meiner hiesigen Anstellung weiß ich noch nichts gewiß, vermuthlich gibt mir der Fürst Urlaub, wo nicht, es gibt in der Kunst keine Ancienneté, und komm' ich wieder nach Wien, so hab' ich doch das sichere Versprechen des Grafen Palfy, das in ökonomischer Hinsicht noch mehr Vortheile gewährt. — Toni hat mir auch bei dieser Gelegenheit ihre große edle Seele bewiesen. Sie weint wohl, aber der geendigte Feldzug wird ihre Thränen trocknen. Die Mutter soll mir ihren Schmerz vergeben, soll mich nicht verkennen, und Du wirst mich Deiner würdig finden.

Dein Theodor.

Humboldts, Schlegels und die meisten meiner Freunde haben bei meinem Entschlusse zu Rathe gesessen. Humboldt gibt mir Briefe. Ich schreibe Euch auf den Montag noch einmal.

(Wie könnte die Schwester Körner's ihm auf diesen Brief geantwortet haben? —)

23.

Rückblick auf die letzten Lebensjahre.

Adelbert von Chamisso an de la Foye.

Berlin, den 2. Juni 1832.

Es ist wieder ein Jahrhundert her, mein vertlieber Freund, daß wir uns weder Hand noch Gänsekiel gereicht haben, und so mir recht ist, liegt an Dir die Schuld, wenn ich sie nicht gar mit Schrecken weiter suchen muß. — Du mußt namentlich meine Gedicht=Sammlung erhalten haben, wovon mein Bruder ein Dir bestimmtes Exemplar unter anderen erhalten hat. Ich hätte darauf Liebes= und Lebens=zeichen von Dir erwartet. Ich habe Dir von mir zu sagen, daß wir, ich und die Meinen, bei fortgesetzter Vermehrung der letzteren, uns wohl und auf dem alten Fleck befinden. Zwei Jungen, zwei Mädchen und noch ein Junge, und dann noch, was Gott will, und zu seiner Zeit offenbaren wird. Die Zeitung wird emsig gelesen, die Zeit theilt sich zwischen

Botanik und Poesie, und ich stehe auf jeglichem Fuß ziemlich fest, ich habe weder Ehrenämter noch Bänder, noch übergroßen Antheil an dem Budget, aber ich werde von meinen Pairs vollgültig anerkannt, Hooker, de Candolle, und Andere nehmen mit ehrendem Zutrauen, was ich bearbeitet habe, auf, und lassen für gesehen gelten, was ich gesehen habe. — Das Volk singt meine Lieder, man singt sie in den Salons, die Componisten reißen sich danach, die Jungen declamiren sie in den Schulen, mein Portrait erscheint nach Goethe, Tieck und Schlegel, als das vierte in der Reihe der gleichzeitigen deutschen Dichter und schöne junge Damen drücken mir fromm die Hand, oder schneiden mir Haarlocken ab; freilich sind diese jetzt sehr silberweiß, aber rüstig bin ich noch und jung genug für meine Jahre, von denen ich 51 voll zähle. — Wer hätte das alles in unsern grünen Jahren gedacht! — Jüngst zu meinem 51. Geburtstage vereinigten sich einige unserer lyrischen Dichter, ein Heftlein Lieder herauszugeben, worin sie unter andern liebevollen Scherzen mich als König der stillen Inseln in der Südsee besangen; darauf hat ein mir befreundeter Journalist einen schalkhaften Artikel begründet, worin er allerlei Freundliches, anderen Regenten zum Exempel, von mir und meiner Regierung erwähnte; daran haben sich nun alle Journalisten Deutschlands, einer nach dem andern, verschluckt, und in der Petersburger Zeitung wird ganz ernst und bona fide (in gutem Glauben) von meinem Königreiche Erwähnung gethan.

Wie geht es Dir, mein Viellieber, was machst Du, was macht notre bourgeoise, wie geht's mit der Familie? Habt Ihr schon oder erwartet Ihr noch die Cholera mit der nächsten Post aus Rouen? Darüber sind wir hier hinaus, wir haben's mit angesehen, wir haben ihr auch unsern Tribut gezahlt, meine vortreffliche Schwiegermutter liegt auf dem Kirchhofe des pestiférés, und zwar durch einen seltsamen Witz des Schicksals, in der Grube, die dort für den Welt-

philosophen Hegel bereitet war, die schlichte Bürgerfrau und
Hausmutter, die in dieser Welt, wahrlich, ihre Stelle ganz
rein und schön ausfüllte, wie kein Philosoph die seinige aus-
zufüllen vermag. — Der Wind, der ihr vorangeht, das
Schrecken ist ärger denn der Sturm, denn die Plage selbst.
Schreibe mir doch einmal, Du Träger, und lasse mich
wissen, wie es Euch geht, ich setze alle Politik bei Seite;
ich könnte Dir bloß Privatansichten mittheilen, die für Dich
keinen andern Werth hätten, als jeder Zeitungsartikel, Du
aber sage mir, ich bitte Dich sehr darum, wie Du die
Sachen ansiehst, und wie sie sich, von Deinem Standpunkte
aus, ausnehmen. Es liegt mir daran, Dich darüber zu
hören. Verlangst Du es aber auch von mir, so will ich
Dir umgehend eine Abhandlung verfassen, zu der ich heute
einmal nicht aufgelegt bin. Lebe recht wohl mit den Deinen!

Ab. v. Ch.

Es freut mich unter den Zeichen der Zeit Dir aufzu-
zählen, daß Eure Stockfranzosen das Reisen nach und nach
zu erfinden scheinen, es sind wieder ihrer ein paar hier, die
unsere Universität angezogen hat, recht propre Leute.

(Charakteristik Chamisso's auf Grund dieses Briefs. — —
Nachricht aus dem elterlichen Hause und von der eigenen Person
an eine schreibträge Freundin.)

———▪———

24.

Nachrichten von der Familie.

Schiller an die Pfarrerin Frankh.

Weimar, 10. April 1802.

Liebe Schwester!

In der traurigen Lage, worin sich unsre gute Mutter
befindet, ist es mir ein wahrer Trost, daß sie bei Dir und

Deinem lieben Manne eine so liebevolle Pflege findet. Anfangs fürchtete ich freilich, sie würde Euch bei einem engen
Hauswesen zu viel Beschwerlichkeiten machen; aber Deine
kindliche Liebe und die edle Denkart Deines Mannes haben
diese Bedenklichkeiten überwunden, wofür ich Euch ewig danken werde. Und da auch der Arzt in Eurer Nähe ein so
geschickter und gefälliger Mann ist, so ist keine Frage, daß
die liebe leidende Mutter nirgends so gut aufgehoben sein
kann, als bei Euch. Du wirst mir aber erlauben, liebe
Schwester, daß ich auch an meiner Seite etwas beitrage,
Dir diese Beschwerlichkeit zu erleichtern; ich werde daher
mit Cotta aus Tübingen die Uebereinkunft treffen, daß er
die liebe Mutter mit dem nöthigen Gelde versorgt, um die
außerordentlichen Ausgaben, die ihre Krankheit erfordert, gemächlich bestreiten zu können. Ich bin, nach dem letzten
Brief der lieben Mutter, doch etwas ruhiger über ihre Umstände, und halte es nicht für unmöglich, daß ihr Zustand
erträglicher ist, als die Aerzte meinen. Haben wir doch bei
ihr schon die Erfahrung gemacht, vor zwölf Jahren, wo es so
weit mit ihr gekommen war, wie ihre gute Natur sich auch
aus den hoffnungslosesten Zuständen helfen kann; also wollen
wir auch jetzt nicht verzagen.

Erfreue uns ja bald mit guten Nachrichten und laß
uns auch wissen, wie Du und Dein guter Mann leben.
Wir hören so wenig von Euch. In meinem Hause geht es
Gottlob wieder gut; aber diesen Winter haben wir von den
Masern, woran meine Frau und die drei Kinder danieder
lagen, viel ausgestanden.

Dieses Frühjahr beziehen wir ein neues und ein eigenes
Haus, das ich mir hier gekauft habe; es ist gar nicht größer,
als wir gerade brauchen, und doch kostet es 7200 Gulden,
so hoch sind hier die Häuser im Preis, und nach diesem
Preise reguliren sich verhältnißmäßig alle Lebensbedürfnisse.
Ach, welche Freude würde es für mich sein, die liebe Mut-

ter und Euch, meine Schwestern, einmal unter meinem eignen Dach bewirthen zu können!

Die Kinder sind gar gut und machen uns ausnehmende
Freude. Besonders ist die kleine Karoline ein gar ange-
nehmes Kind, und wer sie sieht, hat seine Freude an ihr.
Die Knaben wachsen frisch heran und mir wird manchmal
angst, wie ich am besten für ihren Unterricht sorgen soll, da
die Zeit des Lernens herannaht.

Umarme die liebe Mutter aufs Herzlichste und sag' ihr,
daß ich den innigsten Antheil an ihrem Leiden nehme und
die besten Wünsche für sie zum Himmel sende. Auch Lotta
ist ihretwegen herzlich bekümmert und dankt Dir und Deinem
lieben Manne aufs Innigste für alles, was Ihr an ihr
thut. Versichere ihn meiner brüderlichen Liebe und sei versichert, daß ich von ganzer Seele bin

Dein

treuer Bruder.

(Die Tochter gibt statt der durch viele Arbeiten gehinderten Mutter
der Tante Nachrichten aus dem elterlichen Hause und bittet um ein
Gleiches.)

———◆———

25.

Genesung und Warnung vor kalten Bädern.

Justus Möser an Nicolai.

Osnabrück, den 2. April 1785.

Liebster Freund! Ueberbringer dieses, ein junger Maler,
welcher auf die Akademie nach Dresden geht, wird Ihnen,
wenn Sie ihn sprechen, sagen können, daß ich mich mit jedem

Tage beſſere und mit dieſem Frühjahre meine völlige Geſundheit
wieder zu erhalten hoffe. Aber Ihr Rath, den Sie mir einſt
gaben, die Theile des Unterleibes alle Morgen kalt zu waſchen,
taugt dem T... nicht. Ich hatte dieſes zu der Zeit, wie
Sie mir den Rath ertheilten, bereits zwölf Jahr gethan und
mich dem Anſchein nach friſch und munter dabei befunden.
Denn ich ſchrieb ihm die ſchöne Erfriſchung, und was ich
nebenher fühlte, andern Umſtänden zu. Allein zuletzt ſetzte
ich ein Mißtrauen in das Kaltbaden, unterließ es und habe
nun drei Jahre zugebracht, um die Verengung und Verſteifung
des Unterleibes, welche das kalte Baden mit der Zeit gewirkt
hatte, wiederum zu heben. Dabei könnte ich Ihnen jetzt un-
zählige Beiſpiele von ſolchen, die kalt gebadet und ſich dadurch
um ihre Geſundheit gebracht haben, anführen, wenn es zu
Ihrer Ueberzeugung nöthig ſein ſollte. Selbſt der *** nebſt
zweien ſeiner Brüder ſind dadurch unglücklich gemacht worden,
da die andern Kinder, welche nicht kalt gebadet haben, ſo
munter ſind, wie die Lerchen. Ich ſchreibe dieſes, um Sie
ſelbſt davor zu warnen, wenn Sie ſich auch dieſer heroiſchen
Kurart bedient haben und unbehaglich finden. Es iſt wahrlich
eine Anglomanie, wenn wir deutſchen Kartoffelfreſſer den fleiſch-
freſſenden und mit ſtarken Getränken genährten Engländern
hierin nachahmen; und ſelbſt dem Engländer, der ſich den
Kopf alle Morgen badet, bleibt der kleinſte Schnupfen auf
der Bruſt haften, weil er nicht über den Kopf zur Naſe kommen
kann, indem die Haut auf dem Kopfe durch das kalte Waſſer
zu ſehr abgehärtet iſt. — Doch es iſt Niemand geſchwätziger,
als ein Reconvaleſcent. —

Leben Sie wohl, liebſter Freund, und laſſen Sie mich
wiſſen, daß Sie ſich wohl befinden.

(Mittheilungen über die eigene Geneſung von einer längeren Krankheit und über das jetzige Befinden — an die Schweſter.)

26.

Frau von Stael.

Schiller an Körner.

Weimar, 4. Jan. 1804.

Freilich habe ich lange nichts von mir hören lassen, Ihr Lieben; aber ich war auch nie so gedrängt, wie in den letzten vier Wochen.

Mein Stück, welches ich dem Berliner Theater Ende Februar versprochen, nimmt mir den ganzen Kopf ein, und nun führt mir der Dämen noch die französische Philosophie hierher, die unter allen lebendigen Wesen, die mir noch vorgekommen, das beweglichste, streitfertigste und redseligste ist (Frau v. Staël). Sie ist aber auch das gebildetste und geistreichste weibliche Wesen, und wenn sie nicht wirklich interessant wäre, so sollte sie mir auch ganz ruhig hier sitzen. Du kannst aber denken, wie eine solche ganz entgegengesetzte, auf dem Gipfel französischer Cultur stehende, aus einer ganz andern Welt zu uns hergeschleuderte Erscheinung mit unserem deutschen und vollends mit meinem Wesen contrastiren muß. Die Poesie leitet sie mir beinahe ganz ab; und ich wundere mich, wie ich jetzt nur noch etwas machen kann. Ich sehe sie oft, und da ich mich noch dazu nicht mit Leichtigkeit im Französischen ausdrücke, so habe ich wirklich harte Stunden. Man muß sie aber ihres schönen Verstandes, selbst ihrer Liberalität und vielseitiger Empfänglichkeit wegen hochschätzen und verehren. In dieser Zeit ist Herder gestorben und noch verschiedene Bekannte und Freunde, so daß wir wirklich recht traurige Betrachtungen anstellen und uns der Todesgedanken kaum erwehren können. Ohnehin ist der Winter ein so düsterer Gast und enget einem das Herz.

(Die Freuden des Winters, in Widerlegung des letzten Wortes. Bericht über eine gastirende Sängerin — an die Freundin.)

27.

Ein Scherz der Sehnsucht.

Gellert an Madam S**.

Sehen Sie, wie ich mein Wort halte! Sie sind kaum abgereist, so schreibe ich schon an Sie, und ich denke, ich werde so lange schreiben, bis ich Sie wieder zurückgeschrieben habe. In der That sind auch seit zweimal vier und zwanzig Stunden fast ebenso viel Ursachen entstanden, die alle Ihre Gegenwart zu verlangen scheinen. Ich will Ihnen nur die wichtigsten melden. Ihr Herr Gemahl hat gestern Nachmittag das Fieber nebst einem kleinen Friesel bekommen. Er hat mir ausdrücklich verboten, Ihnen davon zu schreiben. Ich habe es ihm auch versprochen; allein in einer Sache, die Sie so nahe angeht, sehe ich es für einen löblichen Fehler an, mein Wort nicht zu halten. Er befindet sich jetzt zwar ganz leidlich, und verschiedene Leute wollen ihn heute auch gar haben ausgehen sehen; ich muß es aber am besten wissen, daß es noch sehr gefährlich mit ihm werden kann. Ihr kleiner Sohn hat von ungefähr den Porzellantisch umgestoßen, und gestern Nachmittags — darf ich's Ihnen sagen? O wie bedauere ich Sie! — gestern Nachmittags, denken Sie einmal das Unglück an! ist Ihr ganzer Silberschrank ausgeräumt worden, ohne daß man bis diese Stunde noch weiß, von wem. Ich würde nicht fertig werden, wenn ich Ihnen alle die Unfälle hersetzen wollte, die sich seit Ihrer Abwesenheit zugetragen haben. Nur noch Eine Ursache kann ich nicht verschweigen, die mich insbesondere Ihre baldige Rückkunft wünschen heißt. Es ist ein Ruf, den ich nach B.. mit der heutigen Post erhalten habe. Ich brauche Ihren Rath mehr, als jemals, je unschlüssiger ich alle Augenblicke werde. Ach, Madam, warum sind Sie doch gereist? Was soll ich denn machen? Das geht unmöglich, daß ich L.. verlassen kann, ohne Ihnen für die taufend Gefälligkeiten zu danken, die Sie mir in so vielen Jahren erwiesen haben. Und gleichwohl. — Ich dächte, Sie kämen noch diese Woche zurück. Ihre liebe Mama kann in vier und zwanzig Stunden viel mit Ihnen reden. Kommen Sie doch, ich bitte Sie. — Ob das alles wahr ist, was ich Ihnen erzählt habe? Ja wohl, Madam, denn wenn ich Nein sagte, so kämen Sie nicht so bald wieder. Den Augenblick läßt mich Ihr Herr Gemahl rufen. Was wird wieder vorgegangen sein? Scheint es doch, als ob alles Unglück in Ihrem Hause nur auf Ihre Abwesenheit gewartet hätte. Leben Sie wohl, Madam. Ich eile zu Ihrem Manne und bin mit der vollkommensten Hochachtung ꝛc.

(Scherzbericht über das elterliche Haus an den Vater, welcher seinen Freund auf acht Tage besuchen gereist ist, mit der Absicht, ihn zur Abkürzung seiner Abwesenheit zu vermögen.)

———— ♦ ————

28.
Ein Mittel, den schreibträgen Freund zum Antworten zu bringen.

Gellert an den Rittmeister v. B...

Sie werden vielleicht glauben, ich würde so gütig sein und einmal aufhören, an Sie zu schreiben, weil Sie so sinnreich sind und mir nicht antworten. Allein dies will ich eben nicht. Ich vermuthe, daß Ihnen meine Briefe zur Last sind, und deswegen will ich fortfahren, ihre Anzahl mit jedem Posttage zu vermehren. Man kann sich an einem, der nicht gern zuhört, nicht besser rächen, als wenn man ohne Aufhören plaudert, und an einem, der nicht antworten will, nicht besser, als wenn man ihm Briefe über Briefe schickt. O! werden Sie

mit zehn finstern Mienen herausfahren, der Mensch muß
doch auf der Welt nichts zu thun haben, weil er stets an
mich schreibt. Sie irren sich, Herr Rittmeister, ich habe
Arbeit genug, und wenn ich Ihnen nicht einen Verdruß machen
wollte, so würde ich ganz gewiß keine Zeit zum Schreiben
haben. Aber ich dächte, Sie sähen auch aus meiner Schreibart,
daß ich nicht ganze Tage zu einem Briefe an Sie brauchte.
Ich schreibe mit Willen nachlässig und von nichts, damit Sie
recht böse werden und mir endlich in der Hitze einmal schreiben
mögen, daß ich zu schreiben aufhören soll. Durch diese List
denke ich noch vor Ihrem Ende eine Antwort herauszulocken.
Heute ist Sonnabend, verlassen sich darauf, auf den Montag
sollen Sie wieder einen Brief haben, darinnen noch weniger
steht, als in dem jetzigen. Wegen des Porto wollen wir's
so machen, daß ich einen um den andern frankire; auf diese
Weise geben Sie nichts mehr, als wenn Sie mir allemal
antworten. Bin ich nicht billig? Leben Sie wohl, wenn
Sie anders noch leben.

(Eine schreibträge Freundin werde durch einen ähnlichen Scherzbrief
zum Antworten angetrieben. —

Die Empfängerin eines solchen Scherzbriefs beantwortet denselben
in gleich heiterer Laune. —)

29.

Ein neues Mittel, von dem Freunde eine Antwort zu erpressen.

Gellert an den Rittmeister von B...

Ew. Excellenz haben mir durch einen von dero Leuten —
Was mache ich doch? Nehmen Sie es ja nicht übel, Herr
Rittmeister, daß ich Sie Eure Excellenz genannt habe. Indem
ich den Brief anfangen will, so stelle ich mir vor, wie Sie

einmal als General aussehen würden. Ich sah Sie in einem
Gesichte mit großen Falten; und in den Mienen, wo sonst
Liebe und Zärtlichkeit gewohnt hatten, herrschten jetzt das
Alter und der Krieg. Sie trugen eine schwarze Perücke und
sahen recht fürchterlich ehrwürdig aus. Ich stehe nach meiner
Meinung vor Ihnen, und weil ich in der Angst nicht weiß,
was ich sagen soll, so fange ich in Gedanken an zu sagen:
Eure Excellenz haben mir durch einen von dero Pensen befohlen
x. und in Gedanken schreibe ich diese Worte aufs Papier.
Es ist mir auch ganz lieb. Denn bei dieser Gelegenheit habe
ich doch eine Seite voll geschrieben und Ihnen zugleich eine
versteckte Erinnerung gegeben, daß Ihre Schönheit nicht ewig
währen wird. Worauf sind Sie also so stolz? Es ist noch
um einen Feldzug zu thun, so ist Ihr ganzer Reiz verloren.
Es haben mich schon viele Offiziere versichert, der Feldzug in
Böhmen hätte Sie so entstellt, daß Sie sich kaum mehr ähnlich
sähen. Kommen Sie nur wieder nach Sachsen: man wird
sich nicht sehr um Sie zanken. Was habe ich Ihnen denn
gethan, mein lieber — höre ich Sie sagen. So? Ist dieses
nichts, wenn Sie nicht an mich schreiben und so kaltsinnig
mit mir umgehen, als wenn ich Ihr Feldprediger wäre? Sie
dürfen nicht denken, als wenn ich so ein großes Verlangen
nach Ihren Briefen hätte und sie nur gar zu gern läse.
Nein! Ich kann sie leicht entbehren. Aber Sie sollen mir
doch den Respekt nicht entziehen, den Sie mir als Ihrem
Freunde und als einem Gelehrten schuldig sind. Allein aller
Ihrer Kaltsinnigkeit ungeachtet will ich doch mein Wort halten
und Ihnen das versprochene Manuscript überschicken. Lassen
Sie es aber nicht bei der ganzen Armee herumlaufen. Ich
will sehen, ob Sie inskünftige zärtlicher mit mir umgehen
werden. Es ist leider wahr, daß ich Sie noch liebe; allein
wenn Sie mir nicht bald schreiben, so hoffe ich es vor Ostern
noch so weit zu bringen, daß ich in zehn Jahren nicht in die
Versuchung fallen will an Sie zu denken. Mein Vater er-

kundigt sich fast in allen Briefen nach Ihnen, und damit ich
der beständigen Anfrage los werde, so habe ich ihm ganz
treuherzig berichtet, daß Sie an einer Feldkrankheit gestorben
wären. Wenn Sie es aber nicht leiden können, daß er Sie
für todt hält, so dürfen Sie, weil Sie ohnedies gern schreiben,
nur an ihn schreiben und ihm melden, daß Sie zu großem
Glücke oder Unglücke noch lebten. Ich will mir's gefallen
lassen und noch einige Zeit sein ꝛc.

(Scherzhafte Mahnung zu endlicher Antwort an die schöne Base.)

————ο————

30.

Bitte um Unterstützung eines armen Jünglings.

Gellert an Herrn v. Rochow.

Leipzig, d. 12. August 1766.

Ein Tuchmachergeselle aus meiner Vaterstadt, mit Namen Höpner, schon zwei und zwanzig Jahr alt, kam vor
einigen Wochen nebst seinem Vater zu mir, sagte, daß er
ein Anliegen hätte, welches er mir aus Blödigkeit nicht wohl
mündlich entdecken könnte, und übergab mir darauf den französischen und lateinischen Brief, den ich Ihnen hier beilege.
Aus demselben, liebster R.., werden sie sehen, daß der
Mensch, nachdem er in der Jugend den Donat einigermaßen
gefaßt, nachher bei seinem Handwerke ohne allen mündlichen
Unterricht durch Hülfe der Grammatik das Lateinische und
Französische, meistens in der Nacht, getrieben und bis zum
Lesen und leidlichen Schreiben gebracht hat. Dieser Mensch,
der eine gute Miene hat, bescheiden und vernünftig spricht,
möchte gern noch studiren. Ich ließ ihn mit der Antwort

von mir, daß, wenn ich ihm einen Tisch im Convictorium auf drei Jahre binnen hier und Michaelis auswirken könnte, er in Gottes Namen studiren sollte. Diesen Tisch habe ich. Nunmehr suche ich für diesen armen Menschen sechs Gönner, die ihn auf drei Jahre jährlich mit zwölf Thalern bei seinem Studiren unterstützen sollen, und einer von diesen Gönnern, gutthätiger R.., sollen Sie sein. Dieses ist meine demüthige Bitte im Namen Höpners; und ich weiß, Sie gewähren mir dieselbe gern. Von Michaelis an soll er hier studiren und, wenn es möglich ist, in meinem Hause wohnen.

Ich umarme Sie und bin zeitlebens der Ihrige, sowie der Verehrer und Freund Ihrer guten Gemahlin.

(Für eine Mitschülerin, welche den Vater verloren hat und nun auf ein Lehrerinnen-Seminar gehen möchte, wird in der Person des Oheims der achte Wohlthäter zu einem jährlichen Beitrage von zwölf Thlrn. gesucht.)

---o---

31.

Bitte um Schonung der Gesundheit.

Hamann an seinen Vater.

Grünhof, den 6. März 1754.

Herzlich geliebtester Vater, ich war in Mitau und suchte voll Ungeduld Briefe auf der Post. Ein Bote aus dem Wirthshause kam mit einer für mich betrübten Antwort zurück. Den Sonntag ging ich früh vor der Kirche selbst nachzufragen und ich fand leider nichts. Den Montag kam Herr Dr. Lindner von einer Patientin auf dem Lande zu Hause und händigte mir die Erfüllung meiner sehnlichen Wünsche ein. Der Anfang Ihres Briefs und die ungewöhnliche Länge desselben machten mich sehr unruhig. Sie gaben mir gleichwohl Hoffnung zu einer sich anlassenden Besserung, die in dero zweitem lieben Briefe nicht so bestätigt wird, wie ich darum gebeten habe. Ich danke unterdessen Gott aufrichtig mit Ihnen, daß er Ihnen Geduld gibt. Sein gnädig Antlitz läßt uns die Schmerzen weniger empfinden, die sein strafender Arm uns verursachen könnte. Verzeihen Sie, liebster Vater, wenn ich die Absicht dieser Krankheit zu Ihrem Besten auslege. Vielleicht dient sie Ihnen Ihrem Körper insfünftige liebreicher zu begegnen und ihn nicht der Verkältung und Entkräftung auszusetzen, die Sie selbst für die Ursachen Ihrer Zufälle angeben. Man hat sich bei einer Ruhe, die man sich aus einer billigen und vernünftigen Liebe zu sich selbst von den Geschäften gibt, weniger Vorwürfe zu machen, als bei derjenigen, welche uns eine selbstgemachte Unvermögenheit bisweilen auflegt. Jene ist angenehmer und süßer, weil sie willkürlich ist, wenn uns die letztere unruhig macht, weil sie gezwungen ist. Genießen Sie, herzlich geliebtester Vater, besser Ihres Geistes und Gemüthes, und lassen Sie auch die Ihrigen dasselbe insfünftige mehr genießen. Ziehen Sie nicht alles zu Ihrem Beruf; Gott besitzt mehr Billigkeit gegen die Menschen, daß ich so sagen darf, als sie gegen sich selbst haben; er fordert das nicht von uns, was uns diese öfter zumuthen, und er befiehlt uns, unsern Nächsten nicht mehr zu lieben, als uns selbst. Die Vorstellungen und zärtlichen Sorgen meiner liebreichen Mutter werden diesen Betrachtungen mehr Nachdruck geben. Ich danke Ihnen tausendmal, gütiger Vater, daß Sie sich auf Ihrem Siechbette mit meinem Andenken die Zeit vertreiben. Wenn es Ihnen doch so viel Zufriedenheit mittheilte, als ich aus dem Ihrigen bisweilen schöpfe; ich bin Gottlob gesund und lebe hier recht zufrieden. Das Wachsthum meines ältesten Herrn macht den Vater entzückt, stolz auf ihn und gegen mich erkenntlich. Er redet mit

naſſen Augen bisweilen von uns beiden gegen andere, und er
gibt mir auf alle mögliche Art zu verstehen, wie viel er von
mir hält. Vielleicht glückt es mir bald genug, Ihren Wunſch
zu erfüllen, und Sie auf ein paar Tage zu ſehen. Wie
herzlich vergnügt wollen wir dann ſein! Jetzt laſſen Sie,
lieber Vater, Ihre einzige Sorge ihre Geſundheit ſein, wie
dies mein einziger Wunſch und Bitte an Gott iſt.

(Bitte an die Mutter, ſich mehr zu ſchonen.)

------ o ------

32.
Bitte um öftere Briefe.

Joh. v. Müller an Gleim.

Genf, 8. Jan. 1784.

Um Kleiſt's, um Bodmer's willen, edler, weiſer, geliebter Freund, was iſt aus Ihnen geworden? oder was
habe ich Ihnen gethan? — Mit äußerſter Gemüthsbewe-
gung ſchreibe ich dieſe Fragen; oft bei Nacht, in allen ein-
ſamen Stunden, ſo oft ich an Freundſchaft, ſo oft ich an
den großen Friedrich, ſo oft ich an die deutſche Dichtkunſt
und Philoſophie gedenke, wenn ich vergnügt bin, wie bei
Ihnen, oder etwa leer und durſtig, lieber Vater Gleim, ſo
gedenkt meine Seele Ihrer. Ihr Stillſchweigen macht mich
ſehr traurig; es hat nichts mich mehr und länger und un-
aufhörlicher bewegt. Ich kann Ihnen meine Empfindung
nicht ausdrücken, aber Sie müſſen ſie fühlen. Wie ich Sie
ſchon vor dreizehn Jahren liebte, und Ihretwegen mit bit-
term Rückwunſch aus Deutſchland nach der Schweiz ging;
wie ich Sie geliebt, wie ich in Ihre Seele eingedrungen,
als ich die Kriegslieder auswendig lernte, und ſie brauchte,

7*

wie Thucydides den Homer; wie vergnügt, wie herrlich wir
zusammen lebten, die unschuldsvolle Gartenlust, am Tag, als
ich in jenem Zimmer (mein Zimmer) im Garten Ihre Verse
mit meinem Namen an's Kamin schrieb; hundert schöne,
liebevolle Briefe, worin Sie mich ermunterten, lehrten, mir
Verse zusandten, und ich Ihnen alle meine Gedanken schrieb;
wie Sie jede Woche die Geschichte meines Herzens bekamen
— alles das können Sie doch nicht vergessen haben? Und
nun was ist neues begegnet? — Edler Sohn des Hallabat
(ein großer Name), was verbergen Sie mir die freundlichen
Augen, in denen man alle Ihre Lieder sieht? Sie müssen
sehr krank sein; ich nehme aber dem Neffen und allen großen
und kleinen Hausnichten übel, daß niemand mir es schreibt:
glauben Sie mich nicht aller Gleime Freund? Meinen Sie,
ich werde es nicht mehr sein, wenn Friedrichs Barde einst
geht, wo ihn der des Achill erwartet! Ich begreife nichts;
alle gute Menschen glauben an die Freundschaft. Ist es
etwas anders? Ich kann mir nichts vorstellen, als eine
Verläumdung: vergeblich trachte ich sie zu errathen, wer will
den Proteus fassen? Ich behaupte, daß unmöglich jemand
gesagt haben kann, ich sei der Freundschaft nicht getreu, oder,
ich forsche nicht mehr die Bücher der alten Weisen, oder ich
liebe nicht mehr die Thaten der Helden und wolle nicht mehr
sie malen, oder ich sei einem Elenden hart gewesen, oder
eigensinnig und störrisch im Umgang vernünftiger Menschen,
oder wohl gar stolz. . . Was hat man denn gesagt?
Und wer? — Ist es ein Heuchler, so bewahre mich Gott,
so fromm zu sein, wie er. Ist es ein guter schwacher
Mensch, der an keine Siege glaubt, weil er keiner fähig ist,
ein für allemal überwunden, so . . . . stärke ihn Gott. Wenn
es das nicht ist, was denn? Ich sinne; ich durchschaue
mein ganzes Wesen; mein Leben ist vor mir. Was kann
man denn gesagt haben? Was ist es, wodurch einer gesucht
hätte, Sie und mich zu entfernen?

Glücklicher Weise wäre es — eine Lüge; nicht minder, wenn man gesagt hätte, über einen oder zwei Religionspunkte denke ich anders, so weiß ich nicht, in wiefern ich hierin von Ihnen unterschieden wäre, weil wir hierüber, so viel ich weiß, nie gesprochen, da Sie mir in jedem Falle gleich lieb sind, und wenn auch Sie dächten, ich irrte mich, was dann? Haben Sie Bodmern nicht geliebt, weil er auch anders dachte? Es ist unmöglich, daß dies zwischen Menschen von gesundem Verstand Entfernung hervorbringen könnte. Ich falle also zurück in die vorige Exclamation; um Kleist's und Bodmer's willen, Grenadier Friedrichs, um seiner Lorbeeren und um Deiner Lieder willen, was habe ich gethan? Was ist aus Ihnen geworden? Warum kein Brief in so vielen Monaten, als kaum Tage sonst verflossen?

Ich zweifle keineswegs an dem Vater Gleim! Wen er liebt, liebt er für immer, und ich bin zu sehr ihm zugethan, zu gar und ganz ihm eigen. Und hiermit allen Gleimen Gruß und Kuß von Ihrem ꝛc.

(Die Freundin, welche seit vielen Wochen nicht geantwortet hat, und welche auf eine dritte eifersüchtig zu sein scheint, wird um einen Brief gebeten.)

---o---

33.

Bitte um Geld.

Heinse an F. Jacobi.

Florenz, 14. Juli 1781.

Es kann nicht anders sein, der Wechsel ist unterwegs verloren gegangen oder gestohlen worden; der ungeduldige und grausame Postsekretär hat mir schon wieder von fern zugerufen: non v'è niente, Signor, non v'è niente! und mir

war dabei, als ob ich in das heißeste Dampf- und Schwe-
felbad von Aachen hineinstieg. Da sitze ich nun in Drang-
sal und Elend eingepfeffert und eingesalzen, und mein Geist
mag von dem ganzen irdischen Kerl mit seinen Bedürfnissen
nichts hören und sehen, und möchte ihn gleich von sich ab-
schütteln und seine himmlische Freiheit wiedergewinnen. Ich
befürchte alle Stunden mit Schimpf und Schande aus dem
Wirthshause, wo ich nun zehn Tage nichts bezahlt habe, ge-
jagt zu werden; denn die Wälschen nehmen hierin gar keine
Vernunft an, und ich bin in keiner deutschen Herberge, wie
zu Venedig, wo ich schalten und walten konnte, wie ich wollte.

Wenn ich nicht verhungern will, welches doch Schade
wäre, ohne vorher Rom gesehen zu haben, so werde ich mich
wohl dem Gran Duca entdecken müssen, ob ich gleich noch
keine Bahn und nicht das geringste Sonnenstäubchen von
Willen dazu bei mir einsehe. Ich darf Sie nicht erst bitten,
mit umlaufender Post mir Nachricht mitzutheilen und so
bald als möglich einen andern Wechsel zu schicken. Eine
andre Adresse als Florenz kann ich Ihnen doch nicht
melden. Wenn ich auch hinaus, und mich wie ein Seiden-
wurm von Maulbeerblättern nähren muß, so komme ich doch
in vier Wochen wieder herein und frage, wenn ich noch
sprechen kann, und mir den Mund nicht eingesponnen habe,
nach einem Briefe von Ihnen.

Machen Sie sich übrigens meinetwegen keinen unnützen
Kummer; wer kann vor Schicksal! Und Sie wissen schon,
daß ich mit leichtem Schritt einen tüchtigen Bündel Noth
forttragen kann. Am ärgerlichsten ist mir, daß ich Ihnen
statt anderer Briefe solche schreiben muß, und alle die kost-
baren Sachen jämmerlich verschimmeln.

(Die in einer Pension befindliche Tochter erwartet seit einigen
Wochen das fällige Taschengeld und bittet wiederholt um das immer
noch nicht angekommene.)

34.

Bitte um guten Rath.

Joh. v. Müller an seinen Bruder.

Berlin, 11. August 1807.

Mein geliebtester Bruder und Freund! Ich bin in
großen Ehren und Bedrängnissen. Zuerst von letztern zu
sprechen, so hatte ich am 14. Julius dem König um meine
Entlassung geschrieben, und damit dieser Brief nicht wieder,
wie der vom 1. Junius, verloren gehe, es an M. S. eingeschlossen. Anstatt nun eine Resolution zu bekommen, schreibt
man mir, daß der Brief noch nicht übergeben worden sei;
die Königin finde unbegreiflich, daß ich diesen Entschluß
fassen könne; die Prinzen bedauern ihn; ich sollte, meint
man, dem Staat in dieser Epoche die Schmach nicht anthun,
an ihm zu verzweifeln; mein Einkommen werde immer bezahlt werden; ich soll an so viele liebende Freunde, an die
gutgesinnte Regierung, an mein Leben Friedrichs, an so viele
gute Seiten des preußischen Staats gedenken. Hierauf habe
ich heute viel erwidert und bestehe nur darauf, daß mein
Brief dem König, bei welchem eine Partei gegen mich sein
soll, vorgelegt und eine bestimmte Antwort erwirkt werde,
damit ich entweder gehe oder dem König v. W. etwas vorlegen könne, das mich rechtfertige. Ganz wahr, daß
Berlin höchst angenehm ist und, wenn es ein großes Unter-
richtsinstitut für den Norden wird, sehr interessant sein kann;
ganz wahr auch, daß hier lauter äußerst humane, ja für
mich herzlich freundschaftliche Minister, oder ganz gleichgül-
tige sind; und daß ich in einem schönen Garten wohne, bisher ohne eine alltägliche Pflicht. Auf der andern Seite waren
die Sachen schon so weit, es freute mich, so nahe bei Euch
zu sein, ich hatte so manches liebe Projectchen — was,
Bruder, was soll ich thun? Es ist leicht, einer Ungnade

zu widerstehen — aber guten Worten, Worten eines ge=
beugten Hauses, des Hauses Friedrichs, edler Menschen, die
ich liebe, die mehr, als ich selbst glaubte, auf mich
zu halten scheinen — es ist par Dieu so leicht nicht, denen
zu widerstehen! Ich schreibe Dir diese Zeilen, auf daß Du
mir sogleich schreibest, was Du thun würdest. Es kann
sein, daß die Vorsehung vorher etwas Entscheidendes herbei=
führt, und das wünsche ich sehr; es ist mein täglichster eif=
rigster Wunsch um einen verständigen Wink, dem ich freudig
folgen könne.

Der junge Bayerfürst ist gewaltig für die Universal=
historie; daß ich sie nun bald anfange; ein vortrefflicher
herrlicher deutscher Jüngling; er liebt unser gutes Vater=
land, und möchte doch auch meine Historie bis auf die neue=
ren Zeiten vollendet sehen. Er hat ein Pantheon, eine
Walhalla (den Namen rieth ich ihm) unternommen: Büsten
50 großer Deutschen von carrarischem Marmor; Schadow
hat auch die meinige für ihn gemacht, sprechend getroffen.
Er hat mich heute beim Mittagessen überrascht, um auch
meinen Haller zu sehen, der in die Walhalla mitkommen
soll. Wir haben eine Reise in Osthelvetien projectirt. Auch
er ist für Tübingen, wegen der Nähe. — Ich habe nicht
Muße, Dir Grüße zu schreiben, Du kannst sie auswendig;
alle, sans exception aucune, werden abgegeben.

(Frage an die Mutter, ob eine einträglichere Gouvernantenstelle
der bisherigen, die auch ihre großen Vorzüge hat, vorzuziehen sei.)

85.

Bitte um Ansicht und Rath.

Joh. v. Müller an seine Mutter.

Berlin, 13 Nov. 1780.

Obgleich ich glücklich lebe und mir diese Stadt alle
Tage besser gefällt, obwohl ich mich mit meinen gewöhnlichen
Studien beschäftige, und kaum Zeit genug dazu finde, seid
Ihr, geliebte Mama! ohne Unterlaß vor meinen Augen, Ihr
in Eurer Einsamkeit, Ihr vielleicht krank oder traurig! Diese
Furcht verbittert mir alles; es scheint mir unerlaubt, Vergnügen zu schmecken, so lange ich nicht weiß, wie Ihr euch
befindet. Aber da das menschliche Leben kaum Augenblicke
dauert und besonders die Jugend und Vergnügungsstunden
schnell verrauschen, möchte ich dieser Sorgen wegen beruhigt
sein, um des Lebens froher zu genießen. In dieser Absicht
also schreibe ich Euch diesen Brief, damit ich bald folgende
Fragen beantwortet bekomme: ob Ihr, wie Ihr nun seid,
meiner entbehren könnt! Wäre dies nicht, müßte ich fürchten
Ihr beseufzet meine Abwesenheit, liefe ich Gefahr, Eure Liebe
durch dieselbe zu verlieren, liebste Mama, so ist nichts, wenn
auch das scheinbare Glück meines ganzen Lebens davon ab-
hinge, das ich Euch nicht freudig aufopferte. Es ist möglich,
ja leicht, bei meiner hiesigen Anwesenheit mein Glück auf
einen festen Fuß zu setzen; aber wenn Ihr mißbilliget, daß
ich diesen Winter nicht näher bei Euch zubringe, soll nichts
mich zurückhalten. Ferner, und auch dies beantwortet mir:
da Ihr wisset, was mir Herr Tronchin zu Genf in Absicht
auf eine Rente vorgeschlagen, und wie gut es mir dort mit
Collegien gelungen, sehet Ihr ein, daß, wenn ich gleich hier
es besser haben kann, ich doch zu Genf mein Glück auch nicht
versäume; ist Euch weit lieber, daß ich am letzteren Orte
als hier sei? Auch dieses will ich wissen, denn zu nichts

entschließe ich mich, ohne auf meine beste Mutter Rücksicht zu
nehmen. Leset also diesen neuigkeitsleeren Brief als ein Gespräch meines kindlichgesinnten Herzens mit Euch, und besonders erfüllet meine Bitten dadurch, daß Ihr mir von Eurem
Befinden umständlich schreibet; zweitens sagt mir, ob Ihr
mich lieber zu Genf oder hier wünschet.

(Anfrage an die leidende Mutter, ob die Tochter der Einladung
der Tante folgen und den Winter in der Hauptstadt zubringen oder zurückkehren solle.)

36.

Bitte um Krankenpflege.

Schiller an seine Schwester, Christophine Reinwald.

Jena, 25. April 1796.

Du wirst nun auch erfahren haben, liebste Schwester,
daß die Luise ernstlich krank geworden, und unsere arme liebe
Mutter alles Trostes beraubt ist. Verschlimmerte es sich mit
der Luise, oder gar auch noch mit dem lieben Vater, so wäre
die arme Mutter ganz und gar verlassen. Der Jammer ist
unaussprechlich. Kannst Du es möglich machen, glaubst Du,
daß Deine Kräfte es aushalten, so mache doch ja die Reise
dorthin. Was sie kostet bezahle ich mit Freuden. Reinwald
könnte Dich ja begleiten, und wenn er es nicht wollte, so
lange hierher zu mir kommen, wo ich brüderlich für ihn sorgen
würde.

Ueberlege, meine liebe Schwester, daß Eltern in solchen
Extremitäten den gerechtesten Anspruch auf kindliche Hülfe
haben. Gott, warum bin ich jetzt nicht gesund — und so
gesund, als ich es bei der Reise vor drei Jahren war! Ich

hätte mich durch nichts abhalten laffen, hinzueilen! Aber daß ich über ein Jahr faft nicht aus dem Haufe gekommen, macht mich fo fchwächlich, daß ich entweder die Reife nicht aushalten, oder doch felbft krank bei den guten Eltern hinfallen würde. Ich kann leider nichts für fie thun; als mit Geld helfen, und Gott weiß, daß ich das mit Freuden thue. Bedenke, daß die liebe Mutter, die fich bisher mit einer bewundernswürdigen Standhaftigkeit betragen, endlich unter fo vielen Leiden zufammenftürzen muß. — Ich kenne Dein kindliches liebevolles Herz, ich kenne die Billigkeit und Rechtfchaffenheit meines Schwagers. Beide werden Euch lehren, beffer als ich, was unter diefen Umftänden nöthig ift. Grüße ihn herzlich. Dein treuer Bruder ꝛc.

(Bitte an die entfernt wohnende Schwefter, zur Pflege der fchwer erkrankten Mutter nach Haufe zu kommen, da Schreiberin nicht mehr im Stande fei, diefe Sorge allein zu übernehmen.)

37.

Nachrichten und Ankündigung eines Jahrgehalts.

Fichte an E. Wagner.

Berlin, den 11. Okt. 1809.

Ihre Briefe, theurer Verehrter! nebft den Beilagen habe ich richtig erhalten und mich an den ferneren Offenbarungen Ihres tiefpoetifchen Gemüths innig geweidet.

Es ift Ihnen ohne Zweifel gefchrieben worden, daß ich feit dem Sommer des vorigen Jahres fchwer krank gewefen. Als Ihr zweiter Theil der Reifen ꝛc. bei mir eintrhf, bereitete ich mich eben, in Bädern die verlorne Kraft wieder auf- zufuchen. Ich bin zurückgekehrt mit nicht ungünftigem, jedoch nicht völlig befriedigendem Erfolge. Seit der Zeit habe ich vollauf zu thun gehabt, um meinen, theils durch die lange Krankheit, theils durch die nachmalige, um der Kur willen mir auferlegte Ruhe sehr entwöhnten Geist wieder zur vorigen Kraftanstrengung zu erziehen. So sind eine Menge Gegenstände der Thätigkeit, die mich reizten — so ist auch die Beantwortung Ihres letzten Briefs unterblieben.

Tief erschüttert hat mich Ihr neuester. Ich kenne die Lage Ihrer Gesundheit nicht; aber wie dieselbe auch beschaffen wäre — ich in Ihrer Lage würde hoffen. So hoffe ich denn auch für Sie und wünsche mit der innigsten Sehnsucht, daß Sie den Ihrigen und der Welt noch lange erhalten werden, und mit Ihrem herrlichen Talente noch lange Wärme und Wonne in empfängliche Seelen streuen.

Weil ich denke, daß die Erfüllung Ihres Wunsches auch auf Ihre Genesung die besten Folgen haben könne, habe ich gleich Hand ans Werk gelegt. Ich habe eine Dame, ausgezeichnet an Geist und Herz, die der Königin Freundschaft verdient und besitzt, zur Vertrauten gemacht. Diese ist von Ihrem Schreiben an *** und von Ihrer rührenden Bescheidenheit entzückt. Wir zweifeln alle nicht an der endlichen Erreichung des schönen Zwecks.

Indem ich mich zum Schreiben an Sie niedersetzte, empfing ich einen Brief von der Fr. Ch. v. K. (Sie kennen diese Dame, glaube ich. Wenigstens war sie die erste, die mich mit Ihren schriftstellerischen Meisterstücken bekannt gemacht, und mir mit dem verdienten Enthusiasmus davon gesprochen hat.) „Sie stehe, schreibt die treffliche Frau, auch Ihrer Gattin für ein Jahrgehalt von fünfzig Thalern und werde mir das Nähere mündlich melden. Eine Prinzessin habe vorläufig 30 Thlr. subscribirt.

Ich betrachte die Sache ganz als meine eigene, und bitte Sie, hierin mir zu vertrauen. So sein Sie denn hierüber ruhig, theurer inniggeliebter Mann. Sagen

Sie das alles den Ihrigen und verweisen Sie dieselben an mich; und sodann — genesen Sie, und leben noch lange uns allen zur Freude!

Mit den Gesinnungen der innigsten Liebe ꝛc.

(Einer armen Lehrerwitwe wird das Gelingen einer von der ehemaligen Schülerin veranstalteten Jahrescollecte mitgetheilt.)

------◆------

38.

Zu einem Geschenke.

Joh. Peter Hebel an seine Pathe.

An

meine liebe Pathe

W. H . . . .

Gib Acht, Mägdlein, und erschrick nicht vor dem rheinländischen Hausfreund. Denn wenn ich die Larve vor Dir abziehe — sieh' ich zieh' sie ab — so steht Dein eigner Hausfreund und Pathe vor Dir, der Dir ein goldnes Büchlein schenkt, aber das wahre Gold ist inwendig, zwar mit viel Kupfer legirt, etwa vierkaräthig.

Wenn Du nun bereits so gut lesen kannst, als Deine Mutter der Spinnerei vorzustehen und Dein Pathe der Wahrheit zu Hülfe zu kommen weiß, wenn sie es braucht, so setze Dich fromm zu Deiner Mutter und lies ihr aus dem Büchlein vor — das Papier wird Dir die Augen nicht verblenden, dafür hat ein andrer gesorgt — und laß Dich von Deiner Mutter belehren, wie alles darauf abgesehen ist, Dich und Dein Freundlein S . . . . lustig und fromm zu machen. Ihr könntet mir einen großen Dienst damit erweisen. Zu seiner Zeit wirst Du auch Deine eigenen Geschwisterlein daraus unterrichten, Du bist alsdann die Priorin im Klösterlein.

Der liebe Gott halte es gut mit Dir und wickle Dich in gute Tage und viel Zuckerbrot ein.

Genehmige den Ausdruck meiner herzlichen Liebe, mit welcher ich allerstets bin

Dein

treuer Pathe

J. P. Hebel.

(Uebersendung eines silbernen Bestecks an das breijährige Pathchen zu seinem Geburtstage.)

———◆———

39.

Dank und Verehrung an Lessing.

Friedr. Heinr. Jakobi an Lessing.

Pempelfort, den 20. Aug. 1729.

Ich wünschte, Ihnen die Freude ausdrücken zu können, welche mir die wenigen Zeilen, womit Sie Ihren Nathan an mich begleitet, verursacht haben. Ich fand das Paket bei meiner Zurückkunft von München, wo ich vier saure Monate zugebracht hatte. Meine Sehnsucht, wieder hier in meinem Garten, bei mir selbst und bei den Meinigen zu sein, war unaussprechlich gewesen, und doch war kaum etwas unter allem, was ich wiederfand, das mich so angenehm begrüßte, als dieser erste freundliche Händedruck von Lessing. — Warum ich mich aber kaum nicht gleich hinsetzte und antwortete? Das ist schwer zu sagen. Ich müßte Ihnen ausdrücken können, was ich alles für Sie auf dem Herzen hatte, das Sie so rein und baar hinnehmen sollte, als ich es Ihnen gäbe, und welcher Gestalt ich das nicht so los werden konnte.

Simonides sagt beim Xenophon, daß vom Großen das Halbe willkommener sei, als vom Kleinen das Ganze, daß auf dem Könige etwas von der Ehre und Herrlichkeit der Götter ruhe; der König werde durch die Krone nicht schöner, und doch sähen wir ihn lieber; die Liebe folge ihm bis ins Alter, und nur mit Königen sei sie sicher vor Schande.

In der That, verehrungswürdiger Mann, Sie sind mir zu groß, als daß ich mich mit irgend etwas näher an Sie zu wagen recht das Herz hätte. Was soll Ihnen meine Bewunderung, meine Liebe? Dennoch fühle ich ein Zutrauen zu Ihnen, fühle auch, daß ich selber einigen Werth habe; und da gibt es Aufwallungen, daß ich Ihnen nur so geradezu in die Arme laufen möchte. Aber der Unterschied zwischen Einem, der sich nur im gemeinen Haufen durch etwas Besonderes auszeichnet, — sei's auch nur durch etwas Vorzügliches unter den Edleren; und zwischen Einem, der ein König ist unter den Geistern — dieser mächtige Unterschied tritt mir allemal auf den ersten Schritt in den Weg, und mein Muth ist dahin.

Auf das Frühjahr komme ich nach Wolfenbüttel; dann werden Sie überzeugt werden, daß ich dies alles so empfinde, wie es hier steht, und daß es auch seine innerliche Wahrheit hat. Was an mir zu schätzen ist, werden Sie zugleich erblicken, und ich hoffe, es soll mir Ihre Freundschaft gewinnen. — Ich sehne mich unaussprechlich nach jenen Tagen; auch darum, weil ich die Geister einiger Seher in Ihnen beschwören und zur Sprache bringen möchte, die mir nicht genug antworten.

Nathan den Weisen, wovon ich ein Exemplar mit der Briefpost, eine Stunde vor meiner Abreise aus München, durch den guten Boie erhielt, habe ich unterwegs unter tausend Ausrufungen des Entzückens zweimal gelesen. Schenk und ich, wir rissen einander die Bogen aus den Händen, und es war gut, daß wir bei unsrer Ankunft frische Exemplare fanden. Wie mochten Sie nur meines armen Woldemar, dieses grillenhaften Dinges, neben Nathan erwähnen? Mit dem Schlusse des Nathan bin ich aber doch nicht ganz zufrieden.

Sie waren zu München und haben Lori nicht gesehen. Das ist Schade. Dieser Lori ist einer der vortrefflichsten Menschen, die man sehen kann. Sie wissen sein Schicksal; ich freue mich darauf, Ihnen zu erzählen, wie er zu diesem Schicksal gekommen ist.

Leben Sie wohl, lieber vortrefflicher Mann, und bleiben Sie mir ferner gewogen. Ich will von meiner Seite dazu thun, was ich kann.

(Dem Oheim, einem Schriftsteller, welcher seiner Nichte eines seiner jüngst erschienenen Bücher geschenkt hat, werde gedankt.)

———— ◆ ————

40.
Eine Danksagung.

Christian Garve an Gellert.

Breslau, d. 3. Juni 1767.

Theuerster Herr Professor!

Bei allem dem Vergnügen, das ich empfinde, eine zärtliche Mutter, einen gütigen Onkel und eine Menge von rechtschaffenen Freunden wieder zu sehen, höre ich doch nicht auf, den Verlust zu fühlen, den ich durch die Trennung von meinem zweiten Vater leide. Erlauben Sie mir immer, daß ich Ihnen einen Namen gebe, zu dem Sie mir selbst durch Ihre außerordentliche Güte ein Recht verschafft haben, und mit dem mein Herz und meine Gesinnung so genau übereinstimmen. Ich habe es beständig als eine der größten Wohlthaten von Gott erkannt, daß er mich in Ihr Haus und in Ihre Bekanntschaft gebracht

hat. Nicht bloß Ihr Unterricht, Ihr Rath, Ihre Fürsorge
für mein Glück, sondern noch viel mehr der starke und beständige
Antrieb, den ich zur Ausübung meiner Pflichten in dem Wunsche
und in der Hoffnung, Ihre Gewogenheit und Ihren Beifall
zu erhalten, gefunden habe und immer finden werde, dieses
ist ein Geschenk der Vorsehung, die meine schwache Tugend
dadurch unterstützen und befestigen wollte. Ich erinnere mich
niemals der Stunden, die ich bei Ihnen zubrachte, ohne Gott
dafür als für die glücklichsten meines Lebens zu danken. Dieses
Andenken wird, so lange ich das Glück entbehre, Sie wieder
zu sehn, einen Theil meiner Vergnügungen ausmachen. In
Wahrheit, das Herz und die Gesinnungen eines vortrefflichen
Mannes haben einen gewissen geheimen Einfluß auf die, welche
das Glück haben, mit ihm umzugehn; und auch ohne seine
Lehren ist schon die Hochachtung, die sie für ihn haben, und
sein Beispiel stark genug, sie ihnen einzuflößen. Ja, theuerster
Herr Professor, wenn ich jemals so unglücklich wäre, den
Gedanken einer schlechten und unedlen Handlung zu haben, so
würde die Erinnerung an Ihre Freundschaft die Tugend augen-
blicklich wieder in mein Herz zurückrufen. So bin ich Ihnen
nicht nur die Ausbildung meines Verstandes, sondern auch die
Verbesserung meines Herzens schuldig. Möchte Sie doch Gott
dadurch belohnen, daß er Ihnen noch viele Gelegenheit schenke,
ähnliche Wohlthaten zu erzeigen! Meine Mutter ist gütig
genug, mir die Erlaubniß, wieder zu Ihnen zurückzukehren,
gleich bei meiner Ankunft zu versichern. — Ich bin ꝛc.

(Dank einer abgegangenen Schülerin an ihren Lehrer und Pfleger.)

———◆———

41.

Dank für freundliche Aufnahme.

Wieland an Göschen.

Weimar, 21. August 1794.

Gestern Mittag um halb ein Uhr, mein geliebtester Freund, hat uns der gute Engel, der über unsrer ganzen Reise waltete, gesund, vergnügt und mit tausend frohen Erinnerungen an unsre liebenswürdigen Freunde und an das schöne Land, das sie bewohnen, voll angefüllt, in unser eigenes Hauswesen und in die Arme unserer jubilirenden Familie zurückgebracht. Der süße Augenblick des Wiedersehens aller der Unsrigen, der großen und kleinen, die wir sämmtlich gesund und wohlbehalten um uns herum jauchzen sahen, hat unsere Zufriedenheit über eine Reise, die uns an Seele und Leib so wohl gethan hat, vollkommen gemacht. Ihnen, mein liebster Göschen, verdanken wir den größten Theil so vieler angenehmen, Herz und Sinn vergnügenden Scenen, Tage, Stunden und Augenblicke, die nun, auch in der Erinnerung, noch lange Heiterkeit und Frohsinn und herzerhebende Gefühle über unser Leben verbreiten werden. Empfangen Sie also, Sie und Ihre theure liebenswürdige Gemahlin, nochmals unsern innigsten und wärmsten Dank für alle Freundschaft, Güte und Nachsicht, womit Sie uns auf eine so verbindliche Weise überhäuft haben, und wovon wir uns auch des kleinsten Umstandes lebenslänglich mit Liebe und Erkenntlichkeit erinnern werden. Mein Herz ist noch zu voll und meine Zeit zu eingeschränkt, als daß ich Ihnen, meine liebsten Freunde, auch nur den zehnten Theil dessen, was ich hierüber empfinde, auszudrücken vermögend wäre.

Nun, mein Bester, geht es bei uns Beiden wieder an die Arbeit, und gewiß wird uns nun auch alles, nach einer so angenehmen Unterbrechung, desto besser von Statten gehen.

Indeſſen ſehe ich einer beruhigenden Nachricht von Ihrem Wohlbefinden mit Sehnſucht und Ungeduld entgegen. Sie, liebſter Göſchen, ich kann es nicht bergen, daß ich mich mit beunruhigtem Herzen von Ihnen trennte, — Sie waren nicht wohl; ſo ſehr Sie auch, aus Freundſchaft, es zu verbergen ſuchten. Hoffentlich hat die Ruhe, die mit unſerer Entfernung in Ihr Haus zurückkehrte, auch in Ihrem organiſchen Theil das Gleichgewicht wieder hergeſtellt. Ich wünſche es um ſo ſehnlicher, da ich mich des möglichen Vorwurfs, ſonderlich am letzten Tage unſres Aufenthaltes bei Ihnen, nur allzuviel zur Störung deſſelben beigetragen zu haben, nicht entſchlagen kann.

Ich brauche nicht erſt zu ſagen, daß, ſo oft das Wörtchen Wir in dieſem Briefe vorkommt, meine liebe Dame Dorothea darunter begriffen iſt. Sie iſt eine zu ungeübte Briefſtellerin, als daß ſie es wagen möchte, ihre Geſinnungen und Gefühle eigenhändig auszudrücken; aber Sie kennen auch ihr Herz zu gut, als daß Sie eines ſolchen Dokuments bedürften und ihr die Erfüllung dieſer Pflicht (die ihr ohnehin durch alle die hausmütterlichen Obliegenheiten, in welche ſie wieder eintritt, faſt unmöglich gemacht wird) nicht gerne nachlaſſen ſollten.

Empfehlen Sie uns allen Ihren ſchätzbaren und liebenswürdigen Verwandten und Freunden ſammt und ſonders, und ſagen Ihnen, daß wir ihr Angedenken und die dankbarſte Erinnerung an alle Beweiſe ihres gütigen Wohlwollens ewig in unſern Herzen bewahren werden. Und nun, mein theurer Freund! leben Sie wohl! Und gebe Ihnen der Himmel an allem, was Sie lieben, und an allem, was Sie unternehmen, die Freude zehnfach wieder, die Sie uns gemacht haben!! Ewig mit herzlicher Ergebenheit der Ihrige!

Wieland.

(Dank an die Mutter der Freundin für freundliche Aufnahme während der Hundstagsferien.)

42.

Dank für herzliche Theilnahme.

Schiller an Wieland.

Jena, 3. October 1791.

Mit Ungeduld habe ich erwartet, mein verehrter und theurer Freund, so weit hergestellt zu sein, um Ihnen ein Zeichen des Lebens zu geben, und für Ihre liebevolle Theilnahme den herzlichsten Dank zu sagen. In mancher traurigen Periode, die ich dieses Jahr durchlaufen habe, war mir die Erinnerung an Ihre Liebe Erquickung, und gleich einem tröstenden Genius waren Sie mir zur Seite. Möge Ihnen für diese schöne und edle Menschlichkeit alle Glückseligkeit werden, die der Himmel nur immer über einen Sterblichen ausgießen kann, und alle guten Geister Ihr unschätzbares Leben, Ihre der Welt und Ihren Freunden so wohlthätige Gesundheit bewahren!

Seit dem Gebrauch des Karlsbades und des Egerbrunnens habe ich mich um vieles gebessert, mein Herz öffnet sich wieder den Empfindungen des Lebens und der Freude, und die Kräfte des Geistes fangen an sich zu erholen. Demungeachtet wollen mich die Krämpfe des Unterleibes nicht verlassen, das Athemholen bleibt mir immer schwer, und manches hat sich eingefunden, was auf ein langwieriges Uebel zu deuten scheint. Ich waffne mich mit Geduld und Ergebung und werde mich in jedes Schicksal finden.

Meine Frau empfiehlt sich Ihnen und den Ihrigen aufs beste, und wir Beide hoffen, Sie entweder in Weimar oder hier recht bald zu sehen.

(Die genesende Schülerin dankt ihrer früheren Lehrerin für bewiesene Theilnahme.)

43.

Empfehlung eines Gelehrten.

A. G. Käſtner an J. Möſer.

Göttingen, den 9. Decbr. 1773.

Ew. — nur zu ſchreiben, um Ihnen meine Hochachtung zu verſichern, habe mich nie überwinden können, weil
mir dieſes gerade ſo vorkommt, wie wenn man einen ehrlichen Mann, der eben im Trinken begriffen iſt, beim Aermel
zupfen läßt, daß er abſetzen und ſich umſehen muß, wer am
andern Ende der Tafel ſeine Geſundheit trinkt.

Jetzo aber glaube ich, Ew. — ſelbſt ein Vergnügen zu
machen, wenn ich Ihnen den Herrn Hollenberg empfehle,
deſſen Sie ſich ſchon auf eine ſo edle Art angenommen haben.

Durch den Tod ſeines Vaters leiden die Wiſſenſchaften
einen größeren Verluſt, als ſie durch den Tod manches
Profeſſors leiden würden. — Von den großen Fähigkeiten
und dem brennenden Eifer dieſes jungen Menſchen ließ ſich
deſto mehr erwarten, da er bei dem Kopfe auch die Hände
zu brauchen geſchickt iſt, und alſo in praktiſcher Anwendung
der Mathematik ungemein brauchbar würde geworden ſein.
Denn die Leute, die Kopf und Hände zugleich brauchen
können, ſind noch immer ziemlich ſelten, da ſich ſeit dem
ehrwürdigen Urſprunge der vier Facultäten in den Zeiten,
da man vier Elemente, vier Monarchien und was weiß ich
wie viel Quaterniones Imperii hatte, die Gelehrten den Kopf
zugeeignet und die Hände den Handwerkern überlaſſen haben;
obgleich zur Ehre unſrer Zeiten jetzo viel Gelehrte die Hände
auch recht gut zu gebrauchen wiſſen und zwar mit noch
weniger Kopf, als die Handwerker.

Ob es möglich iſt, daß Herr Hollenberg ſich noch ſeinem
Triebe gemäß, in den Wiſſenſchaften, durch die er nützlich

werben würde, vollkommener machen kann, das wird auf seine Glücksumstände ankommen, und Ew. — Schutz wird darin den beträchtlichsten Einfluß haben.

(Ein junges Mädchen von Kopf, Geschick und Arbeitskraft, die confirmirte Tochter des armen kinderreichen Nachbars, werde der Tante als Stubenmagd empfohlen.)

------ c ------

44.

Empfehlung eines unglücklichen Biedermannes.

Jean Paul Fr. Richler an Fr. Heinrich Jacobi.

Bayreuth, b. 22. Juli 1808.

Mein theurer Heinrich!

Der Ueberbringer dieses Briefes ist zugleich dessen Ur-sache und Gegenstand. Denn sonst würd' ich nach meinem langen Stillschweigen, das mich etwas zu viel, nämlich Deine Briefe, kostete, mit diesem unbedeutenden Blättchen nicht vor Dir erscheinen. Der Ueberbringer ist ein Herr v. S., der seine Kammer-Direktor-Stelle in H. aus Gründen niederlegte, die ihm ebenso viel Ehre machen, als hätt' er sie länger gut verwaltet. Jetzt will er sich und sechs zu Hause gelassene Kinder vor der Hand durch Reisen für das Deklamiren erhalten. Von dieser Kunst so wie von der Musik scheint er mir und andern die tiefere Kenntniß und wackere Uebung und wetteifernde Liebe darin zu haben; nur wünscht' ich, sein Kunst-Geist hätte auf einer beweglicheren Tastatur des Körpers zu spielen. Die Zeit ist feindselig gegen ihn; seinen guten Dichtungen für Theater und Roman gönnt sie nicht einmal einen — Verleger. Seine Lehrer, Jacobs und Schlichtegroll, können, so wie die Abdankung, seine redliche Seele und überwallende Herzlichkeit assekuriren.

Er wollte sogar unter dem abgeschabten Namen Hr. Red=
lich*) reisen, von welchem ich ihn erst durch vieles Loben
der jetzigen Welt abbrachte. — — —

Von Philosophien ein andermal, lieber Heinrich! Ich
grüße herzlich Deine Schwestern, die Frauen von Schlichte=
groll und Jacobs und die Männer dazu und Dich zuerst
und letzt. Wehe jeder Sturm hoch über oder tief unter
Deinem würdigen Haupte hinweg!

J. P. Fr. Richter.

45.

N. S. den 26. Juli.

Patrick Peale gefällt mir immer mehr durch seinen
reinen, festen Charakter. Nur daß diesen das harte Schicksal
bloß bilden und bereichern, aber nicht belohnen will. Denke
Dir einen Menschen, der — erst 33 Jahr alt — nach
Amerika des Bergbaues wegen gegangen, dann, als er dort
Kaufmann werden wollte, von einem Freunde um die Summe
dazu bestohlen worden — der sich mit Musik und Zeichen=
stunden ernährte — der eine Amerikanerin heirathete, um
deren Vermögen von 4000 fl. er gleichfalls kam, so daß er
sich durch Fischen erhielt — der dann in Sachsen Landes=
hauptmann wurde — in Wittenberg die französischen und
sächsischen Verhältnisse auseinandersetzte — vom Herzog von
Hildb. erbeten wurde, vom König zum Kammerdirektor —
und der jetzt des Ministers L. wegen, welcher seine Recht=
lichkeit nicht aushielt, selber abschied, um sich durch die
ewig ersehnte Kunst (Poesie, Musik) zu erhalten und sein
Herz zu befriedigen. Präsident Völderndorf gab ihm eine
Empfehlung an den Oberstallmeister Keßling mit. Mög' er

---

*) Er nahm dafür seinen alten wieder an, den er in Amerika
und unter seinen literarischen Arbeiten geführt, Patrick Peale.

doch im kunstliebenden München ein Ruhe- und Arbeits-
plätzchen finden! Sein Aeußeres ist unbedeutend. Lebe wohl!
Jetzt schreibst Du mir doch bald, baldigst?

(Empfehlung einer Klavierspielerin, welche von ihrer harten und
geizigen Stiefmutter umhergeführt wird, welche aber durch ihr Spiel und
durch ihr liebenswürdiges Wesen leicht die Herzen gewinnt.)

———*———

46 (a).

Ein gerades derbes Freundeswort.

Klopstock an Göthe.

Hier einen Beweis meiner Freundschaft, liebster Göthe!
Er wird mir zwar ein wenig schwer; aber er muß gegeben
werden. Lassen Sie mich damit anfangen, daß ich es glaub-
würdig weiß, denn ohne Glaubwürdigkeit würde ich schweigen.
Denken Sie auch nicht, daß ich Ihnen, wenn es auf Ihr
Thun und Lassen ankommt, drein reden wolle; auch das
denken Sie nicht, daß ich Sie deswegen, weil Sie vielleicht
in diesem und jenem andere Grundsätze haben, als ich, streng
verurtheile. Aber Grundsätze — Ihre und meine bei Seite,
was wird denn der unmittelbare Erfolg sein, wenn er fort-
fährt? Der Herzog wird, wenn er sich fortwährend bis zum
Krankwerden betrinkt, anstatt, wie er sagt, seinen Körper
dadurch zu stärken, erliegen und nicht lange leben. Es haben
sich wohl starkgeborne Jünglinge, und der ist denn doch der
Herzog gewiß nicht, auf diese Weise früh hingeopfert.

Die Deutschen haben sich bisher mit Recht über ihre
Fürsten beschwert, daß diese mit ihren Gelehrten nichts zu
schaffen haben wollten. Sie nehmen jetzund den Herzog von
Weimar aus. Aber was werden andere Fürsten, wenn sie

in dem alten Ton fortfahren, nicht zu ihrer Rechtfertigung
anzuführen haben, wenn es uns wird geschehen sein, was ich
fürchte, daß geschehen werde? Die Herzogin wird vielleicht
jetzt ihren Schmerz noch niederhalten können, denn sie denkt
sehr männlich. Aber dieser Schmerz wird Gram werden;
und läßt sich der etwa auch niederhalten? Luisens Gram!
Göthe! Nein, rühmen sie nicht nur nicht, daß Sie sie lieben
wie ich — — — Ich muß noch ein Wort von meinem
Stollberg sagen. Er kommt aus Freundschaft zum Herzoge.
Er soll doch also mit ihm leben? Wie aber das? Auf
seine Weise? Nein! Er geht, wenn es sich nicht ändert,
wieder weg. Und was ist dann sein Schicksal? Nicht in
Kopenhagen, nicht in Weimar. Ich muß Stollbergen schreiben.
Was soll ich ihm schreiben?

Es kommt auf Sie an, ob Sie dem Herzog diesen Brief
zeigen wollen oder nicht. Ich für mich habe nichts dawider.
Im Gegentheil. Denn da ist er gewiß noch nicht, wo man
die Wahrheit, die ein treuer Freund sagt, nicht hören mag.

------o------

46(b).

Eine höfliche Antwort auf eine derbe Zurechtweisung.

Göthe an Klopstock.

Weimar, 21. Mai 1776.

Verschonen Sie uns künftig mit solchen Briefen, lieber
Klopstock. Sie helfen uns nichts und machen uns immer ein
paar böse Stunden. Sie fühlen selbst, daß ich darauf nichts
zu antworten habe. Entweder ich müßte als ein Schulknabe
ein Pater peccavi anstimmen, oder sophistisch entschuldigen,
oder als ein ehrlicher Kerl vertheidigen, und käme vielleicht

in der Wahrheit ein Gemisch von allen dreien heraus, und wozu? Also kein Wort mehr zwischen uns über die Sache. Glauben Sie mir, daß mir kein Augenblick meiner Existenz übrig bliebe, wenn ich auf alle Anmahnungen antworten sollte.

Dem Herzog that's einen Augenblick weh, daß es ein Klopstock wäre. Er liebt und ehrt Sie, von mir wissen und fühlen Sie eben das. Leben Sie wohl. Stollberg soll immer kommen. Wir sind nicht schlimmer, und will's Gott besser, als er uns gesehen hat.

⸺•⸺⸺⸺◈⸺⸺⸺

47.

Aufkündigung der Freundschaft.

Klopstock an Göthe.

Sie haben den Beweis meiner Freundschaft so sehr verkannt, als er groß war; groß besonders deswegen, weil ich unaufgefordert mich höchst ungerne in das mische, was Andre thun. Und da Sie sogar unter als solche Briefe und alle solche Anmahnungen (denn so stark drücken Sie sich aus) den Brief werfen, welcher diesen Beweis enthielt, so erkläre ich Ihnen hierdurch, daß Sie nicht werth, daß ich ihn gegeben habe.

Stollberg soll nicht kommen, wenn er mich hört, oder vielmehr, wenn er sich selbst hört.

(Einer Freundin werden dringende Vorhaltungen über ihr liebloses und unehrerbietiges Betragen gegen ihre zweite Mutter gemacht; diese weist dergleichen schnöde ab; ihr wird darum die Freundschaft gekündigt.)

II.

⸺⸺⸺•⸺ —

48.

Glückwunsch zur Verheirathung der Tochler.

Joh. v. Müller an seine Mutter.

Aschaffenburg ben 8. Sept. 1788.

Ich bin jetzt endlich dazu gekommen, liebste Mama, alle
Briefe am Tage des Empfangs zu beantworten; selten aber
schreibe ich von selbst. Es war mir ganz aus dem Gedächt=
nisse gekommen, was der 18. September für ein Tag sein
soll; und es ist mir sehr leid, den lieben jungen Leuten nicht
früher geschrieben zu haben. In der That hatte ich die ver=
gangene Woche für mich sehr wenig Zeit. Ich hoffe, wenn
Ihr biesen Brief empfanget, so werdet Ihr nach herrlich
vollenbetem Freudentag Euch nun ausruhen von der Mühe
und Sorge. Glaubet indessen, daß dieser 18. auch hier mit
vielen stillen, aber warmen Wünschen gefeiert werden wird.
Zuerst, beste Mama, freue ich mich Euer und des Guten,
was Gott an Euch thut; so wahr ist's, daß er die nie ver=
läßt, welche ihm vertrauen, und daß gleichwie auf Euch der
Segen des frommen Großvaters, seines treuen Dieners, und
Eurer anbachtvollen Mutter herunterfloß, also jetzt auf uns
der Segen Eures Gebets und Eures Ausharrens in so man=
cherlei Prüfungen. Fahret fort, liebste Mama, lange noch,
ja bis aufs späteste Ziel des menschlichen Lebens, unsere ver=
ehrte, zärtlich geliebte Mutter, das Haupt unser aller, und
der vereinigenbe Mittelpunkt unserer Liebe zu sein. Möge
der Herr Eure Augen noch burch manche freubige Botschaft
und Euer Herz durch manchen in glücklicher Wonne bei den
Schwestern und mit uns zugebrachten Abend erheitern! Ge=
nießet nun; lebet für uns und bringet des Segens noch mehr
über das Haus; Ihr sehet, daß er Euch hört und manchmal
über Euer Erwarten gethan. Freuet Euch zumal, daß wir
uns alle einander aufs vertraulichste lieben; Ihr habt Häuser

gesehen, wo es nicht so war, und was erfolgt ist aus derselben Moral; so bei uns nicht; wenn (Gott wolle nach vielen
Jahren) Ihr lebenssatt in Frieden und Ehre auch hinüber
gehet, wo die Väter unser harren, so glaubet sicher, daß uns
immer sein wird, als schwebte Euer Geist um uns, daß wir
immer wie jetzt mit einander verbunden sein, und daß die
Schwestern ihren Kindern erzählen werden, wie die Großmama gelebt und gedacht, unter der es dem ganzen Hause
von Tag zu Tag besser geht. So leget jetzt denn recht viel
von Eurem Segen auf die neu daher blühende Haushaltung!
Hinwiederum empfehle ich Euch der lieben Schwester Maria;
wie sie Euer pflegt, und was sie an Euch thut, rechne ich
für eine Schuld, welche zu bezahlen meinem Herzen obliegen
wird, so lange es schlägt. Ich kann sagen, daß es mich
unendlich erleichtert und froh macht, sie nun bei Euch zu
wissen; zumal da mir im Gesicht vorgekommen, wie bei
Ihrem Eintritte über die Schwelle die Hypochondrie und
schwarzen Sorgen, wie böse Geister beim Anblicke eines
Engels, alsobald für immer entflohen, und der Bruder in
vollem Jugendglanz und ungewohntem Kraftgefühl empfunden
habe, wie noch nie, daß es etwas ist, nicht mehr allein zu
sein. Glück zu denn dem guten, lieben, edelmüthigen Paar!
Er schreite einher, von nun an freudig wie ein Mann, und
fest wie der ein Familienhaupt wird. Und sie, in allen
Tugenden und Reizen ihres Geschlechts, ganz ihres Einigen,
theile alle seine Gefühle mit ihm, liebe Euch, wie er ihre
vortrefflichen Eltern, bilde sich zu künftigen Pflichten am
schönen Vorbilde beider Mütter, mache Ein Haus und eine
Vereinigung von Freunden und Brüdern aus Ihrem und
unserm, und diene einst vielen Nachkommen zum ermuntern-
ten Beispiel und so einem Muster, wie sie nun zwei vor
sich hat. Ich bitte Euch nicht, liebe Mama, mich ihr zu
empfehlen; der Freund ihres Herzens ist zu sehr auch
meiner, als daß dieses nöthig sein sollte. Aber einen Kuß

sollt Ihr ihr auf die lieblichen Lippen drücken, und ihr
sagen, daß ich den schicke, und Euch es aufgetragen, damit
er aus recht warmem, aufrichtigem Herzen fließe; dann
hebet noch einmal den Becher und trinket ihn mir zu mit
solchem Gefühl, wie ich am 18. mehr als Einen. Jetzt
Adieu, Mama, Ihr seid wohl noch müde, der Brief ist
lang für Eure Augen; und was kann ich mehr sagen, als
daß ich immer derselbe bin.

Euer

Johannes.

N. S. Lasset mir, darum bitte ich Euch recht sehr,
eine ausführliche Beschreibung aufsetzen, was alles an dem
Tage vorgegangen, wie sich alle und jede benommen und
verhalten u. s. w.; als wenn im Kalender das römisch-
kaiserliche Beilager beschrieben würde; aber freimüthiger und
mit etwas mehr Herzlichkeit, daß es recht so sei, als
wäre ich dabei gewesen. Ihr habt ja nun wieder eine
Hand mehr, die bei der Briefstellerei für Euch sich verwenden kann.

49.

Glückwunsch zur Hochzeit des Bruders.

Aschaffenburg, den 17. Sept. 1788.

(An den Bruder.)

Es ist wider alles Herkommen und Ordnung, daß
Mahnungen so ungewarnter Sachen urplötzlich geschehen, ehe
sich's der andere Theil versieht; und kann billig letzterem an

Ehren und Bund keineswegs nachtheilig sein, wenn er nicht
alsogleich vermag aufzuwitschen (sich aufzumachen), und solch
unziemlichen Geboten statt thun; ist zumal zu bedenken, wenn
ehhafte Noth und in fernen Landen fremder Fürsten Dienst
einen biedern Mann hieran hindern; weßwegen wir uns denn
zu eurer Lieb und Treu tröstlich versehen, ihr werdet nicht
in ungutem Vernehmen, daß wir für diesmal (das uns treulich gar leid ist) eurer ernstlichen Mahnung [zur Hochzeit zu
kommen] nicht gehorcht haben; als auch aber unser Bote
mehr sagen wird, nämlich der hochedle und strenge Ritter
F r i e d r i c h v o n M ü l l i n e n, der eben da war und unser
Unvermögen gesehen hat.   Derselbige unser guter lieber
Freund hat auch .... mitgenommen, um N. wider Euch
aufzubringen, im Fall ihr euch nicht gütlich zur Ruhe be-
geben wolltet; einiges aber zu einem Hochzeitsgäblein, welches
wohl mehr als unsere guten trefflichen Gründe über euch
vermögen wird, sintemal wir allezeit wohl verstanden, daß
der Glanz des Goldes die Augen auch der Weisesten blendet,
obwohl wir in unserer guten Sache solches gar nicht nöthig
zu haben vermeinen. — — Wird nun denn der erwähnte
unser Bote oder Ihr selbst durch ein freundlich Schreiben
uns verständigen, daß Ihr Euch begütigen lassen und uns
ferner brüderlich zugethan sein wollt, soll uns solches gar
wohl freuen; widrigenfalls wir mit unserm Federkiel ferners
gräulich wider Euch zu fechten und streiten gesonnen sind,
und desnahen hiemit unsere Ehre gegen Euch zum Voraus
verwahrt haben wollen.   So geschehen auf die Fronfasten,
am 17. September am Tage vor dem großen Tage des 18.;
in der alten Dechanei der kurfürstl. mainzischen Residenz
Aschaffenburg anno Domini MDCCLXXXIIX.

(Glückwunsch zur Hochzeit der Schwester an die Eltern und in
ähnlichem Scherz an die Schwester selbst.)

50.

Ein Neujahrswunsch.

Joh. v. Müller an seine Eltern.

Genthod in der eilften Stunde des 1777. Jahres.

Empfanget, zärtlich geliebte und verehrungswürdige
Eltern! meine lebhaften Wünsche für Euer Wohlsein und
für Euer Leben in dem Jahre, welches wir heute angefangen
haben. Die Jahre verschwinden, aber die Menschen
triumphiren über die Jahrtausende und über die Dauer aller
Welten. Eine Zeit wird kommen, da wir uns an das Jahr
1776 erinnern werden, wie an einen Augenblick der Kindheit.
Die Knospe unseres Wesens fängt erst an sich zu
entwickeln. Das Wichtigste ist, daß wir diese flüchtigen
Augenblicke anwenden, uns einen Schatz von Vollkommenheiten
zu bereiten; der mit der Zahl der Jahre wachse, und
dessen Genuß uns allezeit glücklich machen könne. Dies,
liebste Eltern, habt Ihr gethan, indem Ihr die Pflichten,
welche Euch die Umstände aufgelegt haben, zum Besten der
Kirche, der Schule, meiner selbst und meiner Schwester
und meines Bruders gewissenhaft beobachtet habt. Die,
meine liebsten Eltern, ist die beste Erziehung, welche Ihr
uns geben konntet; denn Ihr lasset uns Euer Beispiel vor
Augen; die beste Erbschaft, die Ihr uns bereiten könntet;
denn Ihr machet uns alle drei fähig, den Beifall der Rechtschaffenen
und Weisen und die Belohnungen, welche die
menschlichen Gesetze mit der Beobachtung gewisser Pflichten
verbunden haben, zu verdienen. Alles Gute, welches wir
thun werden, alles, was vielleicht in fernen Zeiten nach
unserm Beispiel oder durch meine Aufmunterung andere
thun werden, ist Euer Werk. Hiefür segne Euch Gott
ewig; hiefür belohne er Euch durch jene innere Selbstzufriedenheit,
welche von guten Handlungen unzertrennlich ist, und

durch den Anblick unserer, Eurer Kinder, aufblühenden Glückseligkeit, welche, ich weiß es, der zärtlichsten Eltern höchste Wollust ist. Ich bitte den, der uns allen unsere Jahre vorher bestimmt hat, die, welche uns noch in der Welt zu durchleben übrig sind, zu Eurem Vergnügen gedeihen zu lassen. Ich will suchen, dadurch Euren Wünschen zu entsprechen, daß ich alle Kräfte, die mir der Himmel gegeben hat, zu Bewirkung des gemeinen Wohls der Menschen, aller freien Völker, des Vaterlandes und besonders der Meinigen anwenden werde. Von dieser löblichen Absicht hoffe ich Euch in diesem Jahre einen hellleuchtenden Beweis zu geben; ein wichtiges Jahr für mich, indem Jahrhunderte das Gute, so ich in diesem Jahre auszuführen gedenke, nicht vertilgen werden. Möchte ich so glücklich sein, Euch hierdurch einiges Vergnügen zu machen, möchte ich mich in der Lage, in die mich Gott gesetzt hat, immer so verhalten, daß für uns alle daraus wahre Glückseligkeit erfolgen möchte! Ich wünsche herzlich, derjenigen, an welcher ich nun arbeite, einst bei Euch und mit Euch zu genießen. Alles, was wir thun, ist in Gottes Hand; insofern aber das menschliche Glück von den Menschen abhängt, will ich nichts versäumen u. s. w.

(Neujahrswunsch an die Großeltern.)

51.

Noch ein Neujahrswunsch.

Joh. v. Müller an seine Mutter.

Genf, 31. Dec. 1783.

Zuerst, liebste beste Mama, wisset, mit welch warmem Herzen ich oft oder vielmehr täglich, besonders aber nun,

Gott bitte, daß er Euch gesund erhalte und an uns (denn hierein setzt Eure edle Mutterseele ihr Glück) Vergnügen und Wohlstand sehen lasse. Er, der Euch stärkte, als Ihr Wittwe wurdet, in Eurer Einsamkeit, als keines von Euren Kindern bei Euch war, gebe uns Kindern, daß wir vor Euch die Früchte Eurer zärtlichen Sorgfalt, Eurer christlichen Kinderzucht noch tragen mögen; der Euch und Euer ganzes Haus mit besonderer Gnade gesegnet hat und mich von vielen Verirrungen der Welt in seinen Schooß zurückgelockt und meinen Bruder, über unsers Vaters Hoffnung, mit Einsichten und Weisheitsliebe und einem guten Herzen begabet und meiner Schwester und ihrem Mann in allem beisteht und über den Verlust ihres Kindes trösten wird: er leite den Weg unseres Lebens ferner mit seiner sanften Liebeshand, und sei unser Gott im Jahr 1784, wie gestern und von Ewigkeit her! Hierin, l. M., ist alles enthalten. Ich kann Euch nichts wünschen, das nicht ein Glück sei auch für mich und nichts Ihr mir, das nicht auch ein Glück sei für Euch; denn machen wir nicht alle Eines? Alle wollen wir also zu Gott bitten für einander, und wenn die ganze Welt abfiele, wie viele thun, wollen wir auf ihn vertrauen.

In wenigen Tagen trete ich in mein 33. Jahr und obwohl nicht ohne einen großen Schatz guter Kenntnisse und mit beruhigenden Aussichten in die Zukunft, bedaure ich dennoch viele Zeitverschwendung und mancherlei Mißbrauch der Gaben Gottes; doch im letzten und vorletzten Jahr scheint er glücklichere Zeiten mir zubereitet zu haben: die nenne ich glücklicher, da meiner Fehler weniger sein werden, und ich in gestärkter Gesundheit bei ehrlichem Auskommen, unabhängiger von Menschengunst, nur der Erforschung der Wahrheit leben und einige Wohlthaten erweisen könne denen, welche mich lieben, besonders den Meinigen.

Euer Brief, l. M., die traurige Historie der Leiden

Glulher, Musterbriefe. 9

meiner guten Schwester hat mich aufs empfindlichste gerührt.
Was kann ich Euch und ihr sagen? Wie soll ich Euch über
dieses alles trösten? Wir wissen von keinem, das in die
Welt kommt, ob ihm die Dauer des Lebens zu wünschen ist:
es ist nicht leicht einer, der nicht oft gewünscht hätte, in der
unschuldigen Kindheit gestorben zu sein. Also gebe Gott nach
seinem Rath, was Eltern und Kindern das Beste ist! —

(Neujahrswunsch an die verheirathete Schwester, welche im vorigen
Jahre eines ihrer drei kleinen Kinder durch den Tod verloren hat.)

52.
Glückwunsch zur Hochzeit.

Schiller an Körner und seine Braut.

Gohlis, 7. August 1785.

An dem Morgen des Tages, der Euch grenzenlos glücklich macht, bete ich freudiger zu der Allmacht.

Wünschen kann ich Euch nichts mehr. Jetzt habt Ihr
ja alles. Euer Glück zu vergrößern, müßte der Himmel
Eure Sterblichkeit aufheben.

Euer Glück ruht in Euren Herzen, es kann also nimmermehr aufhören. Aber wenn Ihr nichts mehr zu wünschen
findet, wenn das Wonnegefühl, Euch zu besitzen, Eure ganze
Seele füllt, so schenkt wenigstens einen Seitenblick noch der
Freundschaft. Vergeßt nicht, daß sie für Euch betet, für
Euch Thränen der Freude weint und sich so ungern von
dem lieblichen Traume trennt, Eure Tage verschönern zu
helfen. Entlaßt sie ihrer Pflichten nicht — sie sind ihre
Glückseligkeit, und wie viel bleibt ihr übrig, wenn Ihr gar
nicht mehr wünschen wollt?

Sehnsucht, sich nie von dem lieben Wesen zu scheiden, das einst unserm Herzen so theuer war, hat die Urnen erfunden. Sie erinnern an ewige Dauer, darum seien sie heute das Symbol Eurer Liebe und unserer Vereinigung.

Heute vor fünftausend Jahren hatte Zeus die unsterblichen Götter auf dem Olympos bewirthet. Als man sich niedersetzte, entstand ein Rangstreit unter den drei Töchtern Jupiter's. Die Tugend wollte der Liebe vorangehen, die Liebe der Tugend nicht weichen, und die Freundschaft behauptete ihren Rang vor Beiden. Der ganze Himmel kam in Bewegung und die streitenden Göttinnen zogen sich vor den Thron des Saturnius.

Es gilt nur ein Adel auf dem Olympos, rief Chronos Sohn, und nur ein Gesetz, wonach man die Götter richtet. Der ist der erste, der die glücklichsten Menschen macht.

Ich habe gewonnen, rief triumphirend die Liebe. Selbst meine Schwester, die Liebe, kann ihren Lieblingen keine größere Belohnung bieten, als mich — und, ob ich Wonne verbreite, das beantworte Jupiter und alle anwesenden unsterblichen Götter.

Und wie lange bestehen Deine Entzückungen? unterbrach sie ernsthaft die Tugend. Wen ich mit der unverwundbaren Aegide beschütze, verlacht selbst das furchtbare Fatum, dem auch sogar die Unsterblichen huldigen. Wenn Du mit dem Beispiel der Götter prahlst, so kann ich es auch — der Sohn des Saturnus ist sterblich, sobald er nicht tugendhaft ist.

Die Freundschaft stand von ferne und schwieg.

Und Du, kein Wort, meine Tochter? rief Jupiter. — Was wirst Du Deinen Lieblingen Großes bieten?

Nichts von dem allen, antwortete die Göttin, und wischte verstohlen eine Thräne von der erröthenden Wange. Mich lassen sie stehen, wenn sie glücklich sind, aber sie suchen mich auf, wenn sie leiden.

Versöhnet euch, meine Kinder, sprach jetzt der Götter-
vater. Euer Streit war der schönste, den Zeus je ge-
schlichtet hat, aber keine hat ihn verloren. Meine männliche
Tochter, die Tugend, wird ihre Schwester Liebe Standhaftigkeit lehren und die Liebe keinen Günstling beglücken,
den die Tugend ihr nicht zugeführt hat. Aber zwischen Euch
Beide trete die Freundschaft und hafte mir für die
Ewigkeit dieses Bundes.

(Glückwunsch an die Freundin zur Verlobung.)

53.

Nachricht vom Tode eines Kindes.

Chr. Fr. Dan. Schubart an seinen Schwager Böckh.

Ludwigsburg, den 8. December 1770.

Deinen Trost, mein Bester! Der kleine Klopstock (sein
nach Klopstock bevornamseter kleiner Sohn), die Freude meines
Herzens, ist vor einer Stunde an den Blattern gestorben.
Ich habe die Blattern noch nicht gehabt, meine zwei größeren Kinder auch nicht und meine Frau zittert und ängstigt
sich zwischen den Lebenden und den Todten. Der kleine Mar-
thyrer Friedrich Gottlieb liegt, von Narben zerrissen, neben
mir. Kaum ist die Farbe des Todes auf seinem Gesichte
kenntlich. O, seine Seufzer, sein Röcheln, seine stillen Leiden, die wehmüthigen hülfeflehenden Blicke, womit er zu
seiner Mutter emporsah, werden mir niemals aus dem Ge-
dächtnisse kommen. Nun ist er hinübergegangen zu seinen
zwei Geschwistern und zu seinem verklärten Vetter Jacob,
der nun schon alt an Tagen der Ewigkeit ist. Glücklich,

wer so ruhig, wie die Kleinen, so zweifellos, so geduldig,
wie ein Lamm, so gewiß seiner Seligkeit dem großen Schöpfer
voll Unschuld seine Seele wieder geben kann! — Ich weiß
nicht, was ich schreibe. Lieber möchte ich hier die Feder
niederlegen und an Deinem Busen mich ausweinen können.
Stoicismus, Kälte im Leiden und aller Starkmuth, womit
die großen Geister in ungeprüften Stunden prahlen, zer=
schmilzt in den Stunden der Prüfung wie Eis im Feuer. —
Aber ich leide und schweige, bis auch ich, mit wenig Erde
beworfen, liege und schlummre.

> Nur wenige verstehn, was den für Ehren schmücken,
> Der liegt und überwunden hat!

sagt der große Gevatter meines verklärten Sohnes, der erst
kürzlich an seinem eigenen Beispiele den großen Unbestand
aller menschlichen Glücksgüter empfunden hat.

Ich umarme Dich, mein Liebster, bücke mich vor Gott
in den Staub nieder und lerne seine Wege verstehen.

Lebe wohl und liebe ꝛc.

Empfiehl mich meiner Schwester.

(Nachricht von dem Tode der kleinen Schwester an die Freundin.)

* * *

54.

Nachricht vom Tode eines Kindes.

W. v. Humboldt an Schiller.

Rom, 27. August 1803.

Ich schreibe Ihnen, lieber Freund, mit wehmüthigem
Herzen. Ich kann sagen, daß mich, seit ich lebe, jetzt das
erste Unglück betroffen hat. Aber der erste Schlag ist auch

faſt der härteſte, der mich je hätte treffen können. Unſer älteſter Knabe, Wilhelm, deſſen Sie ſich vielleicht dunkel erinnern, iſt uns plötzlich an einem bösartigen Fieber geſtorben. Das arme Kind war kaum einige Tage krank. Auf einige leichte Fieberanfälle folgte plötzlich ein heftiges Naſenbluten. Wir waren auf dem Lande in Lariccia, aber zufälliger Weiſe hatten wir und haben noch einen deutſchen Arzt bei uns, einen trefflichen Menſchen von außerordentlicher Kenntniß und Erfahrung, dem theilnehmendſten Gemüth und doch der größeſten Beſonnenheit und Ruhe. Dieſer — er heißt Kohlrauſch und iſt ein Hannoveraner — that, was er konnte; aber die Gewalt des Fiebers war zu heftig und in kaum 36 Stunden lebte er nicht mehr. Sein Tod war ſanft, ſehr ſanft, er hatte fröhliche Phantaſien, litt nichts und ahnete nichts. Er liegt jetzt bei der Pyramide des Cajus Ceſtius, von der Ihnen Göthe erzählen kann. Ich habe mit dieſem Kinde unendlich viel verloren. Unter allen, die ich habe, war er am liebſten um mich, er verließ mich faſt nie, vorzüglich in den letzten Monaten beſchäftigte ich mich faſt regelmäßig mit ihm, er ging immer mit mir ſpazieren, er fragte nach allem, er kannte die meiſten Orte, die meiſten Ruinen, er war bei jedermann beliebt, weil er mit jedem, und jetzt ſchon recht gut italieniſch ſprach. Das iſt nun alles dahin und dahin gegangen? Dieſer Tod hat mir auf der einen Seite alle Sicherheit des Lebens genommen, vertraue nicht meinem Glücke, nicht dem Schickſal, nicht der Kraft der Dinge mehr. Wenn dies raſche, blühende, kraftvolle Leben ſo auf einmal untergehen konnte, was iſt dann noch gewiß? Und auf der andern habe ich wieder auf einmal ſo eine unendliche Sicherheit mehr gewonnen. Ich habe den Tod nie gefürchtet und nie kindiſch am Leben gehangen; aber wenn man ein Weſen todt hat, das man liebte, ſo iſt die Empfindung doch durchaus verſchieden. Man glaubt ſich einheimiſch in zwei Welten. Mit Meyers Freund,

Gmelin, der ein mendlich braver Mensch ist, war der verstorbene Wilhelm besonders vertraut. Er ging alle Woche einigemale zu ihm und Gmelin liebte ihn sehr.

Ich habe keine Stimmung, heute mehr zu schreiben, mein theurer lieber Freund. Leben Sie herzlich wohl und bedauern Sie Ihren armen Freund. Meine Frau grüßt Sie und alle die Ihrigen innigst; Sie können denken, was sie leidet, aber sie hat sich mit außerordentlicher Stärke, Ruhe und Geistesgegenwart benommen. Theodor hat auch ein unangenehmes Nervenfieber. Aber er ist außer Gefahr und in der Besserung. Noch einmal Abieu! und schreiben Sie mir recht bald.

(Was kann aus der Vergleichung dieses und des ähnlichen Briefes von Schubart (Nr. 53.) auf die Gemüthsbeschaffenheit der beiden Schreiber geschlossen werden? — an die Freundin.)

———⚬———

55.

Nachricht vom Tode der Gattin.

Wieland an Frau la Roche.

Oßmannstädt, den 28. Nov. 1800.

Ihr Brief ging mir desto schärfer durch die Seele, weil er noch Hoffnung athmete, und ich ihn erhielt, da schon ein Grabhügel auf der Hülle der schönsten Seele lag, die je in Engelsgestalt unter den Menschen wandelte. Ach, sie war zu schön, zu gut, zu zart, zu sanft für eine Welt, wie diese!! Sie ist nun, was sie in diesem Leben nie, nie wieder hätte werden können, wofern es auch der Arzneikunst möglich gewesen wäre, sie diesmal zu erhalten — sie ist glücklich! — Ach, trauern wir nicht um sie!

Wir beklagen uns selbst, und wer, der sie gekannt hat und zu schätzen fähig war, kann uns deßhalb tadeln? Was ich an ihr verloren habe, wird mir nie ersetzt werden. Werden wir sie wiedersehen? — Das wolle der Himmel! Und warum nicht? Sehe ich sie doch öfters in Träumen. Noch in dieser letztverwichenen Nacht sah ich sie, so schön, so liebenswürdig und so holdselig, so gefühlvoll und fröhlich, wie ich sie im Leben nur in ihren glücklichsten Augenblicken sah. Es war eine wahre vision beatifique für mich — und wie sie (als ob sie von einer langen weiten Reise wieder-käme) anf mich zuflog, ich sie in meine Arme schloß und nun, indem ich sie zu wiederholten Malen an mein Herz drückte, mit innigster Gewißheit zu mir sagen konnte: Sie lebt, die du todt geglaubt hattest, sie lebt, — in einem Wonnegefühl, wofür kein Bild noch Ausdruck ist. Im Gefühl einer Seligkeit, die ich noch nie empfunden hatte, stürzte ich auf meine Knie und dankte mit freudethränenden Augen und ausgebreiteten Armen zum Himmel empor, dafür, daß sie noch lebe, und erwachte wenige Augenblicke darauf.

(In wiefern können Träume die Hoffnung auf das Wiedersehen nach dem Tode begründen? Eine Phantasie an die Freundin.)

56.

Herder's Tod.

Joh. v. Müller an seinen Bruder.

Weimar, 25. Januar 1804.

Ich war am 5. kurz vor dem Mittagessen zu Dresden eingetroffen. Unter dem Essen wurden mir die Zeitungen

gebracht; und in der ersten war ... Herder's Tod; ich
wußte seine Krankheit nicht. Wie es mich ergriff, ist unaussprechlich. Also erzähle ich Dir lieber die historischen Umstände. Seit langem fühlte er sich gehemmt, gedrückt, eine
über alles gehende Reizbarkeit; es gereute ihn äußerst, Göttingen ausgeschlagen zu haben. (Ich aber glaube, er würde
da nicht glücklicher gewesen sein, so wenig, als Mosheim!)
In den letzten acht Monaten fühlte er keineswegs eine Abnahme an Geistesschwung, nie erhob er sich öfter und höher:
der „Geist Gottes" war über ihm, sagt Böttiger. Aber
das fehlte ihm, daß er die Gedanken nicht mehr festhalten,
fixiren konnte; worüber er oft geseufzt. Fünf glückliche
Wochen gab Gott ihm nach seiner letzten Egerkur zu Dresden, wo er vom Kurfürsten an bis auf den Geringsten von
jedermann geehrt und geliebt wurde. Er hatte, was die
verständigen guten Dresdener eben nicht alle haben, die
Macht und Kraft, alles neu und anders zu zeigen. Zu
dieser Zeit, wenn es so aus ihm geblitzt hatte, pflegte man
an ihm wie ein Durchzittern seines ganzen Nervensystems
gewahr zu werden. Er wußte übrigens, daß seine Stunde
gekommen war und sagte es zu Freiberg seinem August.
Dresden gefiel ihm über alle Maßen, „die Vorhalle Italiens", wie er es an Daßdorf nannte. Hier begegnete ihm
auch nichts Widerliches, heiter kam er wieder, und beredete
die Herzogin Amalie, auch nach dem lieben Dresden zu
reisen. Hierauf, da er einst, ich glaube, Rinaldo (seinen
jüngsten Sohn) besuchen wollte, brach der Wagen, und mußte
er bei starkem kaltem Regen die ganze Steig herunter nach
Jena. Bald nach diesem hielt er ein Examen: das Zimmer
war gedrängt voll und heiß; er kam auf die Lehre von den
Engeln: zum letztenmale erhob er sich; es soll nach mehreren Zeugnissen eine ganz außerordentliche Begeisterung
gewesen sein. Daß doch Niemand nachschrieb! Es war wie
aus einer andern Welt, über Wesen, in deren Verwandt-

schaft er sich fühlte. Der Tag war sehr kalt, und er ging aus der Hitze ohne einige Vorsicht heim. Bald darauf war bei Göthe eine Ausstellung; der Saal war ungeheizt; er ging hin — und sank. Von dieser Ohnmacht an unterlag sein Körper. Stark gab sogleich wenige Hoffnung; doch schien Gottfried (sein ältester Sohn) nicht ohne Erfolg seine Kur zu versuchen. Er lag nun fünf und mehr Wochen. Daß er jetzt sterben würde, glaubte er nicht; er fühlte sich noch zu geistvoll. Von Geistesnahrung erhielt er sich, as die vielen Wochen nichts mehr. Da mußte sein Wilhelm (welchen ich herzlich liebe, den guten und edeln; er, den er seinen Liebling nannte und welcher darum da war, weil er selbst vor kurzem Frau und Kind zusammen eingebüßt) ihm Tag und Nacht lesen — das Allererhabenste, was zu finden war, das Glühendste — Klopstock's Oden, Young, Orientalisches. „Gib mir doch, sagte er bisweilen, irgend einen recht hohen, großen Gedanken, damit ich davon lebe." Lange widerstand seine Kraft, endlich fühlte er, daß es aus war. Nun bereuete er, sein ganzes Leben nicht weit anders benutzt zu haben. Es war ihm sehr leid um den Geist der hebräischen Poesie, um einen fünften Theil der Ideen, um eine Revision und Darstellung all seiner Denkungsart, welche er in die Abrastea bringen wollte. Er sprach nur wenig, aber sonderbare Dinge müssen in ihm vorgegangen sein: „Was ist denn das?" sagte er oft. „Was geht denn da vor? wie wird mir?" Er war wie in einer ruhigen Verwunderung. Deine „Reliquien" waren auch eine seiner letzten Lectüren; sie gefielen ihm sehr; als er von der Nemesis sich lesen lassen, sagte er: Müller hat einen großen Standpunkt gefaßt; dieses Buch übertrifft alle meine Erwartung. Oft lebte noch Hoffnung auf; dann ergriff er Wilhelms Hand: „Wir wollen doch noch mit einander spazieren fahren, der Tod hat mich noch nicht." Vor oder um den Mittag des 18. Decembers schlief er sehr sanft ein, athmete

bis des Abends um zehn Uhr — und weiter nicht mehr.
Mein allererster Gang, als ich nach Weimar kam, war zu
der guten Herderin; eine Viertelstunde darauf trat auch
Wilhelm herein. Du kannst unsere Erinnerungen, unsere
Thränen, unsere Liebe Dir denken. Ich gehe zu unsern
Planen über. Jetzt handelt es sich, ihm ein Denkmal zu
errichten. Seine Schriften sollen herauskommen. Heute
und morgen wird ein Verzeichniß aller noch vorfindlichen
Papiere gemacht; es sind schöne Sachen; sein Persepolis;
beinahe alle horazischen Oden; der ganze Persius; viel über
Indien; man wird seine Briefe zu sammeln suchen; die
Mutter wird ihre Erinnerungen aufschreiben. Da aber zu
so einem Denkmal alle Guten, die ihn verehrt und geliebt,
beitragen sollen, haben wir eine gute Portion auch Dir zu-
gedacht: den theologischen Nachlaß (das Gedruckte zu ordnen,
aus dem Ungedruckten zu rectificiren, zu vervollständigen.
Erschrick nicht; allzuviel ist dessen doch nicht); 2) das
Leben, aus dem, was Du weißt, und was sie Dir senden werden.
Ich übernehme die historischen Schriften, die Ideen, Persepolis, den Ganges. Man will Heyne um die ästhetischen,
kritischen Werke, Thorild (in Greifswald) über die philosophischen angehen. So bisher; wir wollen suchen, da er
nicht mehr bei uns ist, an seinem Namen Treue zu beweisen.
Mir hat alles dieses den größten Eindruck gemacht, und
mich bewogen, anzufangen, meine Manuskripte herauszugeben,
ohne durch die thörichten Censur-Alfanzereien mich länger
abhalten zu lassen. Dann aber ist mein Zweck, ein halbes
Jahr in der Schweiz nur der Simlerischen Sammlung zu
leben, um in Verbindung der Schweizer Geschichte die des
Entstehens und der Entwickelung der reformirten Kirche von
1516 bis 1564 zu beschreiben. Neque ultra (und nicht
weiter); sondern hier die Feder niederzulegen und die Uni-
versalhistorie in Arbeit zu nehmen.

An Dich habe ich auf meiner Reise viel gedacht. Du

haft in Dresden viele Freunde. — Die Stadt gefiel mir sehr; sie ist schön, reinlich; es trägt alles das Gepräge von Ordnung, Weisheit, Anstand. Es ist viel Kunstsinn und Eleganz. Bei einigen Frauen viel, das mich an diejenigen weiblichen Gesellschaften, die Du liebst, erinnerte. — Zu Weimar wurde ich aufs beste empfangen. Die erneuerte Freundschaft des in den Tagen des alten Fürstenbundes viel mit mir verbundenen Herzogs, die ausnehmende Güte der bis in den Tod getreuesten Freundin Herders, der verwittibten Herzogin (Amalie), das wohlthuende Geschäft mit Herders Nachlaß, der Frau von Stael mir ungemein werther Umgang, Benjamin Constant, Göthe, der mir immer lieber wird, und viele andere treffliche Männer und Damen, machten mir diese Zeit zu einem kurzen Augenblick.

Nach Dresden schreibe mir sogleich. Wenn die Welt ruhig, oder doch nicht weiter entflammt wird, so hoffe ich, auf den Sommer Euch und Kinloch zu besuchen,

(Die letzten Lebenstage des Großvaters. An die Tante. — Das Ende krönt das Werk. Eine Skizze über Herder's Tod. — Gedankengang des vorstehenden Briefs.)

57.

Nachricht vom Tode einer Freundin.

Adelbert v. Chamisso an Varnhagen.

Berlin, den 27. August 1805.

Für dich allein, lieber Varnhagen! Ich soll zuerst mich an Dich wenden, lieber Guter, mit nicht erfreulichem Worte und Du wirst dann das traurige Amt, das ich gegen Dich übernommen, gegen Deinen, meinen Bruder zu verwalten haben. — Eure, meine Freundin, die herrliche Cohen, welche viel gelitten und viel noch leidet, grüßt Euch schmerz= und liebevoll, und überantwortet mir das Geschäft. Neun Tage und Nächte hat sie, die, selbst krank gewesen seiend, kraftlos hätte sein müssen, bei ihrer jungen leidenden Freundin Clementine ruhe= und schlaflos zugebracht, mit Muth, mit Kraft, wie es nur Weiber vermögen; diese lange Zeit hindurch habe ich sie nicht gesehen, habe nur oft an Karolinens Thüre nicht beruhigende Nachrichten eingezogen, heute erst habe ich sie wiedergesehen, wie ich bei Karolinen anzu= fragen ging, ganz ohne Ahnung, während daß die Besorg= niß ihrer Angehörigen die Gefahr erhöhte, — erst heute sah ich die Cohen, sie kam heraus zu mir, — diese Nacht war, in ihren und der Frau von Kaphengst Armen, ihre Freundin verschieden. —

Sie soll nicht Aussprechliches gelitten haben, mehrstens ohne ihre Sinnen, zu denen sie näher ihrem Ende wieder= kam. — Das Waisenkind lebt.

Ihr lieben guten Kinder, liebt mich, wie ich Euch liebe, ich drücke Euch fest an mein Herz. — Erfaßt Euch und seid stark und gut. Ihr seid ja nicht allein. Lebet wohl.

Adelbert.

(Im Auftrage der sehr leidenden Mutter hat die Tochter den Tod ihrer Tante an ihre gleichalterigen Basen zu melden.)

———■———

58.

Rückblick auf das Leben der Gattin und Beschreibung ihres Begräbnisses.

W. v. Humboldt an die Frau von Wolzogen.

Berlin, 9. April 1829.

Tausend Dank, theuerste Freundin, für Ihren schönen und lieben Brief vom 2. d. Es ist nicht recht deutlich daraus zu ersehen, ob Sie meinen Brief mit der Todesanzeige (der Gattin Caroline) durch Professor Haud empfangen, oder ob Sie den traurigen Vorfall durch die Körner erfahren hatten. Ihr Mitgefühl, das sich auf eine der theueren Heimgegangenen so würdige Weise ausspricht, ist mir und der guten Caroline (der Tochter) eine wahre Beruhigung gewesen. Der Rückblick, den Sie schön und auf eine auch für mich so gütige Weise auf die Jahre thun, die ich mit der guten, theuren Li verlebt habe, ist das, worauf auch ich am liebsten zu beruhigenden und trostreichen Erinnerungen verweile. Sehr wahr sprechen Sie das Wesen der Frauen und vorzüglich der Verstorbenen aus, wenn Sie sagen, daß ihnen keine Lebensstunde ohne Freiheit und Zartheit zum Genusse gedeiht. Die Li war ohne diese Freiheit nichts gewesen, sie bedurfte dieses einen Elements, um ihr auf seltene Weise großes und liebendes Gemüth in aller Fülle der Empfindung zu entfalten und sie ehrte mit gleicher Zartheit auch die Freiheit der andern. Es ist mir ein beruhigendes Gefühl, daß ich den größten Theil der langen Zeit hindurch, in der wir verbunden durch das Leben schritten, fast ganz ihr und mit Rücksicht auf sie leben konnte. Bis wir Rom verließen, war es eigentlich ganz der Fall. Am gehindertsten war unsre gemeinschaftliche Existenz in dem mir auch gar nicht angenehmen Aufenthalte in Wien. Von 1813 bis 1819 waren wir sehr viel getrennt, aber ungeachtet dieser Trennung waren wir im Geist und unsrer Empfindung nie enger verbunden, als in den verhängnißvollen Jahren dieser Epoche. Wir schrieben uns lange sogar täglich und ich weiß, wie viel ich ihr damals in Ansichten, Richtungen, Bestrebungen verdankte. Seit 1820 störte mich nichts im wahrhaft bloß ihr gewidmeten Leben. Reisen, Einrichtungen, Beschäftigungen, alles konnte ich nach ihr richten und that es mit inniger Freude und Liebe. Einen großen, wenn auch durch die Trennung von der lieben Gabriele schmerzlichen Genuß hat ihr noch die letzte Reise nach Paris und London gewährt. Sie hatte doch nun selbst gesehen, wo das geliebte Kind hingekommen war, in welchen Umgebungen sie sich befand, sie hatte ein anschauliches Bild von allem, was ihr so unendlich theuer war. Dabei hatte sie mit Interesse die beiden Städte gesehen. Sie sprach oft noch in der Krankheit von dieser Reise mit freudigem Dankgefühl gegen das Schicksal, das ihr gewährt hatte, sie glücklich vollenden zu können. Es ist viel, wenn der Mensch ein reiches Leben, voll mannichfaltiger Lebensfreuden, glücklich beschließt. Das ward ihr, und das ist mir die beruhigendste und am meisten trostreiche Erinnerung. Sonst fühle ich aber jetzt schon sehr tief, wie veröbet und vereinzelt mein Leben ohne die sein wird, die mit allem, was mich berührte, so innig verbunden war. Sie fragen mich, was mir jetzt als das Tröstendste erscheint. Ich gestehe Ihnen, nichts, als die tiefste und absoluteste Einsamkeit. In dieser hat der Mensch immer Gefühle, Ideen, Erinnerungen, die ihn heben und halten, und die Wehmuth stimmt sich in ein mildes, eigentlich süß festhaltendes Gefühl um. Wie ich aber am Umgange mit Menschen, in sofern es nicht ein einsames Gespräch mit einem Gleichgesinnten ist, wieder Freude gewinnen werde, davon habe ich bis jetzt keinen Begriff. Seit der Mitte Decembers auch habe ich keine Gesellschaft besucht und nur die paar vertrauten Freunde gesehen, die fast täglich in unser Haus kommen. Die eigentlichen Schmerzenstage, das Sterben selbst, die Zeit von da bis zur Beerdigung habe ich nicht so unglücklich gefunden, als die, wo man nun ganz ohne den geliebten Gegenstand ist. Der Tod meiner Frau war so sanft, so schön, man möchte sagen, so freundlich. Als Leiche war bis auf den letzten Moment — und sie hat volle vier Tage gestanden — kein Zug nur im Mindesten entstellt. Ich bin bei allem gegenwärtig gewesen, ich habe jeden Tag fünf-, sechsmal sie besucht und halbe Stunden bei ihr ge-

seſſen. Es ist ein unendlich ſchmerzliches, aber auch unendlich anziehendes Gefühl, ſich die Züge, die einem das Grab
nun auf ewig entreißt, noch einmal recht tief einzuprägen.
Aber das Zumachen des Sarges, das Wegtragen, das ſind
die fürchterlichen Momente, und nun lagert ſich die Oede
über das Haus, den Familienkreis, das Daſein, die nie
wieder weicht. Meine Frau hat in Tegel im Garten begraben ſein wollen. Sie hat es einmal Adelheiden geſagt. Sie hat den Fleck bezeichnet, wo eine Eiche unter
dunkeln Tannen ſteht, und ſo menſchlich, als wollte ſie mit
uns bleiben, hinzugeſetzt: „Da ſieht man das Haus.“ Ich
laſſe dort eine Grabſtätte einrichten mit Denkmal. Eine
einfache Granitſäule mit marmornem Kapital und Baſement,
auf einem Poſtament, auch mit Marmor bekleidet, und ein
eiſernes Gitter darum. Aber keine Gruft. Wir werden ſie
an dieſem Denkmal in der Erde begraben. Das iſt hübſcher und
naturgemäßer, Staub mit Staub zu miſchen, und ſo hatte
ſie es auch gewünſcht. Denn noch in den letzten Tagen
hatte ſie geſagt: „In Tegel wird mir's beſſer werden, im
Raſen mit Blumen, ich meine den Raſen über mir.“ Bis
nun das alles fertig iſt, ruht ſie auf dem kleinen Dorfkirchhof in einer von Holz in der Erde wie ein Zimmer ge-
bauten Gruft. Adelheid, Caroline, mein Bruder, einige
Freunde und ich waren bei der Beerdigung. Außer uns
war nur die Dorfgemeinde dabei. Schleiermacher, zu dem
ſich die Verſtorbene hier immer hielt, der auch unſre Töchter
getraut hat, hielt eine einfache, aber paſſende und ſchöne
Rede. Das Wetter begünſtigte uns. Ich weiß, daß Sie,
liebſte Freundin, an dieſen Details Theil nehmen. Caroline
hat in dieſer Zeit unendliche Liebe für ihre Mutter und zugleich viel Faſſung und Charakter bewieſen. Bei dem tiefſten
innern Kummer blieb ſie immer beſonnen, immer ſich in
das Unvermeidliche fromm und ſtill fügend. —

Sie äußern den gütigen Wunſch, mich bald zu ſehen.

Sobald ich irgend in Ihre Gegend komme, besuche ich Sie gewiß. Das kann aber leider nur auf sehr kurze Zeit sein. Das Beste wäre, Sie kämen einmal zu einer Ihnen gelegenen Zeit nach Tegel. Alles andere Sehen ist immer nicht recht ruhig. Nach Jena käme ich nicht gern auf mehr als einen Tag. Ich müßte sonst nach Weimar und das würde mir in meiner jetzigen Stimmung eine wahre Marter sein. Sich aber an einem dritten Orte zu sehen, wie neulich in Gera, ist gar eine traurige Aushülfe. Ihr A.

(Beschreibung des Begräbnisses eines nahen Verwandten — an die Tante.)

---o---

59.

Nachricht vom Tode eines Zöglings und Beileidsbezeigung an die Eltern.

Joh. v. Müller an den Inspector Wessely in Aschaffenburg.

Wien, den 9. Sept. 1795.

Was ich Ihnen heute zu schreiben habe, lieber Herr Inspector, wird Ihnen durch die Seele gehen; Sie können aber unmöglich mehr dabei fühlen, als ich selbst. Bei unserm lieben Franz erschien seit einigen Monaten zuweilen eine augenblickliche Abnahme von Kräften, welche aber durch seine Munterkeit und seinen Eifer für seine geliebten Studien so bald überwunden wurde, daß man sie nur als vorübergehend betrachten konnte. Eigentlich wurde sie mir den 23. oder 24. August bemerklich, da er anfing, eines Dunstes zu erwähnen, der ihm bisweilen die Augen umneble, und überhaupt von einigen Schmerzen in den Gesichtsnerven sprach. Da er sonst gemeiniglich, wenn ich Abends heimkam, mir einen Zettel mit Fragen brachte, um Auflösung der ihm in den Collegien oder bei der Lektüre den Tag über aufgestoßenen Schwierigkeiten, sagte er zum erstenmal damals: „wir wollen dieses verschieben, weil er die Kraft nicht habe, Gedanken zu folgen." Sofort rieth ich ihm (und er that es auch), den Dr. Habermann zu besuchen, der bei Hofe angestellt ist und sehr viele Praxis hat. Die ihm vorgeschriebenen Mittel hinderten aber nicht, daß er in einigen Tagen bettlägerig und von nun an äußerst matt wurde, wie er denn in kurzem sich gar nicht mehr helfen konnte. Nicht nur besuchte ihn von nun an der Doktor H. mehrmals, sondern ich bewog noch den vornehmsten praktischen Arzt, welcher hier ist, den Baron Guarin, (der nächst Gott mir das Leben gerettet hat) Gleiches zu thun. Er aber verfiel unaufhaltbar mehr und mehr, so daß er bald selten Jemand erkannte. Gut blieb er übrigens, wie seine Natur war, und meistens ziemlich geduldig, behielt auch immer noch gewisse physische Kräfte. Die Ursache und Natur seiner Krankheit aber blieb (wie es mir scheint) ungewiß. Verschleimung hatte er zuverlässig, und zu derselben Auflösung im Frühjahr, eine eigene Kur gebraucht; hiernächst gebadet und Bewegung vorgenommen; auf der andern Seite schien vielfältiger Ausschlag im Gesicht eine verborgene Schärfe im Geblüt anzuzeigen. Er hatte auch einen (schon seit langem) übeln Geruch aus dem Munde, dem er durch die größte Reinlichkeit nicht abzuhelfen wußte; indeß ein sehr großer Appetit bei zunehmender Magerkeit ein anderer Vorbote einer Auszehrung schien. Die diesmalige Krankheit aber wurde von beiden Aerzten für ein Faulfieber erklärt. Gewiß hatte keine Art von Ausschweifung, ich weiß das aufs bestimmteste von ihm selbst, ihm das Uebel zugezogen. Studirt hatte er zwar viel; doch durch verhältnißmäßige Bewegung, theils durch das Besuchen der von unsrer Wohnung entfernten Collegien selbst, theils durch

Veranlaſſung einiger guten Freunde, und auch ſonſt durch
das Theater und andere anſtändige Zerſtreuungen ſich immer
die gehörige Munterkeit gegeben, ſo daß ich ihn nicht ein
einzigmal finſter geſehen habe. Wohl hat man ſeit einigen
Monaten mehr Stille und Solidität im Charakter, als ſonſt,
an ihm bemerkt, und er ſoll einſt im Fall geweſen ſein,
(welches mir erſt jetzt geſagt worden) wegen Anwandlung
einer plötzlichen Schwachheit ein Collegium zu verlaſſen.
Dem ſei wie ihm wolle, ungeachtet aller Arzneien, aller
Hülfe, nahm er nun plötzlich ſo ab, daß ich am 6. Sept.
für gut hielt, aus Vorſorge ihn mit den heiligen Sacra-
menten verſehen zu laſſen, welches dann von dem Pfarrer
des Kirchſpiels und einem ſehr ehrwürdigen Vater Auguſtiner
mit aller hier zu Lande üblichen Feierlichkeit bei ſeinem in
der Stunde völligen Bewußtſein mit allgemeiner Erbauung
vollzogen worden. Auch nachher war er öfters bei augen-
blicklicher Beſinnung; er ſchien zu hoffen. Doch vernahm
ich, daß, da vor einigen Tagen einer ſeiner Landsleute ihm
den Tod Doffreins erzählte, welcher zu Mainz mit ihm gelebt
hatte, er geäußert habe: „Ich werde wohl bald bei ihm
ſein.“ Leider eine allzu wahr gegründete Ahnung! Die
Nacht vom 7. zum 8. war beſonders unruhig. Gegen Morgen bekam er ein ſehr heftiges Röcheln, doch bisweilen ſchien
er noch die Perſonen, welche um ihn waren, beſonders meinen
Bedienten, dem er noch mit äußerſter Kraft die Hand drückte,
und ſeine vorigen Verhältniſſe und Geſinnungen zu kennen.
Immer noch ließ die Kraft ſeiner durch keine Ausſchweifun-
gen geſchwächten Jugend Hoffnungen. Vergeblich; dieſe
Kraft unterlag um halb ein Uhr Nachmittags am 8. Sept.
Ein Schleimſchlag, wie es ſcheint, oder der Brand (es zeigte
ſich vom Haupte bis zur Bruſt ein blauer Strich) traf ihn
etwas nach 12 Uhr. Zehn Minuten hatte er zu ringen und
entſchlief. Seine Geſichtszüge wurden auf einmal ſo heiter und
freundlich, wie in Stunden, wo er recht vergnügt war.

Aber so glücklich er ist, einer Welt voll Ungewißheiten, voll Wandelbarkeit und allen Orten Verderbniß in seiner Unschuld, in seinem reinen Herzen, mitten im Betrieb um das Wahre und Gute, mitten unter den schönsten, edelmüthigsten Absichten (die er mir öfters zu erkennen gab) entgangen zu sein, so tief fühlen wir den Schmerz, Sie, Ihr Haus und ich; denn obwohl ich weder sein Vater noch Bruder war, so können kaum zu Aschaffenburg mehrere und innigere Thränen um ihn fließen, als die ich geweint und noch weinen werde. Weniger betraure ich ihn (so lieb er mir war, so leid es mir um ihn ist), weniger beweine ich ihn, der unserm menschlichen Elend (welches ich bei diesem Anlaß so lebhaft fühle) entronnen ist; als Sie und seine Mutter, deren Trost und Freude (wie er mir oft sagte), und seine Geschwister, deren Stütze und Wohlthäter er werden wollte, und mich selbst, dessen Freund er sein Leben lang gewesen wäre. Einen Mangel an Sorgfalt weiß ich mir nicht vorzuwerfen. Aber er ist (für uns) nicht mehr; das ist genug, um Sie und mich in eine Traurigkeit zu versetzen, wider die ich Ihnen um so weniger Trostgründe zu geben weiß, als ich deren selbst nöthig hätte. Begraben wird er (auf den Rath der Aerzte) am dritten Tage aufs anständigste, wie dieses in allem beobachtet worden ist.

Für die Ruhe der Seele lasse ich zwar nach christkatholischem Gebrauch eine Anzahl Seelenmessen halten; aber seine gute, reine, der Wahrheit und der Tugend ergebene Seele gefällt schon durch sich dem Vater der Erbarmungen, welcher für die Vergehungen der menschlichen Schwachheit das Blut Jesu Christi angenommen, dessen Name ihm im Todeskampfe zugerufen worden und dessen Kraft zu fühlen, da er nicht mehr reden konnte, er durch die Bewegungen seiner Hände bezeugt hat. Er sieht uns im Lichte Gottes, zu dem er gegangen ist; er gedenkt unser und weiß, was in unsern Herzen waltet, er bittet für uns.

Wie wenig dacht' ich dieses, da ich vor 14 Tagen Ihnen zum letztenmal schrieb; wie wenig dachten wir es beim Abschiede von Dieburg, als gegen den geliebten Vater noch eine dankbare Zähre aus Franzens Augen rollte! Gott wollte es; darum mußte es so sein. Was Menschen thun konnten, ist nicht unterlassen worden. Möge auch ich sterben den Tod dieses Gerechten! Es ist bald ein Jahr, daß ich dem Tode nahe schien, und er viel um mich geweint hat. Wie wenig dachte er, daß jetzt ich ihn beweinen werde! Der gütige Vater, der Allweise wollte es, er allein weiß, warum er es so wollte. Eine billige Hoffnung der Ihrigen (denn er war in der That so gut und redlich, als gründlich) geht mit ihm unter, ich weine auch darüber; was können wir aber, als um Trost und Hülfe zu dem rufen, der allein alle Quellen von Trost und Hülfe besitzt. Ich setze mich ganz in Ihre und der Ihrigen Lage. Denn auch meine Seele ist tief betrübt; ich vermag nicht Sie zu trösten. Gott tröste Sie! Zu besondern Verdiensten um die Menschheit ließ ihm seine Jugend die Gelegenheit nicht; aber zu den edelsten und größten war der Wille in ihm, der so viel ist, als die That, vor dem Allsehenden, vor welchem, was geschehen w ä r e , so gut existirt, als das Geschehene.

Er hat in seinen letzten Augenblicken nichts Vernehmliches mehr sagen können; aber am Thron des Allerbarmers wird er, hoffe ich, für uns alle sein letztes Wort sagen, und der, welcher jeden in seinem Namen gegebenen Becher Wasser lohnt, wird es vor den Thron seines Vaters bringen. Die im Evangelium deutlich enthaltenen Hoffnungen des Wiedersehens, der Wiedervereinigung stärke Sie, stärke auch mich, dieses auszuhalten, damit uns für diese Ergebenheit in Gottes Willen auch dieses Glück zu Theil werde. Aus einer Welt voll Versuchungen und Verführungen hat ihn sein guter Engel heimgeführt, er bedarf unser nicht

mehr, aber Gott führe uns zu ihm. In welche Freuden=
thränen wird unser Leib sich verwandeln!

Ich weiß nicht, wie ich es gemacht habe, um diesen
allertraurigsten Brief, den ich in meinem Leben geschrieben,
so weitläufig werden zu lassen; aber es ist mir schwer, auf=
zuhören, von Wessely zu reden. Meine Augen suchen ihn
überall, wehmuthsvoll und naß werden sie noch oft ihn ver=
gebens suchen. Ihn hat Gott so geliebt, daß er von des
Lebens Mühseligkeiten frühe ruht; sein junges Leben ist früh
abgepflückt worden, wie eine liebliche Blume zum Schmuck
des Geburtsfestes der Mutter seines Heilandes (an welchem
Tag er gestorben). Er ist im Frieden, in Ehren, von
weinenden Freunden umgeben und in der Ferne beweint ein=
gegangen in seine Kammer. Zu uns kommt er nicht mehr,
wir aber kommen zu ihm! Wer wird der erste sein?

Sein Gott und unser Gott, sein Vater und unser
Vater lasse sich das schwere, kostbare Opfer unserer anbe=
tenden Ergebung in seinen Willen gefallen! Trocknet Eure
Thränen, liebe Eltern und Schwestern meines jungen Freun=
des, heilet Eure zerrissenen Herzen durch den Trost Gottes!
Wenn er so, wie viele Tausende, nach Indien gezogen wäre,
um nach vielen Jahren mit großem Reichthum wieder zu
kommen; nicht wahr, die Hoffnung hätte Euch die lange
Abwesenheit erträglich gemacht? Viel gewisser ist sein Glück,
wo er nun ist; viel gewisser, daß, wenn wir geduldig an=
beten und recht thun, wir ihn, so wie wir es wünschen,
wieder umarmen werden. Ich weiß nicht, ob, da ich hier
weine und schreibe, sein Schatten mich umschwebt, oder,
wenn Ihr dieses leset und weint, er mitten unter Euch sein
wird; aber dafür habe ich ihn gekannt, und das weiß ich ge=
wiß, daß, gleich wie diese Trauer ihm unsere treue Liebe
zeigen, so unsre baldige Beruhigung, unser Fortarbeiten auf
dem dornigen Lebenspfad, und liebevolles, heiteres Andenken

n ihn sein Wunsch ist, und daß er es unserm Verstand
und Herzen sehr verdenken würde, wenn wir zu lange uns
erüber grämen wollten, daß er nun glücklicher ist, als wir.
Der aber, welcher selbst mitweinte, als er Martha und
Maria über ihren Bruder, seinen Freund, weinen sah, er,
ie Auferstehung und das Leben, der gute Hirt, welcher
ieses sanfte, unschuldige Lamm hinweggetragen, ehe die
nter der Heerde grassirenden Seuchen es anstecken konnten,
— Jesus, bei dem er ist, ergieße über Sie, über die Mut-
r und über die Geschwister seinen kraftvollen Trost! Ich,
lange ich lebe, werde dem Angedenken des Seligen meine
iebe dadurch bezeugen, daß ich den Seinigen bei jedem An-
ß beweise. Sie haben, wenn gleich sehr viel, doch den
reund ihres Sohnes und Bruders nicht verloren.

Gott sei mit Ihnen! Ich verbleibe rc.

(Gedankengang dieses Briefs. —
Nachricht von dem Tode der Freundin an deren Mutter.)

———✻———

60.

Beileidsbezeigung.

Giesecke an Klopstock.

Quedlinburg den 6. December 1758.

Ob ich gleich schon oft die Feder ergriffen und wieder
weggelegt habe: so nehme ich sie doch wieder, um Ihnen zu
agen, daß ich und mein H. mit Ihnen weinen — und für
Sie beten. Wer kann Sie unter allen Ihren Freunden mehr
edauern, als ich? Wer hat sie länger, wer hat sie so sehr
ekannt? Was habe ich selbst für eine Freundin an ihr ver-
oren? Ach, ich fühle es nur zu sehr, was Sie empfinden

müssen! Ich fühle die so geschwinde Trennung von Ihrer Seligen, nach einem so kurzen Besitze, und die Vernichtung der besten, edelsten und gerechtesten Hoffnungen in ihrer schrecklichen Größe. Und ob ich gleich weiß, daß diese Trennung nicht auf ewig geschehen ist, daß Ihre Hoffnungen nicht alle zernichtet sind: so zittre ich doch vor dem Kampfe, in welchen Sie jetzt geführt werden. Sie werden auf eine schwere Probe gestellt. Aber, mein theurer Freund, Gott, der Sie auf dieselbe stellt, wird Sie nicht ohne Unterstützung lassen. A. hat mich mit der Versicherung, daß Gott schon jetzt sich an Ihnen zu verherrlichen anfange, recht erfreut. Sie ist nicht weit von mir! Das haben Sie gesagt; und in der That ist von der Erde zum Himmel, für einen Christen, nicht weit! Gott lasse den Trost dieses großen, wahren Gedankens recht lebhaft in Ihnen werden. Und Sie, mein liebster Klopstock, nehmen Sie jetzt alle Ihre Stärke zusammen; und denken, daß Sie Ihren Freunden und Ihren Lesern jetzt ein Beispiel schuldig sind. Weinen Sie über ihre Meta mit der ganzen Zärtlichkeit, die sie verdient; wir weinen mit Ihnen: aber wir bitten Sie, überlassen Sie sich auch Ihrer gerechtesten Schwermuth nicht zu sehr. Denken Sie an Ihren großen Beruf; denken Sie an Ihre Freunde; denken Sie an Ihre Mutter und Geschwister! Ihre liebe Mutter wird selbst schreiben. Sie können leicht denken, was sie leidet. Aber sie wird doch ungemein aufgerichtet werden, wenn sie erfährt, daß Sie unter Ihrer Bekümmerniß nicht erliegen.

(Beileidschreiben an den Vetter, welchem nach kurzer, kinderloser Ehe die Gattin gestorben ist.)

61.

Beileidsbezeigung.

Göthe an die Großmama.

Theuerste Großmama!

Der Tod unseres lieben Vaters (des Großvaters, Joh. Wolfg. Textor, Sr. röm. kaif. Maj. wirkl. Rath und Reichs= gerichtsschultheiß zu Frankfurt, † 78 Jahr alt am 6. Febr. 1771) schon so lange täglich gefürchtet, hat mich doch unbe= reitet überrascht. Ich habe diesen Verluft mit einem vollen Herzen empfunden, und was ist die Welt um uns herum, wenn wir verlieren, was wir lieben?

Mich, nicht Sie zu trösten, schreib' ich Ihnen, Ihnen, die Sie jetzt das Haupt unsrer Familie sind, bitte Sie um Ihre Liebe, und versichere Sie meiner zärtlichen Ergebenheit.

Sie haben länger in der Welt gelebt, als ich, und müssen in Ihrem eignen Herzen mehr Trost finden, als ich kenne. Sie haben mehr Unglück ausgestanden, als ich, Sie müssen weit lebhafter fühlen, als ich's sagen kann, daß die traurigste Begebenheit durch die Hand der Vorsicht oft die angenehmste Wendung zu unserer Glückseligkeit nimmt; daß die Reihe von Glück und Unglück im Leben in einander gekettet ist, wie Schlaf und Wachen, keins ohne das andere und eins um des andern willen, daß alle Freude in der Welt nur geborgt ist. Sie haben Kinder und Enkel vor sich sterben sehen, an dem Morgen ihres Lebens Feierabend machen, und nun be= gleiten Ihre Thränen einen Gemahl zu der ewigen Sabbath= ruhe, einen Mann, der seinen Wochenlohn reblich verdient hat. Er hat ihn nun. — Und doch hat der liebe Gott, in= dem er für ihn sorgte, auch für Sie, für uns gesorgt. Er hat uns nicht den muntern, freundlichen, glücklichen Greis entrissen, der mit der Lebhaftigkeit eines Jünglings die Ge=

schäfte des Alters verrichtete, seinem Volke vorstand, die Freude der Familie war. Er hat uns einen Mann genommen, dessen Leben wir schon einige Jahre an einem seidenen Faden hangen sahen, dessen feuriger Geist, die unterdrückende Last eines kranken Körpers mit schwerer Aengstlichkeit fühlen mußte, sich frei wünschen mußte, wie sich ein Gefangener aus dem Kerker hinauswünscht.

Er ist nun frei und unsere Thränen wünschen ihm Glück, und unsere Traurigkeit versammelt uns um Sie, liebe Mama, uns mit Ihnen zu trösten, lauter Herzen voll Liebe! Sie haben viel verloren, aber es bleibt Ihnen viel übrig. Sehen Sie uns, lieben Sie uns und sein Sie glücklich. Genießen Sie noch lange auch der zeitlichen Belohnung, die Sie so reichlich an unserm kranken Vater verdient haben, der hingegangen ist, es an dem Ort der Vergeltung zu rühmen, und der uns als Denkmale seiner Liebe zurückgelassen hat, Denkmale der vergangenen Zeit zur traurigen, aber doch angenehmen Erinnerung.

Und so bleibe Ihre Liebe für uns, wie sie war, und wo viel Liebe ist, ist viel Glückseligkeit. Ich bin mit recht warmem Herzen

Ihr   zärtlicher Enkel.

(Beschreibung des Gedankenganges in diesem Briefe. Beileidsbezeigung an die Großtante über den Tod des neunzigjährigen Großoheims.)

———— ❧ ————

62.

Antwort und Beileid.

Schiller an Wilh. v. Wolzogen.

Rudolstadt den 10. August 1788.

Noch ganz betäubt, liebster Freund, von der traurigen Nachricht, die Sie mir gaben, setze ich mich, Ihnen zu schreiben.

Ja gewiß, eine theure Freundin, eine vortreffliche Mutter haben
Sie und ich in ihr verloren; es war ein edles und gutes und
äußerst wohlthätiges Geschöpf, auch ohne die vielen besonderen
Ursachen, die Sie als Sohn und ich als ihr Freund haben,
dankbar gegen sie zu sein, auch ohne alles dieses unsrer
ganzen Liebe, unserer aufrichtigen Thränen werth. Ich darf
die vielen Augenblicke der Vergangenheit, wo ich ihre schöne
liebevolle Seele habe kennen lernen, nicht lebendig in mir
werden lassen, wenn ich die ruhige Fassung nicht verlieren
will, in der ich Ihnen gern schreiben möchte. Aber ihr Andenken wird ewig und unvergeßlich in meiner Seele leben;
und alle Liebe, die ich ihr schuldig war, und alle herzliche
Achtung, die ich für sie hegte, soll ihr ewig gewidmet bleiben.
Mein und unser aller Trost ist dieser, daß sie durch diesen
sanften und geschwinden Tod vielem Leiden entgangen ist,
das ihr unausbleiblich bevorstand. Ihrer Kinder und Ihrer
Freunde Herz würde weit mehr dabei gelitten haben, wenn
sie ein hoffnungsloses und martervolles Leben hätte fortleben
müssen, ohne Aussicht von Besserung; und ein langes körper-
liches Leiden, liebster Freund, würde gewiß endlich ihren Geist
darnieder gedrückt und den Muth gebeugt haben, mit dem sie
allem Unglück trotzte. Lassen Sie uns das einen Trost sein,
da wir Beide fühlen, daß ein schmerzvolles, halbes Dasein,
ein traurigeres Loos ist, als der Tod. Ihr Muth und Ihre
Gelassenheit bei diesem Verluste hat mich innigst beruhigt;
wir können, was uns liebwerth ist, beweinen; aber eine edle
und männliche Seele erliegt dem Kummer nicht.

Alle Liebe, die mein Herz ihr gewidmet hatte, will ich
ihr in ihrem Sohne aufbewahren, und es als eine Schuld
ansehen, die ich ihr noch im Grabe abzutragen habe. Wir
sind schon längst durch die zärtlichste Freundschaft gebunden;
lassen Sie uns dieses Band mit brüderlicher Herzlichkeit
fortsetzen und wo möglich noch fester knüpfen. Wir wollen

einander wie Brüder angehören. — Ach, sie war mir alles,
was nur eine Mutter mir hätte sein können!

Beruhigen Sie Charlotten; dieser Schlag wird sie sehr
hart getroffen haben. Vor allen Dingen aber, liebster Freund,
kommen Sie hieher in unsere Arme, Sie brauchen Mittheilung, Beruhigung, Zerstreuung. Finden Sie sie bei uns.
Wenn ich auch nach Meiningen käme, würden wir uns recht
genießen? würden wir nicht Beide von außen gedrückt und
niedergeschlagen werden? Ich sende Ihnen diesen Expressen,
weil ich fürchtete, daß die Post zu langsam sein würde.
Lassen Sie mich durch ihn erfahren, daß Sie auf einige
Tage kommen wollen, so gehe ich Ihnen bis Ilmenau entgegen, um Sie zu empfangen. Ihre hiesigen Freunde sehnen
sich herzlich danach, Ihnen etwas zu sein, sie sehnen sich nach
Ihrer Gesellschaft. Kommen Sie ja! Wir wollen suchen,
Ihnen Ruhe und Heiterkeit zu geben. Wir verlassen uns
darauf, Sie spätestens den Donnerstag bei uns zu sehen.
Suchen Sie aber alle Geschäfte, die Sie in Meiningen noch
vorfinden könnten, zu berichtigen, daß Sie unmittelbar von
hier nach Stuttgart zurückgehen, und also desto länger bei
uns bleiben können. Sobald mir der Bote Antwort bringt,
werde ich mich aufs Pferd setzen, um Ihnen nach Ilmenau
entgegen zu gehen. Ich sehne mich nach Ihnen. Wenn wir
uns sprechen, so werde ich Sie auch überzeugen können, daß
ich Ihnen hier mehr sein kann, als in Meiningen.

Mit dem Gedichte würde es jetzt ohnehin zu spät sein,
da die Beerdigung vorbei ist. Ihr Brief war vier Tage
unterwegs; aber ich habe eine andere Idee, das Andenken
der guten Mutter zu ehren, die ich Ihnen mündlich mittheilen will. Kommen Sie ja, liebster Freund. Wir sehen
Ihnen mit Sehnsucht entgegen.

(Disposition dieses Briefs.

Welche Hauptgedanken muß ein Beileidschreiben enthalten, und
warum diese und in bestimmter Reihenfolge.

Beileidschreiben an die Freundin nach dem Tode des Großvaters.)

63.

Beileid bei dem Tode des Vaters.

Schiller an seine Mutter.

Jena, 19. September 1796.

Herzlich betrübt ergreife ich die Feder, mit Ihnen und den lieben Schwestern den schweren Verlust zu beweinen, den wir (7. Sept.) erlitten haben. Zwar gehofft habe ich schon eine Zeit-lang nichts mehr; aber wenn das Unvermeidliche eingetreten ist, so ist es immer ein erschütternder Schlag. Daran zu denken, daß etwas, das uns so theuer war und woran wir mit den Empfin-dungen der frühen Kindheit gehangen und auch im späten Alter mit Liebe geheftet waren, daß so etwas aus der Welt ist, daß wir mit allem unsern Bestreben es nicht mehr zurückbringen können, daran zu denken ist immer etwas Schreckliches. Und wenn man erst, wie Sie, theuerste Mutter, Freude und Schmerz mit dem verlornen Gatten und Freunde so lange, so viele Jahre getheilt hat, so ist die Trennung um so schmerzlicher. Auch wenn ich nicht einmal daran denke, was der gute, ver-ewigte Vater mir und uns allen gewesen, so kann ich mir nicht ohne wehmüthige Rührung den Schluß eines so be-deutenden und thatenvollen Lebens denken, das ihm Gott so lange und mit solcher Gesundheit fristete, und das er so redlich und ehrenvoll verwandte. Ja wahrlich, es ist nichts Geringes, auf einem so langen und ehrenvollen Laufe so treu auszuhalten, und, so wie er, noch im 73. Jahre mit einem so kindlich reinen Sinn aus der Welt zu scheiden. Möchte ich, wenn es mich gleich alle seine Schmerzen kostete, so unschuldig von meinem Leben scheiden, als er von dem seinigen! Das Leben ist eine so schwere Prüfung, und die Vortheile, die mir die Vorsehung in mancher Vergleichung mit ihm vergönnt haben mag, sind mit so vielen Gefahren für das Herz und für den wahren Frieden verknüpft. Ich will Sie und die lieben Schwestern nicht trösten, Ihr fühlt alle mit mir, wie viel wir verloren haben; aber Ihr fühlt auch, daß der Tod allein dieses lange Leben endigen konnte. Unserem theueren Vater ist wohl, und wir alle müssen und werden ihm folgen. Nie wird aber sein Bild aus unsrem Herzen erlöschen, und der Schmerz um ihn soll uns nur noch enger unter einander vereinigen.

Vor fünf und sechs Jahren hat es nicht geschienen, daß Ihr, meine Lieben, nach einem solchen Verluste noch einen Freund an einem Bruder finden, daß ich den lieben Vater überleben würde. Gott hat es anders gefügt, und er gönnt mir noch die Freude, Euch etwas sein zu können. Wie bereit ich dazu bin, darf ich Euch wohl nicht mehr versichern. Wir kennen einander alle auf diesen Punkt, und sind des lieben Vaters nicht unwürdige Kinder. Sie, theure Mutter, müssen sich Ihr Schicksal jetzt ganz selbst wählen, und in Ihrer Wahl soll keine Sorge Sie leiten. Fragen Sie sich selbst, wo Sie am liebsten leben, hier bei mir, oder bei Christophinen, oder im Vaterlande mit der Luise. Wohin Ihre Wahl fällt, da wollen wir die Mittel dazu schaffen. Vor der Hand müssen Sie ja doch, der Umstände wegen, im Vaterlande leben, und da läßt sich unterdessen alles arrangiren.

In Leonberg, glaub' ich, würden Sie die Wintermonate noch am liebsten zubringen, und mit dem Frühjahr kämen Sie mit der Luise nach Meiningen, wo ich aber ausdrücklich rathen würde, eine eigene Wirthschaft zu treiben. Doch davon das nächste Mal mehr. Ich würde darauf bestehen, daß Sie hierher zu mir zögen, wenn ich nicht fürchtete, daß es Ihnen bei mir viel zu fremd und zu unruhig sein würde. Sind Sie aber nur erst in Meiningen, so wollen wir Mittel genug finden, uns zu sehen und Ihnen die lieben Enkel zu bringen. An Reinwald habe ich wieder geschrieben und ihm vorgestellt, daß Christophine sich jetzt

nicht sogleich auf den Rückweg machen kann. Ohnehin kann
ja jetzt noch Niemand durch jene Gegend reisen. Ist alles
Unangenehme der Geschäfte vorbei, und sind Sie, liebste
Mutter, etwas beruhigt, so kann Christophine dem Wunsche
ihres Mannes nachgeben. Ein großer Trost wäre mir's,
liebste Mutter, Sie wenigstens in den ersten drei, vier Wochen
nach der Trennung von Christophinen bei Bekannten zu
wissen, weil die Gesellschaft unserer Luise Sie doch immer
an die vorigen Zeiten zu sehr erinnern wird. Sollte aber
keine Pension von dem Herzog gegeben werden, und der Ver-
kauf der Sachen Sie nicht zu lange aufhalten, so könnten
Sie vielleicht mit den Schwestern gleich nach Meiningen
reisen, und würden sich dort in der neuen Welt um so eher
beruhigen.

Alles, was Sie zu einem gemächlichen Leben brauchen,
muß Ihnen werden, beste Mutter, und es ist nun hinfort
meine Sache, daß keine Sorge Sie mehr drückt. Nach so
viel schweren Leiden muß der Abend Ihres Lebens heiter oder
doch ruhig sein, und ich hoffe, Sie sollen im Schooß Ihrer
Kinder und Enkel manchen frohen Tag genießen. Alles, was
unser theurer Vater an Briefschaften und Manuscripten hin-
terlassen, kann mir durch Christophine mitgebracht werden.
Ich will suchen, seinen letzten Wunsch zu erfüllen, der auch
für Sie liebste Mutter, Nutzen bringen soll. Herzlich umarmen wir Sie und die lieben Schwestern. Meine Lotte
würde selbst geschrieben haben; aber wir haben heute das
Haus voll Gäste, und in in dieser Zerstreuung wars unmöglich. Sie hat mit mir den verewigten Vater, den Sie immer
recht herzlich geliebt, beweint, und ihr tiefer Antheil an diesem
Verlust hat sie mir noch lieber und werther gemacht. Auch
meine Schwiegermutter und Wolzogens, die gerade hier
sind, sind sehr davon gerührt worden.

Meiner guten Luise wünsche ich zu ihren guten Aussichten und dem braven jungen Manne (Pfarrer Frank in

Cleversulzbach) Glück, der ihr seine Hand anbietet und durch sein edles Betragen an dem Krankenlager unseres Vaters seine rechtschaffene Gesinnung an den Tag gelegt hat. Vielmals soll sie mich ihm als meinem künftigen Schwager empfehlen und ihn im Voraus meiner Freundschaft und herzlichen Ergebenheit versichern.

(In welchen Zügen dieses Briefes zeigt sich besonders die zarte Kindesliebe Schillers. —

Beileidsbezeigung an die Großmutter über den Tod des Großvaters und bringende Bitte, dem Hause der Eltern als künftigem Wohnorte den Vorzug zu geben.)

----·----

64.

Beileid beim Tode eines Freundes.

Joh. v. Müller an seinen Bruder.

Wien, 3. August 1798.

Das war ein Schlag! Jacob, mein Freund, wo bist du? In Ruhe, überhoben, höher gerückt! (Jacob Maurer, beider Brüder Liebling, ertrank im 18. Jahre im Rhein.) Aber zurück sind wir um das Seltenste, einen edlen treuen Freund voll Geist und Herz. Darum weine ich, nicht über den, welchen Gott so geliebt, daß er ihn unsern Stürmen früh und ohne Leiden entrissen, aber, mein armer Bruder, über Dich, dessen Herz an ihm, wie seines an Dir hing, und über mich selbst: mit Schmerzen sehe ich das traute Kränzchen vermindert, vermindert die Zahl derer, auf die ich meine Hoffnung einstmaligen Glückes in dem Vaterlande gründete, vereitelt den Plan, ihm einst meine literarischen Pläne, Einrichtungen und hochgehäuften Sammlungen zu geben, damit

er daraus mache, wozu ich kaum je Muße haben werde.
Ich kann Dir sagen, daß mir nachgerade alles verleidet, wenn
so einer mir wegstirbt, welcher daran besonders Freude gehabt hätte. Was ist die eitle Lebensmühe? wie im Traume
Kampf mit Schatten.

Man hat mir den Unfall schonend nach und nach vor
Abgebung Deines Briefes beigebracht. Aber ich war so er-
staunt, daß ich kaum wußte, ob ich wache, und ich noch jetzt
mich nicht darin finden kann, Deine Fassung beschämt mich.
Du hast Recht. Der uns ihn gab, der die vier Jahre den
guten Jüngling so glücklich gemacht, konnte uns ihn wieder
nehmen, ihn zu Besserem berufen, ohne daß uns zustünde zu
klagen. Aber die Natur sträubt sich dennoch wider diesen
Heroismus — ich muß ihr Luft machen.

Adieu, Guter und Lieber, über alles Geliebter; je weni-
gere wir sind, desto enger halten wir zusammen. Gott sende
Dir einen gegenwärtigen Trost, einigen Ersatz. Aber Jacob
soll in uns leben und vielfältiger Gegenstand unsrer Gespräche
sein, bis wir versammelt werden um ihn.

(Beileidsbezeigung an die Base bei dem Tode einer gemeinschaft-
lichen Freundin.)

65.

Beileid beim Tode eines Kindes. (Vgl. Nro. 64).

Schiller an W. v. Humboldt.

Weimar, 12. Septbr. 1803.

Ihr schmerzlicher Verlust, mein theurer Freund, dessen
ganze Größe wir recht wohl empfinden, da wir das liebe
Kind vor zwei Jahren so hoffnungsvoll sich entwickeln gesehen, hat uns beide aufs innigste betrübt und ich gestehe
gern, daß ich keinen Trost dagegen weiß, als den die Zeit,
die alle Wunden endlich heilt, herbeiführen wird. Jetzt kann

ich nur darüber mit Ihnen klagen und Ihren ganzen Kummer mit Ihnen theilen. Sie waren berechtigt zu den schönsten Hoffnungen; wirklich vereinigte sich alles, diesem Kinde ein glückliches Loos zu versprechen, und nun muß jede Hoffnung so gewaltsam zerstört werden. Auch mich hat, wie Sie, bis jetzt noch kein harter Schlag betroffen, und ich kann mich nicht erwehren, bei dieser Gelegenheit auch in meinen eigenen Busen zu greifen und mir den möglichen Verlust dessen, was mir theuer ist, zu denken. Bei meiner schwachen Gesundheit hatte sich die feste Ueberzeugung in mir gebildet, daß ich nicht in diesen Fall kommen würde; aber Ihr Verlust, mein theurer Freund, überführt mich, daß alle Berechnungen trügen.

Wenn das italienische Klima doch vielleicht zu angreifend für Ihre Kinder und die gute Caroline wäre oder werden könnte, so wäre es doch vielleicht besser, alle jene Verhältnisse aufzugeben, da Sie doch einmal Herr Ihres Schicksals sind. Es haben so viele Deutsche schon ein frühes Grab dort gefunden. —

Mögen diese Zeiten Sie und die liebe Caroline in einer ruhigen Fassung finden! Aber wir wünschen sehr bald ein Wort von Carolinens Hand, um uns zu überzeugen, daß sie sich über diesen schweren Schlag erhoben habe. Eine starke Seele bei aller feinen, zarten Fühlbarkeit ist doch das glücklichste Geschenk des Himmels, es ist ihr verliehen, und so wird sie das Unabänderliche zu tragen wissen.

Geben Sie uns, wo möglich, bald wieder Nachricht; warum müssen wir jetzt so weit auseinander sein, unser herzlicher Antheil würde Ihnen Ihren Kummer erleichtern! Erhalten Sie Ihre Gesundheit. Ewig der Ihrige.

(Ist dieser Brief wirklich so trostleer, wie er scheint und wie die Freundin neulich beim Lesen desselben behauptete? —)

66.

Beileid beim Tode der Gattin und Einladung.

Joh. Heinr. Voß an Schulz.

Eutin, den 20. Januar 1784.

Ihre beiden letzten Briefe haben mich innig gerührt. Aus einer solchen Fülle der irdischen Glückseligkeit, wie Sie mir Ihr stilles häusliches Leben neulich schilderten, mit einem so feinen Gefühle des Herzens, so plötzlich in eine solche Leere geschleudert zu werden, ist sehr hart. Gott gebe Ihnen Kräfte, es zu ertragen. Mich schaudert, wenn ich mich an Ihre Stelle denke. Armer Freund, mein ganzes Herz wallt Ihnen entgegen und strebt, Ihnen Ihr Leiden zu versüßen. Nun ist sie wohl schon vorausgegangen, die treue, liebevolle Gefährtin Ihres Lebens. Ruhe sanft im Grabe mit deinen Kindern, du junge Pflanze! Gott hat deine Tage gezählt, und unsere. Bald sind wir alle dort, wo keine Trennung mehr ist, wo wir alle im ewigen Frühlinge blühen. Da sehen wir ein, warum uns Gott solche Wege führte; da freuen wir uns, daß wir den Muth nicht sinken ließen, sondern fest hielten im Glauben an den großen Vater, der alles zu unserm Besten ordnet. Mein lieber Schulz, ich will nicht trösten, ich weiß, wie Ihnen bei dem leidigen Troste zu Muthe sein würde. — Aber seien Sie ein Mann und blicken Sie auf zu ihm, der unsere Tage gezählt hat, und der alles weiß, was er thut. Wir armen Menschen tappen im Blinden und müssen verzagen ohne den Gedanken, daß Gott unser Vater ist.

Kommen Sie, sobald Sie können, in unsere Arme. Sie finden hier einen Freund und eine Freundin. Ich will meine Hundstagsferien auf die Zeit verlegen, da Sie hier sind. Ein Schmerz, wie der Ihrige sein muß, wird durch Geräusch nur betäubt, nicht gelindert. Sie sollen hier kein

11*

Geräusch finden, aber warme, innige Theilnehmung. Sie sollen ein schönes Zimmer bewohnen, denn seit Ostern wohne ich in Stolberg's Hause, und diesen Sommer wird nichts gebaut. Wir gehen im Garten, sitzen in der Laube oder am See, lagern uns auf dem Felde und in den Wäldern, oder fahren durch die schöne Gegend umher und sprechen allenthalben von der Freundin, die mit der Kleinen vorausgegangen ist und es weiß, daß hier unten von ihr gesprochen wird und daß ihr Schulz bald nachkommt. Eilen Sie, lieber Freund, und bleiben Sie lange bei uns. Sie haben viele redliche Freunde, aber gewiß keinen redlicheren, als uns. Sie sollen gar nicht merken, daß wir in Ihnen den Künstler ehren, der uns so viel Freude gemacht hat; sondern einzig den guten Mann, den Freund!

(Beileid und Einladung an den Oheim, welcher die Gattin durch den Tod verloren hat und ohne Kinder geblieben ist.)

----------◆----------

67.

Beileid und Glückwunsch.

Gellert an einen Freund.

Also haben Sie Ihren besten Freund, Ihren L . . ., verloren? Sie dauern mich unendlich, und ich wünschte, daß selbst diese Versicherung etwas zu Ihrer Beruhigung beitragen möchte; denn was habe ich sonst, womit ich Sie aufrichten könnte? Gott, wer hätte das vor wenigen Monaten bei unsrer Zusammenkunft in Merseburg denken sollen, daß dieser muntre und vor uns allen belebte Freund der erste und nächste zum Tode sein sollte! Und er war es in diesem Jahre noch. Vater der Menschen! Wie flüchtig ist das Leben, das wir so sehr lieben und als dein Geschenk auch lieben müssen! Ich weine, indem ich dieses schreibe; ich weine mit Ihnen, mein lieber B.., und ich wünsche, daß mich niemand diese Stunde in meinen Thränen und in meinen menschlichen Empfindungen stören mag. Wie könnte ich die letzten Augenblicke vom Jahre, die noch übrig sind, glücklicher anwenden, als wenn ich sie dem Mitleiden, dem Gedanken des Todes und der Seele des Verstorbenen schenke! — Er ist also in dem Schooße der Ewigkeit und der unaussprechlichsten Ruhe? — Was muß ein Geist, von der Erde weggenommen, bei dem ersten Eintritt in das Land der Vollkommnen fühlen! Welche göttliche Wollust! — Geleitet von der Hand des Allmächtigen, überschaut er die Welten der Seligkeiten; entzückt von den Strahlen der Gottheit preist er den Tag der Geburt und des Todes zugleich und fühlet, daß der Herr Gott ist. — Nun sieht er den göttlichen Erlöser und verliert sich in dem Meere seiner Liebe und wird trunken von den Geheimnissen seiner Erlösung. — Er fängt die ewigen Loblieder Gottes und der Tugend an. — Die kleinste gute That auf Erden stellt sich ihm nunmehr im heiligen Lichte vor, und eine jede edle Absicht wird ihm zur Belohnung vor dem Allwissenden und bleibt ihm ein ewiger Ruhm in dem Angesichte der Vollkommnen. —

Nehmen Sie, mein lieber B.., diese Bilder der Einbildung zu Hülfe, wenn Sie mit Ihren Gedanken dem Seligen folgen. Sollte er nicht so glücklich sein, als ich gesagt habe? Er ist es gewiß, und ich preise Gott in diesem Augenblicke, daß er's ist. Wollen Sie wohl Ihren L.., wenn es bei Ihnen stünde, von diesem Glück auch nur eine Stunde zurückhalten? Heben solche Gedanken die natürliche Empfindung in den Stunden der Wehmuth und das Verlangen nach denen, die wir lieben und lieben müssen, nicht auf, so machen sie unsre Betrübniß doch zur Tugend, indem sie ihr die gehörigen Schranken geben. Und welcher Trost

ist stärker und erhabner, als der: Der Herr hat ihn gege-
ben, der Herr hat ihn genommen! Er erhalte Sie in dem
Jahre, das wir anfangen, gesund und zufrieden, und schenke
Ihnen diese Wohlthat noch in vielen folgenden. Er lasse Sie
die Freude der glücklichsten Väter erleben und Sie in den
Sitten und Handlungen Ihrer Söhne das liebenswürdige
Herz einer nicht mehr vorhandenen Mutter und stets den
Lohn einer sorgfältigen Erziehung erblicken. Ich wünsche
dieses mit dem aufrichtigsten Herzen und bin zeitlebens xc.

(Beileid über den Verlust des Oheims an die bald nach dem Tode
desselben ihren Geburtstag verlebende Tante.)

------- ✦ -------

68.
Beileid und Erbschaftssachen.

Schiller an Frankh.

Hochgeehrtester Herr Schwager!

Ob ich gleich auf die traurige Nachricht von dem Hin-
scheiden meiner theuren Mutter vorbereitet war und mir
nichts Anderes versprechen konnte, so hat mich doch die Gewißheit davon, die mir Ihr Schreiben, mein werthester
Herr Schwager, überbrachte, innig betrübt, und mit Schmerzen ergreife ich die Feder, um ihren Brief zu beantworten.

Möge der Himmel der theuren Abgeschiedenen alles mit
reichlichen Zinsen vergelten, was sie im Leben gelitten und
für die Ihrigen gethan. Wahrlich, sie verdiente es, liebende
und dankbare Kinder zu haben, denn sie war selbst eine
gute Tochter für ihre leidenden und hülfsbedürftigen Eltern,
und die kindliche Sorgfalt, die sie selbst gegen die letztern
bewies, verdient es wohl, daß sie von uns ein Gleiches er-

fuhr. Sie, mein theurer Schwager, haben die Sorgfalt meiner Schwester für die Verewigte getheilt und sich dadurch den gerechtesten Anspruch auf meine brüderliche Liebe erworben. Ach, Sie hatten schon meinem seligen Vater diesen kindlichen Dienst und Ihren geistlichen Beistand geleistet und die Pflichten seines abwesenden Sohnes auf sich genommen. Wie innig danke ich Ihnen dafür! Nie werde ich mich meiner verewigten Mutter erinnern, ohne zugleich das Andenken desjenigen zu segnen, der ihr ihre letzten Leidenstage so gütig erleichterte.

Alles Uebrige, mein verehrter Herr Schwager, überlasse ich ganz Ihrer gütigen Veranstaltung und werde sogleich nach empfangener Aufforderung vom Amte Leonberg in der Person Ihres Herrn Onkel meinen Mandatarius ernennen, welchen ich einstweilen in meinem Namen um Uebernehmung dieses Dienstes gütigst zu ersuchen bitte. —

Wenn meine selige Mutter keine anderweitigen Dispositionen gemacht hat, und wenn Sie, mein werthester Herr Schwager, und meine Schwester Luise nichts dawider haben, so wünsche ich von den Effecten der lieben Mutter wo möglich etwas, das mir ein bleibendes Andenken an die Verewigte sein kann, zu erhalten, wenn sich etwas dergleichen vorfinden sollte, wofür ich gern auf die uns zugedachten Kleidungsstücke Verzicht thun will. Die Sache brauchte sonst keinen Werth zu haben, als daß mir ihr Andenken dadurch erneuert wird.

Herzlich empfehlen wir uns, meine Frau und ich, Ihrer und meiner Schwester Luise ferneren Liebe und ich bin mit der aufrichtigsten Hochachtung und Freundschaft

Ihr

ganz ergebenster Schwager

P. S. Den Betrag der Doktor- und Apothekerrechnung bitte ich nicht von der ganzen Erbschaftsmasse, sondern bloß von meinem Erbtheil abzuziehen, denn ich hatte dafür schon eine Summe bestimmt gehabt und rechne diesen Artikel zu denjenigen, welche ich mir gleich anfangs zur Pflicht gemacht.

Meine liebe Luise, die so viel für die gute Mutter gethan, muß auch mir diesen kleinen Antheil an der Erleichterung ihrer letzten Tage erlauben. Nur die Pflicht für meine Kinder bindet mir die Hände, daß ich den beiden lieben Schwestern meine brüderliche Liebe nicht in größerem Umfang zeigen kann.

(Beileidsbezeigung über den Tod einer alten Tante an deren fast ebenso alte Magd, zugleich mit Bestimmung über den Nachlaß in Sachen.)

————o————

69.

Trostbrief.

Klopstock an seine Frau Margareta.

Bernstorff, im Sept. 1758.

Mein Hals ist, Gott sei Dank! diese letzten Tage so gut gewesen, daß ich mit diesem Schiffer reisen zu können hoffe. Unterdessen will ich doch zu allem Ueberflusse mit B ... darüber sprechen. Du arme kleine Meta, Dein gestriger Brief hat mich recht traurig gemacht. Ich weiß nicht, wie es gekommen ist, daß Du aus meinem vorletzten Briefe geschlossen hast, daß ich so spät kommen würde. — Du süße Frau, ja ich fühle mit Dir die ganze Last der Abwesenheit. Aber beunruhige Dich nicht mit der Vorstellung, daß Du sterben und ohne mich sterben wirst! Beides ist gar nicht wahrscheinlich. Es wird Dir vielleicht vorkommen, als ob ich kalt davon spreche. — Diese Kälte der Vernunft ist uns Beiden nöthig, nicht allein, daß wir uns nicht zu traurigen Vorstellungen überlassen, und uns dadurch schaden; sondern auch, daß wir desto fähiger sind, uns dem Willen unsers Gottes mit völliger Ergebung zu unterwerfen. Dieser hohe Grad der Unterwerfung ist eine der schwersten und zugleich der ruhmvollsten Pflichten des Christenthums. Diese Tage unserer Abwesenheit von einander (vielen würde dies sonderbar vorkommen) sind solche Tage unserer Prüfung, die uns auffordern, aufmerksam darauf zu sein, daß wir geprüft werden. — Auch die unschuldigste und pflichtmäßigste Liebe soll der Liebe zu unserm Gott unterworfen werden. Ich habe meinen Gesang von der Allgegenwart, den ich in dem „Aufseher" drucken lasse, von neuem durchgelesen, und die Vorstellungen von der Allgegenwart des Anbetungswürdigen sind mir sehr lebhaft geworden. Wenn mir Gott die Gnade gibt, mich diesen Vorstellungen zu überlassen, ach dann, meine Meta, bin ich gar nicht weit von Dir! Er schließt mich und Dich ringsum ein. Er hält seine Hand über uns! Gott ist, wo Du bist! Gott ist, wo ich bin! — Wir hangen völlig, noch viel völliger, als man es sich gewöhnlich vorstellt, auch in allen den Dingen, bei welchen man am wenigsten an ihn denkt, von ihm ab! — (Meine Seele ist jetzt in einer sanften Ruhe mit etwas Wehmuth vermischt.) Sein Aufsehn bewahrt unsern Odem! Er hat unsere Haare auf unserem Haupte gezählt! Du, meine Frau, die mir Gott gegeben hat, sorge (Du siehst, daß ich den Ausspruch auf höhere Sorgen anwende) sorge nicht für den andern Morgen!

(Trostbrief an die jüngere Schwester, welche an heftigem Heimweh leidet.)

70.

Christlicher Trost in Leiden.

A. W. Neander an Ad. von Chamisso.
(Zwischen 1806 und 1808.)

Theurer vielgeliebter Freund und Bruder in Christo,
Dein Brief, in heiliger liebevoller Wehmuth geschrieben, hat
mich innig ergriffen und ist mir ein Leiter worden Deines
Elements. Du liebst und fühlst und glaubest, das heißt, Du
schämst Dich nicht des Evangeliums, willst gern ein Kind
sein mit dem Gotteskind, das die Welt erlösete und die kindliche Demuth läßt Dich Dir selber verschwinden; wie herzlich empfinde ich, was Du sagtest! Die Gottheit hat Dich
lieb, daß sie das Weltall in Feuersglut will erhärten, uns
Andere läßt sie noch ruhen im Dunkel und führt sie nicht
in Versuchung. Ist es etwas, Eins sein, wenn nichts
gewaltig einbricht, den Einen zu zerreißen und zu trennen?
Die Einheit lediglich in der Einheit finden, wie sie sich von
selber gibt, das ist wenig, nichts, ganz anders in der Viel-
heit und Entzweiung mächtig sie hervorrufen; wenn alles sich
scheiden will und überall in der Dinge Schändlichkeit der
bange Blick sich verliert, fest doch sicher und ruhig mit Felsen-
stärke auf dem ewigen Centrum ruhen. Ich bin noch nicht
versucht. Wie nichts bin ich? Immer nur noch Willen!
Doch keine Klage, Gott mag es fördern. Wie weit mehr bist
Du schon dem Bilde unseres Heilands nahe (es bleibe der
Gotteszeugte in seiner unerreichbaren Würde); Du kämpfst
und leidest, und in jedem Kampf und Leiden thust Du, was
er that, wie hat er mit dem Tode und der diesem verwandten
Sünde gerungen, ehe er glorreich siegte! So jeder der Seinigen. Mit Unschuld beginnts, das Leben in der Welt und
in ihrem Abbrucke, dem Menschen; Eins mit der Natur;
da reißt sie sich los gewaltig aus der kindlich-seligen Einheit,
erscheint als Sünde, Tod, Trübsal, den Menschen bekämpfend
in und außer ihm und ihn herausfordernd zum Kampf. Ist

der Geist zu schwach, so ist das höhere freiere Leben dahin, regeliren muß der Mensch als Produkt der Natur. Doch glorreich ist der Sieg, wenn in allen Kämpfen der Geist sich nicht vergißt und mit sich selbst, mit Gott bleibt in Frieden. Da wird das alte zerlumpte Leben ans Kreuz geschlagen, der Kampf hört auf, der Geist frei sich setzend, macht alles, die ganze Natur zu seinem Organ, die Versöhnung ist vollendet, Freiheit und Nothwendigkeit gehen Hand in Hand durch's neue Leben. So seufzte und tobte die Natur bei unsers Heilands Tode, denn ihrer despotischen Herrschaft war sie nun beraubt. Hindurch, hindurch muß alles durch das Graus der Entzweiung, kurz ist der Schmerz, doch lang die Freude, kein Aufopfern mehr, kein Entbehren. Im Sturm, im Sturm sondert der Herr die Spreu vom Getraide, im Kampfe und und Leiden nur bildet sich die Kirche; seit Christus gestorben, gibt es keine Leiden mehr, je heftiger nur die Wehen, desto herrlicher die Geburt, wir alle sollen sterben, die wir glauben ten Tod des Kreuzes, um wie Er selig aufzuerstehen in jedem Momente. Trägst du das Kreuz schon, o dann ist die Herrlichkeit nahe! Werth und lieb ist dem Christen auch das Leiden und Hindern und Trüben, denn es ist ja des Kreuzes Symbol. O könnte ich es mit dir tragen, mit dem Freunde liebkosen das gleiche Kreuz! Der fromme Krieger ist es, der der Welt Sünden trägt, wie Er sie getragen, es betet und weint die Christenheit für ihn, wenn er dahin zieht mit dem Kreuze, und wann das Rohe sich schleift, stehet auf zu neuem Leben der fromme Kriegsmann, Frieden verkündend und Heil der ganzen Christenheit. Die Natur hat viel wider sich empört oder der Christ hat sich mit der Natur entzweit, sie will von neuem roh die despotische Herrschaft, Erbeben der Erde, Krieg der Menschheit. Es müssen Sühnopfer fallen, das Rohe im Kampfe sich selbst ertödten, die Frommen tragen das Kreuz für die Masse der Sünden. So wird in jedem Kriege der Antichrist bekämpft, bis er immer mehr sich erschöpfend, endlich ermattet dem Heiland sein Reich wiedergibt. Wo ehemals Adler den Siegern Sieg verkündeten, da fliegt die heilige Taube über der Frommen Häupter, ihre müden Glieder belebt mit göttlicher Salbung der heilige Geist. Auch Dich wird sie uns heimführen, Freund, zu herrlicher Freude, das sagt er mir, der heilige Geist, ich werde Dich, was mir das Glück bis jetzt versagte, in Deinem frommen Antlitz sehen; was uns alle Sinnvereinte trennt, ist auch nur eine Läuterungszeit, durch die Gott reinigen will das Metall, daß es erhärte, es muß sich, wie es christlichen Freunden ziemt, mit uns einen zu Einer christlichen Kirche, die nicht nur in sich schaut und von sich weiß, sondern auch mächtig eingreife in das Leben der Menschheit. Nicht laßt uns einzeln die Mission erfüllen, sondern vereint und Eins in der Freundschaft, in jeder Einheit, und wie herrlich im Bruderbunde wird man die Kirche gewahr, da kehrt zurück, den Gegensatz vernichtend, was ursprünglich Eins war, und die schnöde Zeit nur trennt. Möchte ich bei Dir sein, die Hand Dir drücken am Kreuze Christi, mit Dir seine Herrlichkeit beschauen und sagen: kann das Leben schlecht sein, das er uns geschenkt hat, möchte auch der Raum uns nicht trennen, der nur schwach uns trennt, da wir ohne den uns erkannten. Mag Dir geschehen, wie ich bete und wünsche, ja es wird Dir so geschehen. Die Nacht kann nichts gegen die Kinder des Tages. Ich drücke Dir die Hand und empfehle Dich der Liebe Gottes und Christi zum zeitlichen und ewigen Heile. Die Herrlichkeit Gottes werde an Dir offenbar! Möchte ich Dich bald sehen! Du mögest leben, wie Du es wünschest in Gott, Heil und Segen in Allem, was Du vorhast. Amen! Amen!

Dein in alle Alle Ewigkeit

A. Neander.

Dank für den lieben Brief.

(Inhaltsangabe dieses Briefes. — Von dem Wesen des Krieges. — Trostschreiben an eine durch fremde Schuld unglückliche Freundin.)

———⚔———

71.

Einladung zur Mitarbeit.

Schiller an Göthe.

Jena, 13. Juni 1794.

Hochwohlgeborner Herr,
Hochzuverehrender Herr Geheimer Rath!

Beiliegendes Blatt enthält den Wunsch einer Sie unbe-
grenzt hochschätzenden Gesellschaft, die Zeitschrift (die Horen)
von der die Rede ist, mit Ihren Beiträgen zu beehren, über
deren Rang und Werth nur Eine Stimme unter uns sein
kann. Der Entschluß Euer Hochwohlgeboren, diese Unter-
nehmung durch Ihren Beitritt zu unterstützen, wird für den
glücklichen Erfolg derselben entscheidend sein und mit größter
Bereitwilligkeit unterwerfen wir uns allen Bedingungen, unter
welchen Sie uns denselben zusagen wollen.

Hier in Jena haben sich die Herren Fichte, Wolfmann
und von Humboldt zur Herausgabe dieser Zeitschrift vereinigt,
und da, einer nothwendigen Einrichtung gemäß, über alle ein-
laufenden Manuscripte die Urtheile eines engern Ausschusses
eingeholt werden sollen, so würden Euer Hochwohlgeboren uns
unendlich verpflichten, wenn Sie erlauben wollten, daß Ihnen
zu Zeiten eins der eingesandten Manuscripte dürfte zur Beurtheilung vorgelegt werden. Je größer und näher der Antheil ist, dessen Sie unsere Unternehmungen würdigen, desto
mehr wird der Werth derselben bei demjenigen Publikum
steigen, dessen Beifall uns der wichtigste ist.

(Einladung der Gräfin X zu einer von mehreren Freundinnen veranstalteten Weihnachtsbescherung für arme Kinder.)

72.

Beschwerde über einen Zögling und Antwort einer verkehrten gnädigen Frau Mutter.

Hamann an die Baronin von B..

a. 1753.

Weil ich nicht mehr weiß, was ich dem Herrn Baron
(meinem Schüler) Nachdrückliches sagen soll, so bin ich ganz
erschöpft und verzweifle, bei ihm etwas auszurichten. Ich
sehe mich noch täglich genöthigt, ihn lateinisch lesen zu lehren
und immer das zu wiederholen, was ich schon den ersten
Tag meines Unterrichts gesagt habe. Ich habe eine menschliche Säule vor mir, die Augen und Ohren hat, ohne sie
zu brauchen, an deren Seele man zweifeln sollte, weil sie
immer mit kindischen und läppischen Neigungen beschäftigt
und daher zu den kleinsten Geschäften unbrauchbar ist. Ich
verdenke es Ew. Gnaden nicht, wenn Sie diese Nachrichten
als Verläumdungen und Lügen ansehen. Es kostet mir genug,
die Wahrheit desselben stündlich zu erfahren, und es gibt
Augenblicke, in denen ich des Hrn. Barons Schicksal mehr
als mein jetziges beklage. Ich wünsche nicht, daß die Zeit
und eine traurige Erfahrung meine gute Absicht bei Ihnen
rechtfertigen möge. Ich bin genöthigt, weder an Rechnen,
worin der Hr. Baron so weit gekommen, daß ich ihn habe
Zahlen schreiben und aussprechen lehren müssen, noch an
Französisch und andere Nebendinge zu denken, weil er nur
immer zerstreuter werden würde, je verschiedenere Dinge ich
mit ihm vornähme. Ein Mensch, der nicht eine Sprache
lesen kann, die nach dem Buchstaben ausgesprochen wird,
ist nicht im Stande, eine andere zu lernen, die nach Regeln
ausgesprochen werden muß, wie die französische. Ich nehme
mir daher die Freiheit, Ew. Gnaden um einige Hülfe bei

meiner Arbeit anzusprechen. Man wird dem Hrn. Baron
einige Gewalt anthun müssen, weil er die Vernunft oder
Neigung nicht besitzt, seine eigene Ehre und Glückseligkeit aus
freier Wahl zu lieben. Gewissenhafte Eltern erinnern sich
bei Gelegenheit der Rechenschaft, die sie von der Erziehung
ihrer Kinder Gott und der Welt einmal ablegen sollen.
Diese Geschöpfe haben menschliche Seelen und es steht nicht
bei uns, sie in Puppen, Affen, Papageien oder sonst noch
etwas Aergeres zu verwandeln. Ich habe Ursache, die Empfindungen und Begriffe einer vernünftigen und zärtlichen
Mutter bei Ew. Gnaden vorauszusetzen, da ich von dem
Eifer überzeugt bin, den Sie für die Erziehung eines einzigen Sohnes haben. Sie werden seinem Hofmeister nicht zu
viel thun, wenn Sie ihn als einen Menschen beurtheilen,
der seine Pflicht mehr liebt, als zu gefallen sucht. Setzen
Sie zu dieser Gesinnung noch die aufrichtige Ergebenheit,
mit der ich bin rc.

b.

Antwort.

Herr Hamann.

Da die Selben sich gahr nicht bey Kindern von Con-
dition zur information schicken, noch mir die schlechte Briefe
gefallen, worin Sie meinen Sohn so auf eine gemeine und
niederträchtige Ahrt abmalen vielleicht kennen Sie nicht
anders judiciren als nach Ihrem Eugenem pohtré, ich
sehe Ihnen auch nicht anders an als eine Seuhle mit vielen
Büchern umbhangen welches noch gahr nicht einen geschickten
HoffMeister ausmacht, und mir auch schreiben Ihre Frey-
heit und Gemüthsruhe zu lieb haben sie auf eine Anzahl
von Jahre zu verkauffen, ich will weder Ihre so vermeinte
Geschicklichkeit noch Ihre Jahre verkauft in meinem Hause

feben, ich verlange Ihnen gahr nicht bey meinen Kindern, machen Sie sich fertig Montag von hier zu reisen.

(Wie würde eine vernünftige Mutter dem Hofmeister ihres Sohnes geantwortet haben? —

Woburch in dem Briefe des Hofmeisters mag sich die Baronin beleidigt gefühlt haben? und zwar woburch mit einem Schein des Rechts? und woburch mit Unrecht? —

Klage einer Erzieherin über den Unfleiß und die Unfähigkeit ihrer Schülerin an die vornehme Mutter. —)

73.

Empfehlung eines jungen Gelehrten.

Gleim an den Prinzen von Preußen.

Halberstadt, 15. Dec. 80.

Durchlauchtigster Fürst,
Gnädigster Herr!

Ew. Königlichen Hoheit, einem Fürsten, der meinem Freunde, dem seligen Sulzer, gnädig war, und seine Talente schätzte, darf ich seinen Landsmann, den Professor Müller, zu höchsten Gnaden empfehlen. Dieser Professor Müller hat, in der größten Manier des Tacitus, eine Geschichte der Schweizer erst vor kurzem geschrieben, und den Beifall erhalten des Ministers von Herzberg; er spricht und schreibt französisch und deutsch; hat es in den Wissenschaften, die einen großen Mann dem Staat zu geben fähig sind, so weit gebracht, daß ich für Pflicht halte, weil mir seit vielen Jahren seine großen Talente bekannt sind, Ew. Königlichen Hoheit diesen geschickten noch jungen Mann und zugleich dieses be-

kannt zu machen, daß er, aus freier Wahl, geneigt ist, dem
preußischen Staate zu dienen. Wäre die Folge, daß Ew.
Königliche Hoheit ihn kennen zu lernen gnädigst geruhen
wollten, so würde ich mir zum Verdienste anrechnen, dem
Vaterlande den geschickten Mann geworben zu haben; ich
würde glauben, wir hätten unsern Sulzer wieder.

Ich erwarte gnädigen Befehl, ob er persönlich sich vorstellen lassen soll und ersterbe mit getreuester Devotion 2c.

(Einer Gräfin wird die geprüfte Freundin als Erzieherin empfohlen.)

———o———

74.

Gesuch um Milderung eines strengen Befehls.

Schiller an den Herzog Karl von Würtemberg.

Stuttgart, 1. September 1782.

Durchlauchtigster Herzog!
Gnädigster Herzog und Herr!

Eine innere Ueberzeugung, daß mein Fürst und unum-
schränkter Herr zugleich auch mein Vater sei, gibt mir gegenwärtig die Stärke, Höchstdemselben einige unterthänige Vorstellungen zu machen, welche die Milderung des mir zugekommenen Befehls: nichts Literarisches mehr zu schreiben,
oder mit Ausländern zu communiciren, zur Absicht haben.

Eben diese Schriften haben mir bishero zu der, mir von
Eurer Herzogl. Durchlaucht gnädigst zuerkannten jährlichen
Besoldung noch eine Zulage von fünfhundert und fünfzig
Gulden verschafft und mich in den Stand gesetzt, durch
Correspondenz mit auswärtigen großen Gelehrten und An-
schaffung der zum Studiren nöthigen Subsidien ein nicht un-

beträchtliches Glück in der gelehrten Welt zu machen. Sollte ich dieses Hülfsmittel aufgeben müssen, so würd' ich künftig gänzlich außer Stand gesetzt sein, meine Studien planmäßig fortzusetzen und mich zu dem zu bilden, was ich hoffen kann zu werden.

Der allgemeine Beifall, womit einige meiner Versuche vom ganzen Deutschland aufgenommen wurden, welches ich Höchstdenenselben unterthänig zu beweisen bereit bin, hat mich einigermaßen veranlaßt, stolz sein zu können, daß ich von allen bisherigen Zöglingen der großen Karls=Akademie der Erste und Einzige gewesen, der die Aufmerksamkeit der großen Welt angezogen und ihr wenigstens einige Achtung abge= drungen hat — eine Ehre, welche ganz auf den Urheber meiner Bildung zurückfällt! Hätte ich die literarische Frei= heit zu weit getrieben, so bitte ich Ew. Herzogl. Durchl. allerunterthänigst, mich öffentliche Rechenschaft davon geben zu lassen, und gelobe hier feierlich, alle künftigen Produkte einer scharfen Censur zu unterwerfen.

Noch einmal wage ich es, Hochdieselbe auf das Sub= misseste anzuflehen, einen gnädigen Blick auf meine unter= thänigsten Vorstellungen zu werfen und mich des einzigen Weges nicht zu berauben, auf welchem ich mir einen Namen machen kann.

Der ich in allerdevotester Submission ersterbe 2c. 2c.

(Gesuch an den Landesherrn um Aufnahme in ein Fräuleinstift.)

75.

Gnadengesuch an den Kaiser.

Bittschrift an den Kaiser Joseph II.

Allerdurchlauchtigster,

Großmächtigster,

Allergnädigster Kaiser und Herr!

Euer Kaiserlichen Majestät

wage ich in tiefster Ehrfurcht um Gnade anzuflehen. Mein
Haupt ist grau geworden im Dienste meines Kaisers und
Seiner erlauchten Frau Mutter und mein Körper trägt die
Zeichen meines Eifers in Ihrem Dienste. Jetzt muß ich
außer den Grenzen des geliebten Vaterlandes, für das ich
oft geblutet habe und dem ich gerne den ganzen Ueberrest
meines Bluts gewidmet hätte, umherirren und mein graues
Haupt fühlt seine Wunden schmerzlicher, da es keinen Ort
hat, wo es ruhen könnte. Um nicht die Strafe eines Ver-
brechers zu leiden, sah ich mich gezwungen, mich der Voll-
ziehung des Gebotes meines Kaisers und Herrn zu entziehen.
Strafbar bin ich, denn ich habe das weise Gesetz Eurer
Kaiserlichen Majestät, welches den Zweikampf in Ihrem
Heere verbietet, übertreten. Dies würde mich zu Boden
drücken, ließe nicht die Weise, wie ich zu dieser Uebertretung
gezwungen wurde, mich hoffen, mein Vergehen werde in den
Augen Eurer Kaiserlichen Majestät in einem milderen Lichte
erscheinen, wenn Höchstdenselben die näheren Umstände
meines Unglücks bekannt werden. — So sehr ich die Weisheit des Allerhöchsten Gesetzes ehrfurchtsvoll anerkenne, so
gibt es doch einzelne Fälle, die kein Gesetz vorhersehen kann
und diese können besonders da eintreten, wo die Ansicht des
Standes, zu dem wir gehören, wären sie auch an sich irrig,
einmal feststeht. Wie sehr dies in meiner Lage bei dem un-

glücklichen Zweikampfe mit dem jungen Grafen K. der Fall
war, wird dem erhabenen Blicke Eurer Kaiserlichen Majestät
nicht entgehen. Meine Absicht kann es nicht sein, den Unwillen Eurer Kaiserlichen Majestät gegen meinen Gegner zu
schärfen, denn — leidet er ja doch unter gleichem Unglück
mit mir; allein er ließ sich in jugendlicher Hitze verleiten,
mir meine ehrliche bürgerliche Abkunft vorzurücken. Die Gesetze konnte ich gegen eine solche Beleidigung nicht anrufen;
es würde mich aber knechtischer Feigheit verdächtigt haben,
wäre dieselbe ungeahndet geblieben. Gott hat meine Hand
geleitet, daß er mit einer leichten Wunde davon gekommen
ist und er bereut aufrichtig, mich bis zu diesem Aeußersten
gezwungen zu haben. Die tiefere schmerzhaftere Wunde, die
der unglückliche Vorfall uns beiden schlug, die Ungnade
Eurer Kaiserlichen Majestät, wird Ihre erhabene Großmuth
heilen und ich wage es, für den Grafen K., den auch seine
Jugend vor dem gerechten Auge seines Herrn vertreten wird
und für mich demuthsvoll Ihre höchste Gnade anzuflehen.

Gott gebe, daß ich das Herz Eurer Kaiserlichen Majestät zu rühren vermag und mein gnädigster Herr mir auch
ferner erlaubt, mein Blut und mein Leben Seinem erhabenen Dienste zu widmen.

In tiefster Ehrfurcht ersterbe ich
Eurer Kaiserlichen Majestät

allerunterthänigster

W — —

S — — den — Juli 1771. Hauptmann im Regiment. —

(Im Namen der Magd, deren Verlobter, ein Soldat, das Unglück
gehabt hat, bei einem Wettstreite der Freundschaft seinen Freund zu er-
schießen, und von seinem Strafmaß (3 Jahren) schon anderthalb Jahre
auf der Festung X. verbüßt hat, werde der Landesfürst mit Hinweis
auf seinen bevorstehenden Geburtstag um Gnade für den Gefangenen
angegangen.)

76.

Gesuch um Gehaltsvermehrung.

Schiller an den Herzog Karl August.

Jena, 1. Sept. 1799.

Die wenigen Wochen meines Aufenthaltes zu Weimar und in der größeren Nähe Eurer Durchlaucht im letzten Winter und Frühjahr haben einen so belebenden Einfluß auf meine Geistesstimmung geäußert, daß ich die Leere und den Mangel jedes Kunstgenusses und jeder Mittheilung, die hier in Jena mein Loos sind, doppelt lebhaft empfinde. So lange ich mich mit Philosophie beschäftigte, fand ich mich hier vollkommen an meinem Platz; nunmehr aber, da meine Neigung und meine verbesserte Gesundheit mich mit neuem Eifer zur Poesie zurückgeführt haben, finde ich mich hier wie in eine Wüste versetzt. Ein Platz, wo nur die Gelehrsamkeit und vorzüglich die metaphysische im Schwange gehen, ist den Dichtern nicht günstig; diese haben von jeher nur unter dem Einfluß der Künste und eines geistreichen Umgangs gedeihen können. Da zugleich meine dramatischen Beschäftigungen mir die Anschauungen des Theaters zum nächsten Bedürfniß machen und ich von dem glücklichen Einfluß desselben auf meine Arbeiten vollkommen überzeugt bin, so hat alles dies ein lebhaftes Verlangen in mir erweckt, künftighin die Wintermonate in Weimar zuzubringen.

Indem ich aber dieses Vorhaben mit meinen ökonomischen Mitteln vergleiche, finde ich, daß es über meine Kräfte geht, die Kosten einer doppelten Einrichtung und den erhöhten Preis der meisten Nothwendigkeiten in Weimar zu erschwingen. In dieser Verlegenheit wage ich es, meine Zuflucht unmittelbar zu der Gnade Eurer Durchlaucht zu nehmen, und ich wage es mit um so größerem Vertrauen, da ich mich in Ansehung der Gründe, die mich zu dieser Ortsveränderung an-

treiben, Ihrer Höchsteignen gnädigsten Beistimmung versichert
halten darf. Es ist der Wunsch, der mich antreibt, Ihnen
Selbst, gnädigster Herr, und den Durchlauchtigsten Herzoginnen
näher zu sein, und mich durch das lebhafte Streben nach
Ihrem Beifall in meiner Kunst selber vollkommener zu machen,
ja vielleicht etwas Weniges zu Ihrer eignen Erheiterung dadurch beizutragen.

Da ich mich in der Hauptsache auf die Früchte meines
Fleißes verlassen kann und meine Absicht keineswegs ist, darin nachzulassen, sondern meine Thätigkeit vielmehr zu ver-
doppeln, so wage ich die unterthänigste Bitte an Eure Durchlaucht, mir die Kostenmehrung, welche mir durch die Trans-
location nach Weimar und eine zweifache Einrichtung jährlich
zuwächst, durch eine Vermehrung meines Gehalts gnädigst zu
erleichtern.

(Namens der durch einen Schlagfluß gelähmten Mutter, einer
Beamtenwittwe, bittet die Tochter den Landesfürsten um eine Vermehrung
der Pension derselben.)

77.

Ablehnung einer Wahl.

Joh. v. Müller an die Wahlversammlung des Kantons
Schaffhausen.

Bürger Wahlpräsident,
Bürger Wahlmänner einer Löblichen Gemeinde der Stadt
und Landschaft Schaffhausen,

Meine Brüder und Freunde!

Die seit einigen Monaten bei Euch vorgefallenen Ver-
änderungen habe ich mit der warmen Theilnahme eines guten

Bürgers vernommen. Mit besonderem Vergnügen bemerkte ich, wie sie mit geradem Sinne, biederm Herzen, ohne alle Gewaltthätigkeit vorgetragen, angenommen und vollzogen wurden. Möge der Gott unsrer Väter, unter dessen Leitung unsere geliebte Stadt und Landschaft aus ursprünglich wildem oder verwildertem Zustande vor mehr als tausend Jahren sich emporgearbeitet; durch Fleiß, Klugheit und Muth in Ein Ganzes nach und nach vereinigt; durch religiöse und andere Anstalten zu immer schönerer Freiheit reif, und, sowohl während dem stürmischen Mittelalter als in den gefährlichen Kriegen der großen europäischen Mächte, unabhängig erhalten worden, die jetzt vorgenommene Läuterung und Erneuerung segnen, und, nachdem die Landschaft mit der Stadt, beide aber mit allen Städten und Ländern des alten ewigen Bundes gemeiner Eidgenossen in der Schweiz zu einer einigen Republik zusammengeflossen, sie in dem neu entflammten Gemeingeist neue Kraft für die Erhaltung ruhiger Freiheit und neue Quellen des Wohlstandes finden lassen!

Bürger Wahlmänner! Ich danke Euch für das, durch die Wahl zu einem Mitgliede des zu Aarau sich für ganz Helvetien versammelnden obersten Gerichtshofs mir bezeugte ehrenvolle Zutrauen. Daß ich es verdiene, kann ich nicht besser beweisen, als durch ganz offene Darstellung meiner Gesinnungen.

Mein Leben war anfänglich stillem Studiren und der Beschreibung vaterländischer Geschichten gewidmet; in letzterer habe ich auf bessere Fürsorge für Erhaltung der Unabhängigkeit und für Herstellung alter Tugenden und Sitten mit lebhaftem Nachdruck unaufhörlich gedrungen. Umstände, welche ich nicht selbst herbeigeführt, haben mich, seit zwölf Jahren, in politische Wirksamkeit gebracht, wobei ich Anlaß gefunden, dem nie vergessenen Vaterlande nicht unbedeutende Dienste zu leisten. Nun, mit eben der Freimüthigkeit, welche ich oft an Höfen bewiesen, lege ich heute, Bürger Wahl-

männer, Euch die Bedenklichkeit vor, die mich abhält, von
Eurem gütigen Anerbieten unverzüglichen Gebrauch zu machen.

Alle aus der Vaterstadt mir zugekommenen Berichte sind
Euren Einrichtungen, Euren Absichten, Eurer Denkungsart,
Brüder und Freunde, sehr vortheilhaft; über die Lage der
Schweiz im Allgemeinen erhalte ich aus anderen Orten wider-
sprechende Nachrichten. Einige erheben die Umschaffung und
engere Vereinigung als die Quelle neuer Kraft, Würde und
Glückseligkeit; andere behaupten, daß selbst in den Berath-
schlagungen der Urversammlungen über die neue Verfassung
nichts weniger als unbeschränkte Freiheit geherrscht, für die
Nationalrepräsentanten unbefangene Offenheit durchaus nicht
zu erwarten, und der Verlust des in langem Frieden durch
unsrer Väter ehrlichen Fleiß zusammengelegten Sparpfennigs
der Verlust des nothwendigsten Werkzeuges zu Errichtung
guter Anstalten sei.

Ehre und Würde ohne Selbständigkeit, und Freiheit und
Glück ohne Sicherheit, sind allerdings unmöglich. Aber ich
bin weit entfernt, solche Nachrichten schlechterdings zu glauben.
Denn wie sollte die große französische Nation die unschuldige
Schweiz, ihre dreihundertjährige Freundin, und selbst in dem
neuesten Kriege nützliche und ruhige Nachbarin, ein so leicht
auf Jahrhunderte zu erschöpfendes Land, welchem weder die
Natur ihre Gaben verschwenderisch zutheilt, noch seine Lage
reichen Handel gestattet, vor den Augen von ganz Europa,
das alle ihre Thaten beobachtet, und welches die Schweiz
kennt, so behandeln! So wenig dieses von ihrer Klugheit zu
glauben ist, so wenig ist mir möglich, zur Theilnahme an
öffentlichen Geschäften in der Schweiz mich eher zu ent-
schließen, als wenn ich überzeugt sein werde, als ein freier
Schweizer ohne andere Rücksicht als auf die Schweiz und
nur mit Schweizern, ohne irgend eine andere Vorschrift als
den Willen meines Volkes, ohne irgend eine Furcht als vor
seinen Gesetzen, und irgend einen andern Zweck als die Er-

haltung eines jeden bei Ehre, Leib und Gut, und des gemeinsamen Vaterlandes bei Freiheit und Friede, sie verwalten zu können.

Ob dieses jetzt möglich sei, kann ich, bei so widersprechenden Gerüchten, weder ohne Unbescheidenheit leugnen, noch ohne Gefahr einer Uebereilung annehmen. Daher habe ich um einen Urlaub nachgesucht, um bald möglichst selbst in die Schweiz zu kommen. Da ich ihn aber noch nicht erhalten habe, so finde ich mich genöthigt, um den Gang der Geschäfte nicht aufzuhalten und Euch, Bürger Wahlmänner, in keine Verlegenheit zu bringen, einstweilen und für diesmal die mir zugedachte Stelle zu verbitten.

Gemeiner Bürgerschaft zu Stadt und Land empfehle ich mich in ferneres brüderliches Wohlwollen und in ihre Nachsicht, wenn ich, um dem Vaterlande besser zu dienen, heute mir die Gewalt anthue, auch von dem schätzbarsten und erwünschtesten Antrage keinen Gebrauch zu machen, ehe ich genauer weiß, ob und wie ich dem Vaterlande dienen kann.

Wien, den 21. April 1798.

Johannes Müller.

(Die Stelle einer Vorsteherin in einem Vereine für innere Mission wird mit Rücksicht auf die Vorzüge der weiblichen Einzelwirksamkeit in der Stille und als Quelle von Eitelkeit und Werkheiligkeit abgelehnt.)

------●------

78.

Anerbieten eines Jahrgehalts.

Herzog von Augustenburg und Graf Schimmelmann an Schiller.

27. November 1792.

Zwei Freunde, durch Weltbürgersinn mit einander verbunden, erlassen dieses Schreiben an Sie, edler Mann! Beide sind Ihnen unbekannt, aber Beide verehren und lieben Sie. Beide bewundern den hohen Flug Ihres Genius, der verschiedene Ihrer neueren Werke zu den erhabensten unter allen menschlichen Zwecken stempeln konnte. Sie finden in diesen Werken die Denkart, den Sinn, den Enthusiasmus, der das Band ihrer Freundschaft knüpfte, und gewöhnten sich bei ihrer Lesung an die Idee, den Verfasser derselben als Mitglied ihres freundschaftlichen Bundes anzusehen. Groß war also auch ihre Trauer bei der Nachricht von seinem Tode, und ihre Thränen flossen nicht am sparsamsten unter der großen Zahl von guten Menschen, die ihn kennen und lieben.

Dieses lebhafte Interesse, welches Sie uns einflößen, edler und verehrter Mann, vertheidige uns bei Ihnen gegen den Anschein von unbescheidener Zudringlichkeit! Es entferne jede Verkennung der Absicht dieses Schreibens; wir faßten es ab mit einer ehrerbietigen Schüchternheit, welche uns die Delikatesse Ihrer Empfindungen einflößt. Wir würden diese sogar fürchten, wenn wir nicht wüßten, daß auch in der Tugend edleren und gebildeten Seelen ein gewisses Maß vorgeschrieben ist, welches sie ohne Mißbilligung der Vernunft nicht überschreiten darf.

Ihre durch allzu häufige Anstrengung und Arbeit zerrüttete Gesundheit bedarf, so sagt man uns, für einige Zeit eine große Ruhe, wenn sie wieder hergestellt und die Ihrem Leben drohende Gefahr abgewendet werden soll. Allein Ihre Verhältnisse, Ihre Glücksumstände verhindern Sie, sich dieser Ruhe zu überlassen. Wollen Sie uns wohl die Freude gönnen, Ihnen den Genuß derselben zu erleichtern? Wir bieten Ihnen zu dem Ende auf drei Jahre ein jährliches Geschenk von tausend Thalern an. Nehmen Sie dieses Anerbieten an, edler Mann! Der Anblick unsrer Titel bewege Sie nicht, es abzulehnen; wir wissen diese zu schätzen. Wir kennen keinen Stolz, als den, Menschen zu sein, Bürger in der großen Republik, reren Grenzen mehr als das Leben einzelner Generationen, mehr als die Grenzen eines Erdballs umfassen. Sie haben hier nur Menschen, Ihre Brüder, vor sich, nicht eitle Große, die durch solchen Gebrauch ihrer Reichthümer nur einer etwas edleren Art von Stolz fröhnen. Es wird von Ihnen abhangen, wo Sie diese Ruhe des Geistes genießen wollen. Hier bei uns würde es Ihnen nicht an Befriedigung für die Bedürfnisse Ihres Geistes fehlen, in einer Hauptstadt, die der Sitz einer Regierung, zugleich eine große Handelsstadt ist und sehr schätzbare Büchersammlungen enthält. Hochachtung und Freundschaft werden von mehreren Seiten wetteifern, Ihnen den Aufenthalt in Dänemark angenehm zu machen, denn wir sind hier nicht die einzigen, welche Sie kennen und lieben. Und wenn Sie nach wiederhergestellter Gesundheit wünschen sollten, im Dienste des Staats angestellt zu sein, so würde es uns nicht schwer fallen, diesen Wunsch zu befriedigen.

Doch wir sind nicht so klein eigennützig, diese Veränderung Ihres Aufenthalts zu einer Hauptbedingung zu machen. Wir überlassen dieses Ihrer eigenen, freien Wahl. Der Menschheit wünschen wir einen ihrer Lehrer zu erhalten und diesem Wunsche muß jede andere Betrachtung nachstehen.

(Einladung an eine arme Schulfreundin, einige Wochen auf dem Landgute der Eltern zuzubringen und Hinzufügung des ansehnlichen Reisegeldes.)

---◆---

79.

Danksagung.

Schiller an Baggesen.

Jena, den 16. December 1791.

Wie werd' ich es anfangen, mein theurer und hochgeschätzter Freund, Ihnen die Empfindungen zu beschreiben, die seit dem Empfang der beiden Briefe in mir lebendig geworden sind! So überrascht und betäubt, als ich durch ihren Inhalt geworden bin, erwarten Sie nicht viel Zusammenhangendes von mir. Mein Herz allein kann jetzt noch reden und auch dieses wird von einem so kranken Kopf, als der meinige noch immer ist, nur schlecht unterstützt werden. Ein Herz, wie das Ihrige, kann ich für den liebevollen Antheil, den es an dem Schicksal meines Geistes nimmt, nicht schöner belohnen, als wenn ich das stolze Vergnügen, das Ihnen diese edle und einzige Handlungsart Ihrer vortrefflichen Freunde an sich selbst schon gewähren muß, durch die fröhliche Ueberzeugung von einem vollkommen erfüllten, wohlwollenden Zweck zu der süßesten Freude erhöhe.

Ja, mein theurer Freund, ich nehme das Anerbieten des Prinzen von Augustenburg und des Grafen von Schimmelmann mit dankbarem Herzen an, nicht weil die schöne Art, womit es gethan wird, alle Nebenrücksichten bei mir überwindet, sondern darum, weil eine Verbindlichkeit, die über jede mögliche Rücksicht erhaben ist, es mir gebietet, dasjenige zu leisten und zu sein, was ich nach dem mir gefallenen Maß von Kräften leisten und sein kann und mir die unerläßlichste und höchste aller Pflichten ist. Aber meine bisherige äußere Lage machte mir das schlechterdings unmöglich und nur eine ferne, noch unsichere Zukunft macht mir bessere Hoffnungen. Der großmüthige Beistand Ihrer erhabenen Freunde setzt mich auf einmal in die Lage, so viel aus mir zu entwickeln, als in mir liegt, mich zu dem zu machen, was aus mir werden kann — wo bliebe mir also noch eine Wahl übrig? Daß der vortreffliche Prinz, der sich aus freien Stücken entschließt, dasjenige bei mir zu verbessern, was mir das Schicksal zu wünschen übrig gelassen hat, durch die edle Art, womit er die Sache behandelt, zugleich alle Empfindlichkeit schont, die mir meinen Entschluß hätte schwer machen können; daß er mich diese wichtige Verbesserung meiner Umstände durch keinen Kampf mit mir felbft erkaufen läßt, erhöht meine Dankbarkeit unendlich, und läßt mich die Freude über die Erfüllung eines meiner feurigften Wünfche mit der fchönen Freude über das Herz ihres Urhebers vereinigt empfangen.

Eine fittlich-fchöne Handlung aus der Klaffe derjenigen, welche diefen Brief veranlaßt, empfängt ihren Werth nicht erft von ihrem Erfolge; auch wenn fie ganz ihren Zweck verfehlte, bleibt fie, was fie war. Aber wenn diefe Handlung eines großdenkenden Herzens zugleich das nothwendige Glied einer Kette von Schickfalen ift, wenn fie allein noch fehlte, um etwas Gutes möglich zu machen, wenn fie, die fchöne Geburt der Freiheit, als wäre fie von der Vorfehung fchon längft zu diefer Abficht berechnet worden, ein verworrenes Schickfal entfcheidet: dann gehörte fie zu den fchönften Erfcheinungen, die fich einem fühlenden Herzen darftellen können. Wie fehr diefes hier der Fall fei, werd' und muß ich Ihnen fagen.

Von der Wiege meines Geiftes an bis jetzt, da ich dies fchreibe, habe ich mit dem Schickfal gekämpft und feitdem ich Freiheit des Geiftes zu fchätzen weiß, war ich dazu verurtheilt, fie zu entbehren. Ein rafcher Schritt vor zehn Jahren fchnitt mir auf immer die Mittel ab, durch etwas Anderes, als fchriftftellerifche Wirkfamkeit zu exiftiren. Ich hatte mir diefen Beruf gegeben, ehe ich feine Forderungen geprüft, feine Schwierigkeiten überfehen hatte. Die Nothwendigkeit, ihn zu treiben, überfiel mich, ehe ich ihm durch Kenntniß und Reife des Geiftes gewachfen war. Daß ich diefes fühlte, daß ich meinen Idealen von fchriftftellerifchen Pflichten nicht diejenigen engen Grenzen fetzte, in welche ich felbft eingefchloffen war, erkenne ich für eine Gunft des Himmels, der mir dadurch die Möglichkeit des höheren Fortfchritts offen hielt. Aber in meinen Umftänden vermehrte fich nur mein Unglück. Unreif und tief unter dem Ideal, das in mir lebendig war, fehe ich jetzt alles, was ich zur

Welt brachte; bei aller geahnten möglichen Vollkommenheit mußte ich mit der unzeitigen Frucht vor die Augen des Publicums eilen, der Lehre selbst so bedürftig, mich wider meinen Willen zum Lehrer des Menschen aufwerfen. Jedes unter so ungünstigen Umständen nur leiblich gelungene Produkt ließ mich nur desto empfindlicher fühlen, wie viele Keime das Schicksal in mir unterdrückte. Traurig machten mich die Meisterstücke anderer Schriftsteller, weil ich die Hoffnung aufgab, ihrer glücklichen Muße theilhaftig zu werden, in der allein die Werke des Genies reifen. Was hätte ich nicht um zwei oder drei stille Jahre gegeben, die ich, frei von schriftstellerischer Arbeit, bloß dem Studiren, bloß der Ausbildung meiner Begriffe, der Zeitigung meiner Ideale hätte widmen können? Zugleich die strengen Forderungen der Kunst zu befriedigen und seinem schriftstellerischem Fleiße auch nur die nothwendigste Unterstützung zu verschaffen, ist in unsrer deutschen literarischen Welt, wie ich endlich weiß, unvereinbar. Zehn Jahre hab' ich mich angestrengt, Beides zu vereinigen; aber es nur einigermaßen möglich zu machen, kostete mir meine Gesundheit. Das Interesse an meiner Wirksamkeit, einige schöne Blüten des Lebens, die das Schicksal mir in den Weg streute, verbargen mir diesen Verlust, bis ich zu Anfange dieses Jahres — Sie wissen, wie? aus meinem Traume geweckt wurde. Zu einer Zeit, wo das Leben anfing, mir seinen ganzen Werth zu zeigen, wo ich nahe daran war, zwischen Vernunft und Phantasie in mir ein zartes und ewiges Band zu knüpfen, wo ich mich zu einem neuen Unternehmen im Gebiete der Kunst gürtete, nahte sich mir der Tod. Diese Gefahr ging zwar vorüber, aber ich erwachte nur zum neuen Leben, um mit geschwächten Kräften und verminderten Hoffnungen den Kampf mit dem Schicksal zu erneuern. So fanden mich diese Briefe, die ich aus Dänemark erhielt.

Verzeihen Sie mir, theurer Freund, diese Ausführlichkeit über mich selbst. Ich will Sie dadurch nur in den Stand setzen, sich selbst den Eindruck zu denken, den der edelmüthige Antrag des Prinzen und des Grafen Schimmelmann auf mich gemacht hat. Ich sehe mich dadurch auf einmal fähig gemacht, den Plan mit mir selbst zu realisiren, den sich meine Phantasie in ihren glücklichsten Stunden vorgezeichnet hat. Ich erhalte endlich die so lange und so heiß gewünschte Freiheit des Geistes, die vollkommen freie Wahl meiner Wirksamkeit. Ich gewinne Muße, und durch sie werde ich meine verlorne Gesundheit vielleicht wieder gewinnen; wenn auch nicht, so wird künftig Trübsinn des Geistes nicht mehr meiner Krankheit neue Nahrung geben. Ich sehe heiter in die Zukunft — und gesetzt, es zeigte sich auch, daß meine Erwartungen von mir selbst nur liebliche Träume wären, wodurch sich mein gedrückter Stolz an dem Schicksal rächte, so soll es wenigstens an meiner Beharrlichkeit nicht fehlen, die Hoffnungen zu rechtfertigen, die zwei vortreffliche Bürger unsers Jahrhunderts auf mich gegründet haben. Da mein Loos mir nicht verstattet, auf ihre Art wohlthätig zu wirken, so will ich es doch auf die einzige Art versuchen, die mir verliehen ist und möchte der Keim, den sie ausstreuten, sich mir zu einer schönen Blüte für die Menschheit entfalten!

Ich komme auf die zweite Hälfte Ihres Wunsches, theurer, vortrefflicher Freund! Warum kann ich diese nicht ebenso schnell erfüllen, als die erste? Unter der Unmöglichkeit, die Reise zu Ihnen, sobald Sie wünschen, auszuführen, kann gewiß Niemand mehr leiden, als ich selbst. Urtheilen Sie aus dem Bedürfniß meines Herzens nach einer schönen, veredelten Humanität, das hier zu wenig befriedigt wird, mit welcher Ungeduld ich in den Kreis solcher Menschen eilen würde, als mich in Kopenhagen erwarten, wenn es hier nur auf meinen Entschluß ankäme. Aber außerdem, daß meine jetzige, noch so ganz unentschiedene Gesundheit mich nicht

einmal entfernt den Zeitpunkt bestimmen läßt, wo ich eine
so wichtige Veränderung mit mir vornehmen könnte, und daß
ich, wahrscheinlich kommenden Sommer, den Gebrauch des
Karlsbades werde wiederholen müssen, so stehe ich noch mit
dem Herzog von Weimar, an dessen Willen es wenigstens
nicht liegt, daß ich nicht einer bessern Muße genieße, in Ver-
hältnissen, die mir auflegen, mich wenigstens noch ein Jahr
als ein thätiges Mitglied der Akademie zu beweisen, so gewiß ich auch bin, daß ich nie ein nützliches sein kann. Alsdann wird er aber gewiß meinem Wunsche nicht entgegen
sein, die Universität auf einige Zeit zu verlassen. Bin ich
bei Ihnen, so wird der Genius, der alles Gute in Schutz
nimmt, gewiß für das Weitere sorgen.

Bis dahin, theurer Freund, lassen Sie uns einander
so nahe sein, als das Schicksal den Entfernten vergönnt.
Mich mit Ihnen schriftlich zu unterhalten und meinen halb
erstorbenen Geist an Ihrem frischen, feurigen Genius zu er-
wärmen, wird stets ein Bedürfniß meines Herzens sein. — —

Verzeihen Sie mir diesen langen Brief, mein vortrefflicher Freund, der leider noch dazu fast allein von mir selbst
handelt. Aber zur Eröffnung unsrer Correspondenz mag es
hingehn, damit Sie mit einem Male mit mir bekannt werden,
und das Ich dann auf immer abgethan sei! Verzeihen Sie
auch, daß ich, ganz ohne Präliminarien, von allen Rechten
der Freundschaft gegen Sie Besitz nehme, die ich erst durch
eine Reihe von Proben verdienen lernen sollte. In einer
Welt, wie diejenige ist, aus der ich jene Briefe erhielt,
gelten andere Gesetze, als die Vorschriften einer kleinlichen
Prudenz, welche die wirkliche regieren. Ihrer theuren Sophie
(Baggesen's Gattin) sagen Sie von meiner Lotte und mir
alles Herzliche und daß sie sich bereit halten möge, eine
Correspondenz gütig anzuhören, die sich ihr nächstens darstellen wird. Wie zwei glänzende Erscheinungen schwebten
Sie Beide schnell, doch unvergeßlich an uns vorüber. Die

Gestalten sind lange verschwunden, aber immer folgt ihnen der Blick.

(Gedankengang des obigen Briefes.

Antwort auf das in der Aufg. des vorherigen Briefs aufgegebene Anerbieten.)

——⊙——

80.

Scherzhafte Fürbitte.

Gellert an Frau von L...

Ihr alter Schulmeister ist ein recht ehrlicher, guter Mann und ungeachtet er noch ein Viertel Jahrhundert älter ist, als ich, will er doch noch von mir lernen.

Gestern, da er mir Ihren Brief überbrachte, fragte er mich, wie's denn zuginge, daß ich so hübsche Briefe schriebe. Er fügte noch hinzu, daß seine gnädige Frau meine Briefe allemal mit Vergnügen läse und daß er selbst an meinen gedruckten sich nie satt lesen könnte. Ich freute mich über diese Dreistigkeit und jugendliche Begierde des ehrwürdigen Alten. Ich gab ihm die Hauptregel, daß er sich die Person, an welche er schreiben wollte, gegenwärtig vorstellen und so schreiben sollte, als ob er mündlich mit ihr spräche. Aber damit war er nicht zufrieden; er bat mich sogar, ihn in Gegenwart meiner Person eine Probe machen zu lassen. Ich reichte ihm Tinte, Feder und Papier. Sie, gnädige Frau, wurden zum Gegenstande des Briefs gewählt; nur wußte er nicht, was er Ihnen schreiben sollte. Endlich fiel ihm bei, er könnte sich vorstellen, als wenn er um einen Substituten anhalten wollte und dann machte er nach meiner Regel folgenden Versuch:

„Gnädige Frau!

Es ist Ihnen mehr als zu wohl bekannt, welchergestalt ich in drei und dreißig Jahren, seitdem ich die Ehre habe, in Dero Diensten als Schulmeister zu stehen, die sämmtlichen Einwohner und Unterthanen Dero Ortes in dem Christenthum und anderm nöthigen Unterrichte treulich unterwiesen habe. Nachdem ich aber nunmehr merklich empfinde, daß mein Haupt unter der täglichen Last und Hitze immer grauer wird, meine Kräfte abnehmen, mir aber dessenungeachtet das fernere Wohl der Seelen Ihrer Unterthanen gleichwohl auf dem Herzen liegt, ich aber mich nicht mehr im Stande befinde, diesem so wichtigen Amte allein länger vorzustehen: so ergehet hiedurch an meine gnädige Frau und Gebieterin mein gehorsamstes Bitten, Sie wollen meinem schwachen Alter und beständiger Fürsorge für so viele unschuldige Seelen mit einem tüchtigen Substituten zu Hülfe zu kommen belieben. Ich werde diese Wohlthat zeitlebens, ungeachtet dessen Ende nicht weit mehr entfernt sein kann, mit der tiefsten Ehrfurcht erkennen ꝛc."

Sehen Sie, gnädige Frau, wie geschickt diese Probe ablief! O hätten Sie nur sehen mögen, wie freudig dieser gute Alte war und wie deutlich man den Dank auf seiner Stirn lesen konnte! Aber es kommt mir doch bedenklich vor, daß er gleich auf Sie und den Substituten fiel. Sollte nicht eine kleine List darin verborgen sein? Vielleicht; doch lasse ich Sie selbst rathen. Erleichtern Sie ihm wenigstens sein Amt auf alle mögliche Art, wie Sie zu thun gewohnt sind. Ich verharre mit der vollkommensten Hochachtung ꝛc.

(Fürbitte an den Vater für den Bruder, daß dieser einen andern Lehrer im Geigenspiel bekommen möge.)

81.

Gewissensprüfung.

v. Herder an die Gräfin Schaumburg-Lippe.

Bückeburg, Ende Decbr. 1774.

Euer Erlaucht empfangen hiebei gnädigst die zwei Predigten — kalt und trocken vielleicht geschrieben; aber vor Gott und einer guten Seele ist doch nichts verloren. Der Himmel segne sie zu dem Zwecke, wozu sie sein sollen. — Aber darf ich ein Wort zu diesem Zwecke sagen? Auch solche warme Rausche zum Guten sind vielleicht nicht gut; sie machen zu bald müde. Der Geist Jesu, der Selbstverleugnung und Liebe Gottes, ist kein Geist der Furcht, noch der ängstlichen Gesetzlichkeit, sondern der Freiheit und Freude. Die ganze Selbstverleugnung muß aus himmlischen Gesinnungen kommen, und dann wird sie angenehm und leicht, mit wie vielem Kampfe sie auch errungen werde. — Jede unsrer Handlungen soll so rein sein, daß wir sie den Augenblick vor Gott bringen können, oder vielmehr in Gott thun. Das wissen wir nun jedesmal, wenn wir's nicht sind, auch in der selbstverblendetsten Leidenschaft. Ich weiß z. B., daß das Lob leider nicht Wahrheit sei, welches E. E. mir zutrauen, daß mir im Ueberwinden alles leicht werde.

Wenn ich sterben sollte — ich hoffe es nicht und habe kein Bild vom Tode, weil ich gesund bin — so weiß ich, ich müßte unzufrieden und unvollendet und auf bloße gute Discretion hinausgehen, ob ich mir's gleich nicht würde merken lassen, als wenn ich's sollte. Das ist so eine natürliche Empfindung, was von uns zu dieser Welt gehört und hier bleiben muß, daß wir geradezu nur den reinsten und hellsten Lichtstrahl unseres Herzens fragen dürfen. Die Raupe, die sich eingesponnen hat und gestört oder zu früh geweckt wird, kann kein Schmetterling werden — sie stirbt. —

13*

Was mich also allein dünkt, ist, daß E. E. sanft fortgehen, sich immer mehr zum Lichtanblick Gottes gewöhnen, und, wenn ich den edeln, unschwärmerischen Bibelausdruck brauchen darf, den Geist nicht in sich dämpfen. Sie haben eine so schöne Anlage zur Wahrheit, Rechtschaffenheit, und am meisten zum Bilde Gottes, der Milde und sanften Güte, daß Sie den Schatz nur bewahren, in keiner Sache ihn aus den Augen lassen und immer auf ihn zurückkommen müssen. Sie haben keinen Hang zur Eitelkeit, zu dem allen Geist tödtenden Witze, zu der Neigung, alles nach sich abmessen zu wollen, und sich in der ganzen Welt allein zu sehen und zu hören. Wogegen Sie zu kämpfen haben, glaub ich, ist Bequemlichkeit oder träge Furcht, oder schüchterne Bedenklichkeit, und Ueberschnellung, gute Ueberraschung, die E. E., wo ich nicht irre, sehr oft hintergangen haben muß. Sie kann selbst zu Dingen verleiten, die ganz wider unsere Natur und bei E. E. wider den Geist der sanften Wirksamkeit, Liebe und Güte, der Ihre Natur sein sollte, schon ist und sein wird. — Laß alle Menschen, jeden unter seiner Hülle von Eindrücken, Wahrheit und Recht suchen. Sie suchen alle Wahrheit und Recht, jeder auf seine Weise, die, wie das Klima und die Erde, verschieden ist und verschieden sein muß; die Resultate sind aber freilich, nach allen Graden und Gradationen, dieselben. — Unter uns haben die beiden Geschlechter einen ganz andern Bau, ganz andere Pflichten und Fehler, und doch gibt's bei Beiden nur Eine Tugend, die in jene Welt übergeht, wo wir weder Mann noch Weib sein werden, sondern wie die Engel Gottes sind im Himmel, die den Willen Gottes thun in Wirksamkeit und Liebe. Zu dem Himmel müssen wir uns alle unter allen Gestalten hier gewöhnen und dann sind wir vor Gott nicht mehr Mann und Weib, so wenig eine Christa zum Vorbilde hat erscheinen dürfen. — Kehren sich E. E. so viel als möglich von der Wortan-

dacht fort; sie hält die Seele unbeschreiblich fest an Buchstaben, Bildern, gehörten Worten und läßt sie nicht zur
wortlosen Erkenntniß und That der Wahrheit kommen.

(Versuch, den fragenden Brief an den Schreiber obiger Antwort
zu erfinden.)

———— ⬦ ————

82.

Wider das Duell.

Kaiser Joseph II. an einen General seines Heeres.

Herr General!

Den Grafen von K. und Hauptmann W. schicken Sie
sogleich in Arrest. Der Graf ist aufbrausend, jung, von
seiner Geburt und von falschen Ehrbegriffen eingenommen.
Hauptmann W. ist ein alter Kriegsknecht, der jede Sache
mit dem Degen und Pistolen berichtigen will und welcher
das Cartel des jungen Grafen gleich mit Leidenschaft be-
handelte!

Ich will und leide keinen Zweikampf bei meinem Heere;
verachte die Grundsätze derjenigen, die ihn vertheidigen, die
ihn zu rechtfertigen suchen und sich mit kaltem Blute durch-
bohren.

Wenn ich Officiere habe, die sich mit Bravour jeder
feindlichen Gefahr bloß geben, die bei jedem sich ereignenden
Falle Muth, Tapferkeit und Entschlossenheit im Angriffe und
in der Vertheidigung zeigen; so schätze ich sie hoch. Die
Gleichgültigkeit, die sie bei solcher Gelegenheit für den Tod
äußern, dient ihrem Vaterlande und ihrer Ehre zugleich.

Wenn aber hierunter Männer sein sollten, die alles
der Rache und dem Hasse für ihren Feind aufzuopfern bereit

sind, so verachte ich dieselben; ich halte einen solchen Menschen für nichts Besseres, als einen römischen Gladiator.

Veranstalten Sie ein Kriegsrecht über diese zwei Officiere; untersuchen sie mit derjenigen Unparteilichkeit, die ich von jedem Richter fordere, den Gegenstand ihres Streites und wer hiervon am meisten die Schuld trägt, der werde ein Opfer des Schicksals und der Gesetze.

Eine solche barbarische Gewohnheit, die dem Jahrhunderte der Tamerlane und Bajazete angemessen ist, und die oft so traurige Wirkungen auf einzelne Familien gehabt hat, will ich unterdrückt und bestraft wissen und sollte es mir die Hälfte meiner Officiere rauben! Noch gibt es Menschen, die mit dem Charakter von Heldenmuth denjenigen eines guten Unterthanen vereinbaren; und das kann nur derjenige sein, welcher die Staatsgesetze verehret.

Joseph.

(Die Bewunderung über die hier ausgesprochenen ächt christlichen Grundsätze werde in einem Briefe an die Freundin ausgesprochen.)

———✳———

83.

Bitte um Erlaubniß zum Aufenthalt.

Schiller an Wacks, Amtsbürgermeister in Heilbronn.

Heilbronn, 16. August 1793.

Es kann Ihnen nichts Unerwartetes sein, wenn eine Stadt, die unter dem Einfluß einer aufgeklärten Regierung und im Genuß einer anständigen Freiheit blüht, und mit den Reizen einer schönen fruchtbaren Gegend viele Cultur der Sitten vereinigt, Fremde herbeizieht und ihnen den Wunsch einflößt, dieser Wohlthaten eine Zeit lang theilhaftig zu werden.

Da ich mich gegenwärtig in diesem Fall befinde und Willens bin, meinen Aufenthalt allhier bis über den Winter zu verlängern, so habe ich es für meine Schuldigkeit gehalten, Sie gehorsamst davon zu benachrichtigen und mich und die Meinigen dem landesherrlichen Schutz eines hochachtbaren Magistrats zu empfehlen. Eine Unpäßlichkeit ist schuld, daß ich diese Pflicht nicht früher und nicht anders, als schriftlich erfülle. Sobald aber meine Gesundheit es erlaubt, werde ich mir die Erlaubniß erbitten, Ihnen persönlich meinen Respect zu bezeugen.

(Bitte um eine Aufenthaltskarte — an den Magistrat.)

---　○　---

84.
Bitte um deutsche Lettern.

Joh. v. Müller an den Buchhändler Sander in Wien.

Berlin, den 28. Jänner 1805.

Theuerster Herr Sander, wenn Sie noch nicht angefangen haben, drucken zu lassen, so thun Sie mir doch den Gefallen (wenn es sein kann) deutsche Lettern zu nehmen: ich finde einmal nicht, daß Cicero sein Latein mit griechischen Buchstaben geschrieben habe, und es ist doch gar infam, daß wir uns unsrer Schrift zu schämen hätten. Ich bin von denen, welche die Deutschen nicht möchten zu Franzosen werden lassen. Ich will die Schmach der Deutschheit tragen; die Reformation ist auch nicht mit lateinischen Buchstaben bewirkt worden. Wer mich lesen will, der lerne Deutsch. Gott befohlen.

(Warum soll der Deutsche nicht mit lateinischer Schrift seine Sprache schreiben? —

Nachträgliche Mahnung an die Schneiderin, bei Anfertigung eines schon bestellten Kleides den Rock desselben nicht auf eine Crinoline zu berechnen.)

85.

Einladung des Freundes.

Jean Paul Fr. Richter an Fr. Heinr. Jacobi.

Bayreuth, ben 21. Febr. 1805.

Ist's denn ganz wahr, Heinrich, daß Du im März als Akademiker nach München gehst? Dann ist's mir unmöglich, an Dich zu schreiben, weil vor der Hoffnung, Dich zu hören und zu sprechen, jede Schreiberei ihren Glanz und Werth verliert. — Du mußt mich dann entweder im Durchschneiden unseres fränkischen Kreises unterwegs besuchen, oder ich Dich in München, wohin ich sehr leicht als Radius aus meinem Kreise und Umkreise hinreisen kann. Bei Gott, ich muß Dich lebendig haben, der Jüngere muß sich am Aelteren stärken, indeß es sich physisch in der Schulstube umkehrt. Nur dies sage oder lasse sagen, wo und wie wir uns sehen, ja wo möglich die Terzie der Ankunft. Schwäche mich ja nicht, wenn Du erscheinst; sonst werd' ich jenseits verdammt. Und wie herrlich würde meine Frau Deinen Schwestern zusagen und Dir auch! Und mein köstliches, frisch-grünes Kinder-Kleeblatt! Vom Stengel, vom Vater, versprech' ich mir eben nicht viel; und es ist auch genug, wenn er mehr sich als andern verspricht. Lebe wohl, Bruder!

Dein

Richter.

(Einladung des lange nicht gesehenen, entfernt wohnenden Bruders, bei Gelegenheit einer Wohnortsveränderung einen Abstecher zur Schwester in ihrer Pension zu machen.)

86.

Anfrage.

Schiller an Hufeland.

Weimar, 22. Juni 1800.

Herr Professor Eichstädt wünscht mein Gartenhaus für Sommer und Winter zu miethen und bittet mich um baldige Antwort. Ich will sie ihm nicht eher ertheilen, bis ich von Ihnen gehört habe, ob Sie etwa Willens sind, solches für die zwei nächsten Sommer unter den alten Bedingungen zu behalten, in welchem Falle ich mich auf Herrn Eichstädt's Proposition nicht einlassen würde. Haben Sie die Güte, lieber Freund, mir mit dem Botenmädchen Dienstag Abends Ihre Entschließung zu melden, weil ich Herrn Eichstädt gern auf den Mittwoch antworten möchte. Leben Sie recht wohl; von uns Beiden recht viel Schönes an Ihre Frau Gemahlin.

(Anfrage wegen des beabsichtigten Ankaufs eines Pianoforte's, zu welchem sich soeben ein neuer Käufer gemeldet hat.)

———◆———

87.

Auswechslung von Goldstücken.

Wieland an Frau von Herder.

Weimar, den 19. Februar 1795.

Ihre Friedriche und Ihre Friedrich Wilhelme von Gold gefallen mir so wohl, liebste Freundin, daß ich, mit Ihrer Erlaubniß, alle zehn Stücke behalten möchte. Ich kann Ihnen zwar in diesem Nu nur das Aequivalent von 5 Stücken in beigehenden 28 Thlr. 3 Ggr. abtragen, und bleibe also (wenn es Ihnen nicht ungelegen ist) Ihr Schuldner für eine gleich-

mäßige Summe; aber nur auf eine sehr kurze Zeit. Sollte
Ihnen jedoch heute oder morgen oder übermorgen eine Gelegenheit vorkommen, wo Sie dieses Sümmchen (es sei in
Gold oder Silber) nöthig hätten; so geben Sie mir nur
einen Wink, und Sie sollen sogleich befriedigt werden.

Es ist sehr kaltes Wetter, liebe Freundin, und um so
mehr bedürfen wir zur Nahrung unseres Lebens der Wärme,
die aus dem innern sich über den äußern Menschen verbreitet,
jener heiligen und ewigen Flamme, deren reinste Nahrung
Freundschaft und Liebe ist. Ich hoffe, Sie und Ihren Gemahl bald wieder zu sehen und das, was ich gestern versäumen mußte, dadurch wieder einzubringen. Indessen leben
Sie wohl. Dame Dorothea erwidert Ihren Seelenkuß von
ganzem Herzen; denn sie liebt und ehret Sie mehr, als sie
es Ihnen jemals wird ausdrücken können.

(Die Ausführung eines Auftrags der Mutter einer Freundin werde
angezeigt.)

88.

Empfehlung eines Biedermannes.

Jean Paul Fr. Richter an Fr. Heinr. Jacobi.

Bayreuth, den 22. Juli 1810.

Guter Heinrich!

Mehr ein Blättchen, als ein Blatt hier! Der alte,
gute Eisenhammer-Meister Kloeter, den ich beinahe begleitet
hätte, wenn Ihr Münchener „Vorige" wäret — taugt freilich nicht in Deinen Theezirkel aus Mangel an Poesie und
Philosophie; aber ich ehre an ihm, der vom schwarzen Hu-
saren des siebenjährigen Kriegs sich zu einem Amts-Kauf-

und Landmann und zum Vater beglückter Söhne aufschwang, den scharfen Blick auf Geschäfte, Leben und Menschen, die Originalität und das redliche Herz, und weit mehres; denn ich war Lehrer seiner Kinder.

Dieser soll mir mündlich etwas von Dir bringen, damit ich doch zwei Antworten auf meinen vorigen und diesen Brief zugleich erhalte. Besonders möcht' ich, da ich lange in politischen Kümmernissen Deinetwegen gewesen, etwas mündlich wissen, nicht sowohl über die Geißel der Fürsten — wie sich der alte Aretin nannte — als über die Geißel der Geisterfürsten. — —

Lebe wohl! Ich bin jetzt mit Euch Münchener Protestanten sehr vereinigt — durch einerlei Zepter.

Dein
Jean Paul Fr. Richter.

(Bitte, durch einen als zuverlässig zu schildernden Boten mündliche Auskunft über die Zustände in dem Hause eines alten hagestolzen Oheims zu senden.)

———○———

89.

Bruch der Freundschaft.

Schiller an A. W. Schlegel.

Jena, 31. Mai 1797.

Sie erhalten hier, was ich Ihnen nach Abzug des kleinen Rests von der böhmischen Assignation noch zu bezahlen habe, und so wäre unsere Rechnung geschlossen.

Es hat mir Vergnügen gemacht, Ihnen durch Einrückung Ihrer Uebersetzungen aus Dante und Shakespeare in die Horen zu einer Einnahme Gelegenheit zu geben, wie man sie nicht immer haben kann. Da ich aber vernehmen muß, daß mich Herr Friedrich Schlegel zu der nämlichen Zeit, wo ich Ihnen diesen Vortheil verschaffe, öffentlich deswegen schilt und der Uebersetzungen zu viele in den Horen findet, so werden Sie mich für die Zukunft entschuldigen.

Und um Sie, einmal für allemal, von einem Verhältniß frei zu machen, das für eine offene Denkungsart und eine zarte Gesinnung nothwendig lästig sein muß, so lassen Sie mich überhaupt eine Verbindung abbrechen, die unter so bewandten Umständen gar zu sonderbar ist, und mein Vertrauen schon zu oft compromittirte.

(Einem Handwerker, welcher von dem Hause seines Kunden üble Nachrede lügnerisch verbreitet hat, wird die Rechnung bezahlt und die Arbeit gekündigt.)

———•———

90.

Ermahnende Erklärung einer Fabel.

Hamann an den Baron v. W.

Riga, im Nov. 1758.

Lieber Herr Baron, hier haben Sie die verlangten Verse, an deren Wiedererinnerung Ihnen scheint gelegen zu sein:

O möcht' ich so wie ihr, geliebte Bienen, sein,
An innerem Geiste groß, obwohl von Körper klein!
Möcht' ich so schnell, wie ihr, so glücklich im Bemühen,
Der Wissenschaften Feld, so weit es ist, durchziehen:
So stark durch Emsigkeit, als fähig durch Natur,
Von Kunst zu Künsten gehn, wie ihr von Flur auf Flur:
Bemüht, den treuen Freund durch Nutzen zu ergötzen,
Bereit, dem kühnen Feind den Angel anzusetzen.

Wie sehnlich wünscht mein Herz, daß jetzt mein Schulgebäu
An Kunst und Ordnung reich, wie eure Zelle, sei,
Daß meines Umgangs Mark, wie euer Honig fließe,
So nahrhaft für den Geist, als für die Sinnen süße.

Erinnern Sie sich, mein lieber Baron, daß von Ihrem
jetzigen Schulfleiß das künftige Gebäu Ihres Glücks abhängt,
der späteste Genuß Ihres Lebens, welchen Sie selbst und
andere einmal davon haben sollen. Derjenige, von dem jene
kleinen Insekten ihre Baukunst und Zellenordnung herhaben,
lege den sehnlichen Wunsch des Dichters auch in Ihr Herz
und erhöre denselben aus Ihrem Munde! Ich wage es,
Erinnerung Ihrem Gemüthe noch etwas tiefer einzudrücken,
gesetzt daß ich Ihnen auch vorkommen sollte seit meinem
jüngsten Briefe, auf einmal um ein Jahrhundert älter und
ernsthafter geworden zu sein. Die Schule, in der an Gott
gedacht wird, ist so gesegnet, als das Haus des Aegypters,
wo Joseph ein- und ausging. Sonst arbeiten umsonst, die
an uns bauen, mein lieber Baron; sonst wachen die Wächter
umsonst über unsere Seelen. Gott hilft einem Noah an
seinem Kasten, einem Mose an seiner Stiftshütte, und einem
Salomo an seinem Tempel. Als ein Mensch unter uns,
hieß er des Zimmermanns Sohn. Ich könnte Ihnen mein
eigen Beispiel zum Beweise anführen, daß Er den Weh-
müttern, die Ihn fürchten, noch heute Häuser baut. Lassen
Sie Ihn daher an Ihrem Schulgebäu Antheil nehmen, so
wird die Mühe Ihres treuen Lehrers anschlagen, und die
Ernte für Sie desto einträglicher und gesegneter sein.

Folgen Sie mir jetzt, mein lieber Baron, in Aesops
Garten, dessen Anmuth an keine Jahreszeiten gebunden ist.
Ein kleiner Spaziergang wird uns gut thun auf die starken
Wahrheiten, womit ich Sie unterhalten habe. Wir kommen
eben zur rechten Zeit, um ein Gespräch der Frau Gärtnerin
mit einem Honig-Fabrikanten abzulauschen:

Eine kleine Biene flog
Emsig hin und her und sog
Süßigkeit aus allen Blumen.

„Bienchen! spricht die Gärtnerin,
Die sie bei der Arbeit trifft,
Manche Blume hat doch Gift,
Und Du saugst aus allen Blumen!"

„Ja" — sagt sie zur Gärtnerin,
Ja — das Gift lass' ich darin."

Sie werden so gütig sein, sich dieser Biene bei Lesung meiner Briefe zu erinnern, und gegenwärtige Fabel als eine Antwort auf einige Stellen Ihrer letzten Zuschrift anwenden.

Ihre Briefe sind so gut buchstabirt, daß ich mich darüber freue. Ich wünsche Ihnen, mein lieber Baron, von Herzen Glück dazu, und verspreche Ihnen, wenn Sie darin fortfahren, einen eben so guten Erfolg in der Kunst zu denken, Ihre Gedanken auszudrücken — — ja in der wichtigeren und größeren Kunst zu leben. Sapienti sat — wird ein Gönner von mir in seinem Herzen sagen und mit Augenmaß, aufmerksamen Sinnen zu einer andern Abschrift sich Zeit nehmen.

(Der jüngeren (kleinen) Schwester werde eine Fabel mitgetheilt, erklärt und auf sie angewendet! —)

———○———

91.

Ueber die Jungfrau von Orleans.

Schiller an ***.

Weimar, im November 1801.

Vergessen Sie nur nicht, daß ich mich ein volles Jahr mit dem Stoffe (zur Jungfrau von Orleans) herumtrug, ehe ich zur Ausführung schritt, und daß ich mir die Zeit (7 Monate) dazu nahm. Die Jungfrau ist in ihrer Art ein einziges Sujet und ein beneidenswerther Stoff für den Dichter, ungefähr wie die Iphigenie der Griechen. Er konnte nur so erfunden werden; darum haben sich auch von jeher so viele Dichter und Dichterlinge an ihm vergriffen und versündigt, und darum versuchte ich ihre Wiedereinsetzung in die Rechte des romantischen Zeitalters, dem sie angehört. Der Revisionsprozeß schien mir ebenso nöthig mit den poetischen Akten vorzunehmen, als jener wirkliche, der im Jahre 1455 durch Papst Calixtus III. gegen die sündhaften 12 Artikel verhängt wurde.

Ich hatte anfangs dreierlei Plane bei der Bearbeitung dieses Stoffes, und gestattete es die Zeit und das kurze, drängende Leben, so würde ich die beiden andern gleichfalls ausführen. Besonders lockend war mir der Gang des Stückes, wo ich ein treues Gemälde der damaligen ruchlosen Sitten und vor allen der gedankenlosen Ausgelassenheit am üppigen Hofe des Dauphin mit den Angriffen der Engländer und mit der Entschlossenheit des begeisterten Mädchens ganz anders contrastirt hätte, als jetzt, wo ich den Dauphin nur schwächlich und in dieser Schwächlichkeit liebenswürdig schildern durfte. Dann würde auch die Johanna in Rouen verbrannt worden seyn. — Gewiß, es kostete mir keinen geringen Kampf, als ich mit den ersten vier Akten fast ganz fertig war, von der Geschichte in das Feld der romantischen Möglichkeit überzuschweifen. Ich reiste deswegen um diese Zeit von Weimar nach Jena und erst nach einer wochenlangen Ableitung aller Gedanken von meinen bisherigen Arbeiten kam mir der Geist und Entschluß zu derjenigen romantischen Ausführung, wie sie nun ist. —

Der König war damals der Schutzgott des dritten Standes, des Bürgers und Landmannes, gegen den Uebermuth und die stolze Gewalt des Adels und der hohen Vafallen. Darum mußte er der Schäferin Johanna schon darum im milden Lichte eines Retters erscheinen und ich glaube darin einen Zug der weiblichen Natur getroffen zu haben, daß Johanna, die sich das Reich als ein Abstractum gar nicht denken kann, bei allen ihren Anstrengungen sich den guten, liebenswürdigen König nur als den letzten Zweck dachte. Daraus dürften mehrere Stellen, besonders in den Abschiedsstanzen am Schlusse des Prologs gerechtfertigt werden können.

Nennen Sie es immer eine epische Episode, die Scene mit dem Walliser Montgomery. Sie gehört zur Breite eines historischen Stücks, das die Ketten der Einheit sprengte. Wer seinen Homer kennt, weiß wohl, was mir dabei vorschwebte (Ilias 21, 134—136). Eben um des Alterthümlichen willen wählte ich auch den Senarius des alten Trauerspiels. Dieser ist der Censur wegen außerordentlich schwer, aber auch so schön und wohltönend, daß es mir schwer wurde, zu den lahmen Fünffüßlern zurückzukehren. — Montgomery sollte auf allen Bühnen durch ein Frauenzimmer gespielt werden.

Das hartnäckige Schweigen der Johanna, als sie vor allem Volk von ihrem Vater der Zauberei bezichtigt wird, ist in ihrer visionären Schwärmerei vollkommen begründet. Dazu kommt die Vorstellung, sie dürfe aus Pflicht dem Vater nicht widersprechen. Außer dem allgemeinen Vorurtheile der bezauberten Welt im Mittelalter, dem Pfaffenwitz und Eigennutz so viel Vorschub that, wirket beim Vater die gemeine Natur, in der es überall liegt, bei außerordentlichen Erscheinungen lieber an ein übermenschlich böses, als gutes Principium zu denken, oder überhaupt lieber Böses zu denken, allen Handlungen böse Motive unterzulegen. Dazu ist Thibaut ein schwarzgalliger Mensch, mit dem auch Johanna früher kein Wort spricht. Doch ist sie seine Tochter, und es ist psychologisch, daß gerade von einem solchen Vater eine solche Seherin und Prophetin erzeugt werden könnte. Der Himmel entsühnt Johannen durch dasselbe Zeichen, wodurch er vorher ihre Schuld bekräftigte. So wie sie es vernimmt, hält sie sich auf einmal wieder für entsündigt und losgesprochen. Es ist noch nicht genug beachtet, wie von jeher der Donner das Augurium der ungebildeten Sinnlichkeit war. —

Der schwarze Ritter soll dazu dienen, uns mit einem neuen Bande an die romantische Geisterwelt zu knüpfen, da hier immer zwei Welten mit einander spielen. Sollte es Jemanden, der auf den Gang des Stückes nur einige Aufmerksamkeit richtet, zweifelhaft sein, daß damit der Geist des kurz vorher verschiedenen Talbot gemeint sei, der ja als Atheist der Hölle angehört? Immer sind die Menschen, wenn sie auf der höchsten Spitze standen, ihrem Falle am nächsten gewesen. Das widerfährt von dieser Scene an auch der Johanna. Die Jungfrau muß, da sie ein Wort spricht, das die Nemesis beleidigt und wobei sie ihren Auftrag vom Himmel weit überschreitet:

„Nicht aus den Händen leg' ich dieses Schwert,
Als bis das stolze England untergeht,"

für solchen Uebermuth nothwendig büßen. Die Strafe folgt ihr in der Verliebung auf dem Fuße nach. Sie begehrt mit Geistern zu streiten. Ein neuer Frevel gegen die heilige Scheu. Eine einzige Berührung des Geistes lähmt sie. Mehr wollt' ich dadurch nicht ausdrücken, noch motiviren. Am Ende ist doch der ganze Handel mit dieser Verliebung, woran sich so viele ärgern, nur eine Prüfung. Nur die geprüfte Tugend — man erkundige sich nach jedem päpstlichen Prozeß von einer Heiligsprechung — erhält die kanonisirende Palme.

(Was versteht der Dichter hier und in der Tragödie selbst unter „romantisch"? —
Belehrung über die sittlichen Conflikte, welche über die Jungfrau kommen. Worin zeigt sich der Atheismus des Talbot? —)

92.

Ueber einige Charaktere im „Wallenstein.“

Schiller an * * *.

Sie sprechen in Ihren Bemerkungen Mehreres so tref=
fend aus, was ich in das Stück (Wallenstein) habe legen
wollen und dem Takt des Zuschauers überlassen mußte,
heranszufühlen, daß mich diese Versicherung meiner gelunge=
nen Absicht nothwendig erfreuen muß. Freilich konnte die
Intention des Poeten nicht überall deutlich erscheinen, da
zwischen ihm und dem Zuschauer der Schauspieler stand;
nur meine Worte und das Ganze meines Gemäldes können
gelten.

Der historische Wallenstein war nicht groß, der poe=
tische sollte es nie sein. Der Wallenstein in der Geschichte
hatte die Präsumtion für sich, ein großer Feldherr zu sein,
weil er glücklich, gewaltig und keck war; er war aber mehr
ein Abgott der Soldateska, gegen die er splendid und könig=
lich freigebig war, und die er auf Unkosten der ganzen Welt
in Ansehen erhielt. Aber in seinem Betragen war er schwan=
kend und unentschlossen, in seinen Planen phantastisch und
excentrisch, und in der letzten Handlung seines Lebens, der
Verschwörung gegen den Kaiser, schwach, unbestimmt, ja
sogar ungeschickt. Was an ihm groß erschienen, aber nur
scheinen konnte, war das Rohe und Ungeheure, was ihn
zum tragischen Helden schlecht qualificirte. Dieses mußte ich
ihm nehmen, und durch den Ideenschwung, den ich ihm
dafür gab, hoffe ich ihn entschädigt zu haben.

Es lag weder in meiner Absicht, noch in den Worten
meines Textes, daß sich Octavio Piccolomini als einen so
gar schlimmen Mann, als einen Buben darstellen sollte. In
meinem Stück ist er das nie; er ist sogar ein ziemlich recht=

licher Mann nach dem Weltbegriff, und die Schändlichkeit,
die er begeht, sehen wir auf jedem Welttheater von Personen wiederholt, die, so wie er, von Recht und Pflicht strenge
Begriffe haben. Er wählt zwar ein schlechtes Mittel, aber
er verfolgt einen guten Zweck. Er will den Staat retten,
er will seinem Kaiser dienen, den er nächst Gott als den
höchsten Gegenstand aller Pflichten betrachtet. Er verräth
einen Freund, der ihm vertraut, aber dieser Freund ist ein
Verräther seines Kaisers und in seinen Augen zugleich ein
Unsinniger.

Auch meiner Gräfin Terzky möchte etwas zu viel geschehen, wenn man Tücke und Schadenfreude zu den Haupt-
zügen ihres Charakters machte. Sie strebt mit Geist, Kraft
und einem bestimmten Willen nach einem großen Zweck, ist
aber freilich über die Mittel nicht verlegen. Ich nehme keine
Frau aus, die auf dem politischen Theater, wenn sie Charakter und Ehrgeiz hat, moralischer handelte.

Wenn die Wallenstein'schen Stücke ein Jahr lang ge-
druckt und durch die Welt gelaufen sind, kann ich vielleicht
selbst ein paar Worte darüber sagen. Jetzt liegt mir das
Produkt noch zu nahe vor dem Gesicht, aber ich hoffe, jedes
einzelne Bestandstück des Gemäldes durch die Idee des
Ganzen begründen zu können.

(An die Freundin über einige Bedenken gegen den Charakter der
Thekla. —

Vertheidigung einiger vom Lehrer getadelten Stellen im letzten
Aufsatze.)

———○———

93.

Ueber Schiller's Wallenstein.

Jean Paul Fr. Richter an Fr. Heinr. Jacobi.

Weimar, den 12. Febr. 1799.

Geliebtester Jacobi!

Da jeder Mensch seine eigne kürzere oder längere For-
mate nach einem Briefe hat: so hab' ich mich bisher getröstet. — Und doch nur halb; ich habe sogar von der Win-
terkälte, diesem wahren Nerven = Vampyr, zumal bei fallen-
dem Quecksilber, traurige Ursachen Ihres Schweigens ent-
lehnt. — Vergeben Sie mir wenigstens meinen Brief, der
mir das Hoffen erleichtert; denn nun — einen so sonderbaren Chronometer hat das Herz — datir' ich meine Erwartungen der Antwort erst vom Posttage an, wo dieser Brief
anlangt.

Mög' Ihre Antwort oder der Meßkatalog meinen
Wunsch erhören! -- So sonderbar es klinge: Sie — —
und etwa meine Braut — sind die einzigen Menschen, die
ich noch in Europa suchen mag; Völker noch viele, aber
keine Individuen mehr sucht am Ende die so oft belogene
und endlich der irdischen Schranken kundige Seele auf, in
welche der Schmerz die Irrthümer der unendlichen Sehnsucht gegraben.

Schillers Piccolomini wurden hier als der erste Theil
des Wallenstein gegeben. Der herrlichen Sprache darin und
vielen ächt poetischen bowlings-greens fehlten nur die Charaktere, die Entwickelung und die Einheit des Interesse. Beide
Stücke sind wie die Zwillingstöchter in Ungarn an einander
gewachsen, aber nur, wie jene, mit den Unterleibern, die
Oberleiber haben Köpfe und Herzen separat. Sie kennen
das Duo = Drama, wie eine baiersche Kreuzerkomödie, mit

jeder Scene anfangen; und, wie ich höre, wird der 2. Theil mit dem nachgeholten Ende des ersten künftig angehoben. — Auch in diesem Werk spricht der himmelstürmende Titanengeist der Zeit, der sich von den Nephilims und Faustrechthabern nur darin unterscheidet, daß er die geistige Stärke an die Stelle der körperlichen setzt. Und selbst in den kritischen Moralen scheint er zu poltern, da sie die Liebe ausschließen. — —

Vergeben Sie mir, Theuerster, daß ich Ihnen darüber schreibe, worüber ich Sie eben hören möchte. —

Geben Sie hier zwei Bluts= und Herzens=Verwandten, dem Zwillingsgestirn an Ihrem Himmel der Liebe, meinen Gruß der innigsten Achtung.

Auch an den edlen Voß denk' ich jetzt, dessen Dioskuren-Homer ich eben mit Entzücken gelesen. —

— Und Du, verehrter Geist, vergiß den nicht, der Dich so unaussprechlich liebt.

Richter.

(Beschränkung und Widerlegung des Urtheils über Schiller's Piccolomini, insbesondere Charakteristik der hervorragendsten Personen zum Nachweise, daß es Charaktere seien — in einem Antwortschreiben an die Freundin, welche obigen Brief mitgetheilt und Aeußerung darüber erbeten hat.)

94.

Ueber die Zustände in Frankreich.

Joh. v. Müller an seinen Bruder.

Nancy, 27. Mai 1801.

Am zweiten Prairial setzten wir den Fuß zuerst auf die frankenreichische Erde; nicht ohne Begeisterung ich. Das

ist dasjenige Laub, welches nach dem alten Rom lang am
gewaltigsten und mit der größesten Ordnung über den größten Theil des bekannten Transalpiniens herrschte: das gegen
die Araber zuerst mit entscheidendem Glück ein Damm wurde:
Carls des Großen Erhreich und unter dem heiligen Ludwig
der Gesetzgebung Muster; das wirksamste auf die europäische
Cultur durch Popularisirung der Wissenschaften; in unsern
Tagen ausersehen, die ganze rostende Maschine des europäischen, wo nicht des ganzen menschlichen Wesens gewaltsam zu bewegen und nur Gott weiß, zu welchem Zwecke?
Alle gingen mir vorüber, die großen Schatten und Helden
von Chlodwig bis Bonaparte, und hoch über die augenblick-
lichen Eindrücke schwang mein Geist sich zu der Uebersicht
des Ganzen empor. In diesem Augenblicke hätte ich auf
Einem Bogen eine Geschichte von Frankreich schreiben mögen,
worin viel vorgekommen wäre, das Henault und Mezerai
nicht haben. Nichts hebt höher als der Gedanke eines seit
anderthalbtausend Jahren so oft, und mehr jetzt als je, zu
den allergrößten Wirkungen erkorenen Volkes, dessen Thor-
heiten und Fehler verschwinden über der Betrachtung der
dasselbe führenden allmächtigen Hand. So trat ich ein, fest
entschlossen, zu sehen, als wenn ich nie von einer Partei
etwas gehört hätte.

Und was denn sah ich! Das Gegentheil von fast allem
Gehörten: einen sehr sorgfältigen Landbau, dessen Mängel
von unvollkommner Kenntniß der Theorie, nicht von der Re-
volution herkommen; in vielen Dörfern neue Häuser, die
Abnahme der Mannschaft gar nicht größer als bei uns, und
eine unglaubliche Menge junger Leute und Kinder; größere
Vertheilung der Güter; Merkmale des Verfalls nützlicher
Anstalten: aber dagegen auch Ressourcen; Leute, die vieles
tadeln, aber nicht eigentlich gefährliches Mißvergnügen; freu-
digen Nationalstolz im Gefühle der Triumphe und Präpo-
tenz über die Feinde. So bis hieher; die Menge, beson-

bers in Altfrankreich), scheint gewonnen zu haben. Die Nachtheile kann man ohne Unbill kaum anders als unvermeidliche
Folgen der Erschütterungen und des Kriegs, also als vorübergehend, betrachten. Am Pfingsttage kamen wir hier an
und sahen aus den Kirchen Schaaren Volks sich drängen;
auch klagen die Exagerirten über die immer mehr auflebende
„Schwärmerei"; ich bin gewiß, daß die Religion hier so
viele herzliche Verehrer als irgendwo hat; Heuchler wenige,
denn es ist nicht nothwendig, es zu scheinen. — —

    (Die Vorzüge Frankreichs und seines Volks. — Eine Disposition
dieses Briefs. —

    Sollte Deutschland (Preußen, Oesterreich 2c.) wirklich hinter Frank-
reich zurückstehen? Brief an die franzosenfreundliche Freundin. —

————•————

95.

Die Wahrheit des Christenthums.

Joh. v. Müller an N . . .

Cassel, den 9. März 1782.

    Ich verwundere mich nicht über Ihren Brief, wohl aber
über mich selbst. Alles will ich Ihnen erzählen, wie es war.
Im Geräusch der Welt unter mühsamen Studien hatte ich
vielleicht zehn oder eilf Jahre lang nie zusammenhangend
über die christliche Religion gedacht: mir schien unmöglich,
von dem, was außer dem Kreise der Sinne liegt, etwas zu
wissen; daher ich auch die natürlichen Religionswahrheiten,
wie es nicht anders sein kann, gemäß der Stimmung meines
Geistes, die von zufälligen Betrachtungen oder Lectüren ab-
hing, für mehr oder weniger gewiß ansah. Nicht aber blieb
ich dem verborgen, den ich dazumal nicht kannte: vielmehr

wurde durch eine sonderbare Verwicklung mannichfaltiger Umstände mein Geist im Fortgang seiner Kenntnisse befördert
und ich aus vielerlei Gefahren von allerlei Art, oft ohne mein
Wissen, wider meinen Willen gerettet. Als ich dahin kam,
wo ich nun bin, unternahm ich, ohne Rücksicht auf Höheres,
die Arbeit, alle Alten, so viele ihrer übrig sind, in der Ordnung, wie einer nach dem andern gelebt und geschrieben, zu
lesen und alle Facta aufs genaueste zu excerpiren: denn ich
wollte mir ein wahres, vollständiges Gemälde des politischen,
militärischen und moralischen Zustandes aller Zeiten und
Nationen entwerfen. Also fing ich bei der Ilias an; den
Mosen verschob ich auf die Zeit Ptolemäi des Zweiten, weil
ich mit andern sein Alterthum bezweifelte. (Nun ich ihn gelesen, sahe ich, daß dieses Buch nur von ihm sein kann.)
Ich las ein halbes Jahr, in täglichem Erstaunen über das
Wenige, was die neueren Geschichtschreiber gethan, da doch
so vortreffliche Materialien in den Alten liegen: ich wurde
zugleich über die Wege der Staaten und Menschen moralisch,
besser als zuvor, durch die Details belehrt. Als ich aber
Xenophon, Plato, Aristoteles und andere weise Männer kennen
lernte, nahm ich lebhaften Antheil an ihren Untersuchungen,
bewunderte das Ringen des Geistes nach den wichtigsten Er-
kenntnissen und bejammerte, daß die Zweifelhaftigkeit, in der
man endlich blieb, nicht eine Wirkung der Schwäche dieser
Philosophen, sondern der Natur dieser Wahrheiten selbst ist:
welches letztere mir in die Augen fiel. Indessen zog mich
die Liebe der Wissenschaften, durch tägliche Entdeckungen an-
geflammt, mehr und mehr in die Einsamkeit, und in dieser
beobachtete ich natürlicher Weise ungestörter, tiefer, heller.
Als ich nun den Zusammenhang der ganzen Geschichte bis
auf Augustum endlich übersah, konnte ich nicht anders als
bewundern, wie alles Große und Kleine mit erstaunenswür-
digster Uebereinstimmung zur Zubereitung und Beförderung
dessen diente, was die Bibel als den Rath Gottes angibt.

Wenn ich tausend Strahlen bis auf ihren Urſprung verfolgte und fände ſie in demſelben alle beiſammen, ſo müßte ich wohl dieſe Stelle für ihren Mittelpunkt, die Sonne halten: ſo fiele mir auf, daß Geiſt und Leben (durch Selbſterkenntniß und Ueberzeugung der Unſterblichkeit entwickelt) der Schlüſſel der ganzen Weltgeſchichte ſein müſſen, da ſie ganz dazu geſtimmt worden, dieſe Lehren zu förbern. Um hierüber mich aufzuklären, las ich in den Evangelien zumal die eigenen Worte Jeſu ... Und hier breche ich ab; wie mein Herz dabei gebrannt, welcher Strahl in meinen Geiſt gefallen, wie er mir die ganze Welt erklärt, iſt unbeſchreiblich; unbeſchreiblich, welches Licht mir den Zuſammenhang meines eigenen ganzen Lebens erhellte. Nicht, als wiſſe ich nun alles; je mehr ich forſche, deſto mehr Neues finde ich täglich; was ich einſehe, iſt eine Kleinigkeit gegen das, was ich lerne. Ich lerne aber ſowohl den Weg, die Wahrheit und das Leben, als zumal was ich ſei, was ich thun ſollte und möchte, und nicht kann ohne Ihn, der bei uns iſt bis an der Welt Ende. Oft habe ich mich ſehr betrübt; oft aber mich auch hierum geſtraft, weil ich vielmehr mich immer freuen ſoll, endlich ſeine Stimme zu hören, zu wiſſen, daß mich Niemand und Nichts Ihm aus der Hand reißen kann. Alle meine Sorgen werfe ich alſo auf Ihn: daß Er alles gütig höret, weiß ich ſchon aus vielen Erfahrungen; und es iſt Ihm wohl bewußt, wie nichts ich ohne Ihn thun kann. Eben dieſelben Unterſuchungen der Geſchichte ſetze ich deſto freudiger fort, weil ich Seine Fußſtapfen überall finde, und Ihn kennen lerne durch ſeine Wege. In der großen Haushaltung hat jeder ein Geſchäft, und jeden zieht Er auf eine eigene Manier zu demſelben an. Ich war zur Geſchichte geboren, durch ſie ſollte ich alles lernen, durch ſie wirken, wie ich auch thun will; denn alles iſt nun unſerm Herrn heilig. Bitten Sie Ihn für mich. Dieſes bedurfte ich Ihnen zu erklären; wenn ein Selbſtbetrug darin wäre, welches ich nicht glaube, ſo werden Sie mir ihn andeuten.

Daß ich schon weit sei, sage ich nicht; ich liebe zwar die Menschen, aber dieses habe ich, außer in Augenblicken der Ueberraschung, allezeit gethan, und erinnere mich keines Menschen, gegen den ich anders gesinnt wäre: doch fühle ich, daß mir unser Freund schon mehr Kraft in Selbstbeherrschung ertheilt; alles erwarte ich noch, wahrhaftig nicht als verdiente ich etwas, alles ist Sein Geschenk, aber wir wissen, daß Er Gnade um Gnade gibt. Wie kann ich Sie anders als zärtlich lieben? Auch lieben Sie mich: Und wenn Sie noch für mich fürchten, so wenden Sie sich an Ihn, der alles gibt, auf daß Er Ihre und meine Freude vollkommen mache.

P. S. Dieser Brief, so wahr er ist, gefällt mir nicht, weil er mit einer Feder geschrieben ist und nicht mit Flammen; Sie sehen daraus wohl meine Geschichte, aber nicht meine Empfindung. Ich hoffe, wir sehen uns noch in diesem Jahr. Hundert Ideen habe ich über die Lehre aufgeschrieben, so wie sie mir kamen, aber es ist allzu weitläufig, hierüber einem so beschäftigten Mann zu schreiben. Wie ein wenig Sauerteig bald in die ganze Masse bringt, so schlingt sich das Evangelium nun durch alle meine übrigen Kenntnisse und beseelt alle, wie der Hauch Gottes den Erdenkloß. Nicht nur erklärt es die Geschichte, aus ihm folgt alle politische Freiheit, alle Wunder des Heldenmuths werden zur Pflicht und vernünftig dadurch. Wer aber in der Finsterniß wandelt, weiß weder, was er thut, noch wohin er geht. Ist's nicht erstaunlich: das Licht leuchtet schon 1750 Jahre und man sieht es nicht?

(Wie Joh. v. Müller zur Erkenntniß des Heils gekommen — eine Mittheilung über diesen Brief an die Freundin.)

96.

Aeber das Spiel.

Gellert an Cramer.

Ich bewundre den so gewissenhaften Minister, ich beneide ihn um sein frommes und großes Herz und spreche ihn nach meiner Einsicht von aller Schuld frei, wenn er gleich in seinem Hause spielen läßt. Das Gute, das er verhindern würde, wenn er das Spiel den Fremden und Gästen gänzlich verwehrte, scheint mir das kleinere Uebel, das aus dem Spiele entstehen kann, zu übertreffen und also zu rechtfertigen. Sucht man ihn weniger (und dieses würde im ersten Falle geschehen), so hat er weniger Gelegenheit zu nützen und mit seinen Sitten in die der Gesellschaft einzufließen. Ein Beispiel eines solchen Mannes, als dieser Minister sein muß (und wer kann es anders sein, als B . . f?) ist ein lebendiger Unterricht und für tausend Leute der einzige. Dieser Unterricht wird viel verlieren, er wird geflohen werden, wenn der Minister aus frommer Strenge den Besuchern das Spiel versagt. Man wird ihn nicht mehr für den frommen und leutseligen Mann halten und seine Strenge für Schwachheit ansehen. Daß er selbst nicht spielt, seine Gäste dazu ermuntert, dieses gibt schon zu erkennen, daß er kein Freund des Spieles ist und daß er es bloß duldet, weil er die Welt, die schwächer ist, als er, nicht ändern, nicht zu schöneren Vergnügungen umbilden kann. Daß unter denen, die bei ihm spielen, einige mit Leidenschaft spielen, fällt nicht auf ihn zurück. Man nehme denen, die durch den sinnlichen Gegenstand eingenommen und in die Hitze gebracht werden, lange den Gegenstand: hört deswegen die Begierde auf? Hat der Mensch nicht in seiner Einbildungskraft das Vermögen, sich die Sachen, die er liebt, vorzustellen und sich durch die Vorstellung oft stärker zu erhitzen, als durch den sinnlichen Genuß selbst? Die Leute also, die mit der

Seuche des Spiels zu ihm kommen müssen, werden, wenn sie nicht spielen dürfen, sich doch mit dem Spiele in Gedanken unterhalten und zu unschuldigern Vergnügungen dadurch ungeschickt werden. Sie müssen etwas thun, und das Allergleichgültigste in der Welt kann durch die Absicht, aus der es unternommen wird, durch die Art, mit der es gethan wird, stets verwerflich und unerlaubt werden; und also auch die Gespräche, wenn man sie an die Stelle des Spiels setzen wollte. Sollen die Fremden nicht spielen; werden sie darum etwas Gutes reden? Kann ich im Spazierengehen, im Fahren, auf der Jagd, bei Bällen und öffentlichen Festen nicht ebensowohl mit Leidenschaft an den Vergnügungen oder Erholungen Theil, im Uebermaße, mit unlauteren Absichten Theil nehmen, als an der Freude des Spiels? Wer kann dieses Uebel in andern verhindern? Verändern sich unsre Neigungen, wenn wir die Gegenstände verändern? Haben unsre Vorfahren, die bei ihren Zusammenkünften nicht spielten und lieber ein Glas Wein tranken, den Wein ohne Leidenschaft trinken können? Haben die Frauenzimmer, die nicht spielten, die bei einem Teller Confect, Rosinen und Mandeln die Besuche annahmen, strickten und Knötchen knüpften, ihre freundlichen Gespräche nicht eben so wohl zur Leidenschaft machen und unter dem Titel freundlicher Gespräche so viel Böses thun können, als man unter dem Namen des erlaubten Spiels thut? „Aber es wird hoch gespielt, und der Verlust kann einen Einfluß in die Umstände der Familie haben." Das ist freilich schlimm. Aber alle Arten der Verschwendung, der Leckerei und des Müßiggangs können auch einen großen Einfluß in das Glück der Familien haben. Unterdessen bleibt es doch gewiß, daß der Große auch zu seinem Vergnügen mehr anwenden, bequemer, angenehmer wohnen, schmackhafter essen und trinken kann und darf, weil er diese Vortheile besitzt, als der Niedrige, der wenig oder nichts hat. — Ich werde weitläufig. Sie haben nur mein

Gutachten, nicht meine Deduction verlangt. Mein Gutachten ist: der Herr kann spielen lassen. Seine Klugheit und Frömmigkeit werden ihm tausend Mittel an die Hand geben, das Spiel in seinem Hause zu regieren, daß es durch sein Beispiel vielleicht gar zur Tugend wird. Wäre der Herr kein Minister, wäre er ich, ein einsamer Mensch, der nur aller acht Tage eine oder zwei Stunden zwei oder drei Leute zum Besuche bei sich hätte, und er fragte mich, ob es nicht besser wäre, er ließe nicht spielen; so würde ich hinmal mit Ja antworten. Aber seine Umstände geben der Sache ein anderes Ansehen. Ich weiß wohl, daß es die Regel ist, eine Sache zu unterlassen, wenn man zweifelt, ob sie erlaubt sei oder nicht. Aber die in sich wahre und ohne bestimmte Fälle richtige Regel der Vernunft kann unter tausend Umständen falsch werden, wenn sie böse Folgen nach sich zieht. So viel!

(Der Freundin, welche in dem Hause ihres Oheims mit diesem und dessen Frau und alten Schwiegermutter, letzterer zu Gefallen, Whist spielen und es lernen soll, welche aber Gewissensbedenken darüber bekommen und geäußert hat — welche? — werden diese widerlegt.)

97.

Ueber den Adel.

Hamann an den Baron v. W...

Riga, den 22. Sept. 1758.

Ich werde Sie in diesem Briefe mit der Nachricht eines berühmten Streites unterhalten, der vor ein paar Jahren in Frankreich über die Frage entstand: ob der franzö-

sische Adel eines Berufs zum Handel fähig wäre. Ein gewisser Abt Coyer, der Verfasser einiger moralischer Tändo-
leien, gab eine Schrift heraus, die den Titel führte: De la
noblesse commerçante. Hier sind die Hauptbegriffe derselben.

Der Adel in Frankreich hat das Vorurtheil, daß nur
zwei Stände mit der Ehre desselben bestehen können. Miles
aut Clerus sind die gebahnten Wege, um ein Glück zu machen,
wie es öfters die letzten Entschließungen der Verzweiflung sind.
Diese beiden Stände, welche eigentlich auf Unkosten des Staats
leben und von den Reichthümern desselben unterhalten werden
müssen, haben nicht Stellen genug im Verhältniß des ganzen
Adels überhaupt, und des dürftigeren unter demselben besonders. Ein Ueberwuchs dieser beiden Aeste entvölkert ein Land
und erschöpft die öffentlichen Einkünfte desselben. Man vergleiche hingegen den großen Einfluß des Kaufhandels auf die
Stärke, das Glück und den Ruhm einer solchen Monarchie,
als Frankreich wegen seiner Lage an der See, seines fruchtbaren Bodens, seines Umfangs, seines Interesse mit den
Nachbarn desselben ist: so wird die Ehre, die Macht, der
Glanz und Ueberfluß, die durch den Handel dieser Monarchie
zuwachsen müssen, die Begriffe und Triebe der Ehre in ihrem
Adel besser bestimmen. Hat der Umfang zweier Meere, deren
Wellen an euren Ufern brüllen, nicht mehr Gefahren, um
euren Muth zu üben, als das größte Schlachtfeld? Hat die
Ruhe, womit ein nützlicher Kaufmann Unternehmungen und
Unterhandlungen zwischen den Bedürfnissen ganzer Familien,
Städte und Nationen entwirft und seinen Gewinn dabei
berechnet, nicht mehr Reiz, als die unfruchtbare Muße und
die vom Aberglauben öfters erbettelte Ueppigkeit eines Kloster-
lebens? Ist es nicht mehr Ehre und Lust, die Wirthschaft
und den Nutzen großer Waarenlager und Capitalien zu ziehen,
und ist es nicht Bauernstolz, eure Ahnen, eure verwünschten
Schlösser dem Verdienst und der reinlichen Pracht eines Han-
delsmanns entgegenzusetzen, wenn ihr euch nicht schämt, selbst

euer Vieh und Ernte zu Markte zu führen? Seht den Adel in England an, fährt der Hr. Coyer fort, der Bruder eines Abgesandten an unserm Hofe lernte zu gleicher Zeit in Amsterdam aus. Die Geschichte und die tägliche Erfahrung, Klugheit und Noth, die Ehre eures Adels und die Unmöglichkeit, denselben ohne Mittel zu behaupten, das Vaterland und eure häuslichen Umstände rücken dem französischen Adel die Thorheit und den Schaden seines Vorurtheils gegen den Handel vor.

Der Verfasser dieser Schrift, von dessen Gründen und Denkungsart ich Ihnen hier eine kleine Probe mitgetheilt, machte so viel Aufsehen, daß er sich genöthigt sah, im vorigen Jahre ein Développement et Défense du Système de Noblesse commerçante in zwei Theilen herauszugeben, die mir noch nicht zu Händen gekommen.

Unter der Menge von Abhandlungen, zu denen gegenwärtige Anlaß gegeben, will ich nur drei anführen. La noblesse militaire, ou le patriote français, die Aufschrift erklärt den Inhalt: sie hat den Fehler und den Ekel der Declamation und ist ihres Verfassers unwürdig, wenn es der Chevalier d'Arc sein sollte, dessen Lettres d'Osman ich Ihrer künftigen Neigung zu lesen sowohl, als Ihrem Geschmack empfehlen möchte. Die zweite ist La noblesse ositve, von der ich Ihnen nichts zu sagen weiß. Die letzte heißt: La noblesse commerçable, ou ubiquiste, worin der Einfall, den Adel selbst zu einer Waare zu machen und die Ahnen, wie das Papiergeld, mit Wucher circuliren zu lassen, mit einem muntern und leichtfertigen Witze von allen möglichen Seiten gedrehet und gewendet wird. — Es ist eine Mode des jetzigen Alters, über den Handel so philosophisch und mathematisch zu denken, als Newton über die Erscheinungen der Natur, und Fontenelle über die Wirbel des Descartes. Einzelne Menschen und ganze Gesellschaften und Geschlechter derselben sind gleichem Wahne unterworfen. In der Fabel vom Hute lesen wir die treue Geschichte unsrer Erkenntniß und unseres Glücks. Aegypten, Carthago und Rom sind untergegangen. Der Eroberungsgeist hat seinen Zeitlauf gehabt; die im Finstern schleichende Pestilenz des Macchiavell hat sich selbst verrathen; wie weit die heutige Staatskunst durch die Grundsätze der Wirthschaft und die Rechnungen der Finanzen kommen möchte, wird die Zeit lehren. Die beste Kunst zu regieren gründet sich, wie die Beredtsamkeit, auf die Sittenlehre. Alle Entwürfe dagegen der Herrschsucht entspringen aus einer Lüsternheit nach verbotenen Früchten, die den Samen des Untergangs mit sich führen.

Unsere Erziehung muß nach dem herrschenden Geschmacke der Zeit, des Landes und des Standes, zu denen wir gehören, eingerichtet werden; dieser herrschende Geschmack muß aber durch gesunde Einsichten und edle Gesinnungen geläutert werden.

Die Frage also, die ich Ihnen vorgelegt, ist unserer Untersuchung würdig. Der Inhalt des gegenwärtigen Briefs zeigt, daß der Adel so gut als andere Stände seinen Beruf habe, daß derselbe gleichfalls Unwissenheit und Vorurtheilen aufgeopfert wird; daß die Wirkungen davon unter verschiedenen Völkern gleichfalls so verschieden sind, als die Denkungsart des englischen und französischen Adels in Ansehung des Handels. Die Verdienste eines spanischen Edelmannes sind lange auf eine romanhafte Liebesritterschaft und eine Neigung für Guitarre eingeschränkt gewesen; des Polen Adel besteht mit der Liverei und dem Pfluge. Zweifeln Sie also nicht, daß sich etwas Gründliches, wenigstens zu unserer Anwendung, über meine Aufgabe denken und sagen ließe. Lassen Sie sich durch gegenwärtige Anmerkungen dazu aufmuntern.
(Ueber den Beruf des weiblichen Adels — an ein Edelfräulein. — Bericht und Urtheil über ein gelesenes Buch an die Schwester. — Sollen nicht alle Stände zu Frommen der eigenen Seele und der Brüder arbeiten? An einen adeligen Vetter.)

98.

Ueber Schiller's „die Ideale und das Leben."

W. v. Humboldt an Schiller.

Tegel, den 21. August 1795.

Wie soll ich Ihnen, liebster Freund, für den unbeschreiblich hohen Genuß danken, den mir Ihr Gedicht („die
Ideale und das Leben") gegeben hat! Es hat mich seit
dem Tage, an dem ich es empfing, im eigentlichsten Verstande
ganz besessen, ich habe nichts Anderes gelesen, kaum etwas
Anderes gedacht, ich habe es mir auf eine Weise zu eigen
machen können, die mir noch mit keinem Gedichte gelungen
ist und ich fühle es lebhaft, daß es mich noch sehr lang und
anhaltend beschäftigen wird. Solch einen Umfang und solch
eine Tiefe der Ideen enthält es, und so fruchtbar ist es,
woran ich vorzüglich das Gepräge des Genies erkenne, selbst
wieder neue Ideen zu wecken. Es zeichnet jeden Gedanken
mit einer unübertrefflichen Klarheit hin, in dem Umriß eines
jeden Bildes verräth sich die Meisterhand und die Phantasie
wird unwiderstehlich hingerissen, selbst aus ihrem Innern
hervorzuschaffen, was Sie ihr vorzeichnen. Es ist ein Muster
der didaktisch-lyrischen Gattung und der beste Stoff, die Er-
fordernisse dieser Dichtungsart und die Eigenschaften, die sie
im Dichter voraussetzt, daran zu entwickeln. Ich habe an
einzelnen Stellen studirt, zu finden, wie Sie es gemacht
haben, um mit der vollkommenen Präcision der Begriffe die
höchste poetische Individualität und die völlige sinnliche Klarheit in der Darstellung zu erreichen, und nie hat sich mir
die Produktion des Genies so rein offenbart, wie hier. Nachdem
ich mir eine Zeit lang Gedanken und Ausdruck durch Rai-
sonnement deutlich gemacht hatte, kam ein Moment, in dem
ich es nahe empfand, wie es in Ihnen müßte emporgestiegen
sein. Es ist schlechterdings mit keiner Ihrer früheren poe-

tischen Arbeiten zu vergleichen. Die „Künstler", so vortrefflich sie in sich sind, stehen ihm weit nach, und wenn auch in den „Göttern Griechenlands", schon durch die Natur des Gegenstandes, eine blühendere und reichere Phantasie herrscht, so stehe ich nicht an, insofern sich beide vergleichen lassen, auch hier diesem den Vorzug zu geben. Es trägt das volle Gepräge Ihres Genies und die höchste Reife und ist ein treues Abbild Ihres Wesens. Jetzt, da ich vertraut mit ihm geworden bin, nahe ich mich ihm mit denselben Empfindungen, die Ihr Gespräch in Ihren geweihtesten Momenten in mir erweckt. Derselbe Ernst, dieselbe Würde, dieselbe aus einer Fülle der Kraft entsprungene Leichtigkeit, dieselbe Anmuth und vor allem dieselbe Tendenz, dies alles, wie zu einer fremden überirdischen Natur, in Eins zu verbinden, leuchtet daraus hervor. Indeß habe ich mich nicht durch seine hohe überraschende Schönheit zu einem Entzücken hinreißen lassen, das die Prüfung verwehrte. Auch ist es für einen solchen Eindruck nicht gemacht, und schwerlich ergründete der seinen tiefen Sinn, auf den es so wirkt. Man muß es erst durch eine gewisse Anstrengung verdienen, es bewundern zu dürfen; zwar wird jeder, der irgend dafür empfänglich ist, auch beim ersten aufmerksamen Lesen den Gehalt und die Schönheit jeder Stelle empfinden; aber zugleich drängt sich das Gefühl auf, bei diesem Gedichte nicht anders, als in einer durchaus verstandenen Bewunderung ausruhen zu können. Ich habe es ganz zu vergessen gesucht, daß es ein Gedicht ist, ich habe den philosophischen Inhalt, den Zusammenhang der Gedanken, die Uebergänge von einem zum andern wie in einer Abhandlung zergliedert und geprüft, und ich fühle es deutlich, wie viel meine eigentliche Begeisterung dadurch gewonnen hat. Ich bin allerdings auf Stellen gestoßen, von denen ich mir nicht sogleich deutliche Rechenschaft zu geben wußte. Aber bei wiederholtem Lesen und Nachdenken sind mir alle Zweifel verschwunden; ich glaube jetzt alles zu verstehen, und nur ob Eine einzige Stelle nicht noch bestimmter ausgedrückt sein sollte, will ich Ihnen zu bedenken geben. Daß dies Gedicht nur für die Besten ist, und im Ganzen wenig verstanden werden wird, ist gewiß. Aber wie man es mit dieser Art Undeutlichkeit zu halten hat, darüber sind wir ja längst einig; und zu den Besten ist hier doch jeder zu rechnen, der einen guten gesunden Verstand mit einem offnen Sinn und einer reizbaren Phantasie verbindet. Zwar haben Sie Recht, daß es Bekanntschaft mit Ihren Ideen, besonders mit Ihren Briefen brauchen kann, aber es bedarf ihrer nicht und ruht in jedem Verstande auf sich selbst.

Dasjenige, wodurch die Deutlichkeit außerordentlich befördert wird, ist die Exposition in den ersten vier Strophen, die in der That zum Bewundern einfach und lichtvoll ist. Von dieser hängt doch alsdann alles Uebrige schlechterdings ab. Sobald einmal die Hauptidee recht gefaßt ist, und für diese haben Sie auf eine Weise gesorgt, die keinen Zweifel mehr übrig läßt, so muß es jedem leicht werden, sich an ihr durch den Gang des Ganzen durchzufinden. Denn überall ist hernach das Gebiet des Wirklichen dem Gebiet des Idealischen so bestimmt entgegengesetzt, daß bei hinlänglich verweilender Aufmerksamkeit kein Irrthum darüber stattfinden kann. Dennoch sind gerade bei dieser Entgegensetzung die Stellen, bei denen der Ungeübte stehen bleiben wird, und die auch den Geübten verweilen können. Vorzüglich scheinen sie mir in der 8—10 und in der 13—14ten Strophe vorzukommen. In der ersten Stelle bin ich überzeugt, dürfte kein Wort anders stehen; es ist eigentlich da gar keine Dunkelheit. Schwierigkeit kann wohl in dem Einen und dem Andern gefunden werden, aber dies konnte und durfte nicht vermieden werden. Nicht ebenso gewiß aber möchte ich behaupten, daß dies auch mit der letztern der Fall wäre. Mein ganzer Zweifel beruht nämlich darauf, ob in der

15*

13. Strophe das Gebiet der Schönheit, das ästhetische Reich, bestimmt genug angedeutet ist; oder ob die Ausdrücke, vorzüglich der Vers: „In die Freiheit der Gedanken" nicht ein wenig zu allgemein sei. Der Sinn nämlich, denke ich, kann kein anderer, als folgender sein: der bloß moralisch ausgebildete Mensch geräth in eine ängstliche Verlegenheit, wenn er die unendliche Forderung des Gesetzes mit den Schranken seiner endlichen Kraft vergleicht. Wenn er sich aber zugleich ästhetisch ausbildet, wenn er sein Inneres, vermittelst der Idee der Schönheit, zu einer höheren Natur umschafft, so daß Harmonie in seine Triebe kommt, und was vorher ihm bloß Pflicht war, freiwillige Neigung wird, so hört jener Widerstreit in ihm auf. Diesen letzten Zustand haben Sie, dünkt mich, nicht bestimmt genug bezeichnet. Zwar sichert theils der Geist des ganzen Gedichts, theils die Stelle: „Nehmt die Gottheit u. s. w." den sehr aufmerksamen Leser, nicht in ein Mißverständniß zu verfallen; aber, und dies sollte doch sein, er wird nicht genöthigt, nur allein den rechten Sinn aufzufassen, er kann sich doch bei dieser Stelle noch immer bloß das denken, was Kant in seiner Sprache „einen guten, reinen Willen erlangen" nennt, und was Sie doch hier nicht meinen. Auch haben Sie in allen anderen Stellen, wo die ähnliche Gedankenfolge war (Nr. 10, 12, 16) die Schönheit entweder selbst genannt, oder doch ganz bestimmt bezeichnet. Wie viel gäbe ich darum, wenn ich mit Ihnen hierüber und über das Ganze reden, wenn ich es von Ihnen vorlesen hören könnte. Auf wie viel Stellen würden wir dann noch stoßen, die eine wirklich unnachahmliche Schönheit haben, und wo man es nicht satt wird zu bewundern, wie unendlich Eins der Ausdruck mit dem Gedanken ist. Gleich die schöne Kürze der Exposition in der ersten Strophe: „Zwischen Sinnenglück u. s. w., die herrliche Anwendung der Fabel von der Proserpina, die göttliche Schilderung der Gestalt, die ganzen beiden Strophen:

„Wenn das todte u. s. w." und vor allem die bewunderns-
würdige Leichtigkeit in den Versen: „Nicht der Masse
u. s. w.", die Erhabenheit in der Stelle: Nehmt die Gottheit auf u. s. w.", und endlich der prächtige Schluß, der den
Eindruck, den das ganze Gedicht auf die Seele macht, noch
einmal und doppelt stark wiedergibt. Bewundernswürdig ist
es auch, wie Sie, ungeachtet des einfachen trochäischen Sil-
benmaßes (was aber zu dieser Gattung überaus passend ist)
doch den Gedanken auf eine so ausdrucksvolle Weise mit dem
Silbenfalle begleitet haben. Vorzüglich sichtbar ist dies in
dem Verse: „Schweres Traumbild sinkt und sinkt und sinkt"
und in der ganzen Strophe: „Wenn es gilt zu herrschen
u. s. w." Auch auf kleinere Flecken habe ich Acht gegeben,
aber doch nur wenige und unbedeutende gefunden, deren ich
indeß doch erwähnen will, weil Sie's zu wünschen scheinen.
Str. 2. Strahlenscheibe ist wohl nicht eigentlich gebraucht.
So viel ich glaube, gebraucht man es nur für Flächen, und
der Vollmond ist allerdings eine vollkommen erleuchtete
Strahlenscheibe, wenn auch die andre Hälfte des ganzen
Mondkörpers dunkel bleibt. Str. 4. eignet absolut und
ohne Accusativ des Objects ist zwar schwerlich dem Sprach-
gebrauch gemäß, scheint mir aber eine sehr zweckmäßige
Spracherweiterung. Die „Angst des Irdischen" ist ein
prächtig gewählter Ausdruck, kein anderes Wort könnte alles,
was Sie hier sagen wollen, so treu und unmittelbar ans
Gefühl legen. — —

Daß Sie dies Gedicht den „Horen" geben, ist sehr ge-
recht. Es schickte sich nicht einmal für einen Almanach.
Freilich aber ist die Armseligkeit so groß, daß, wenn man
nicht auf Nachbeterei, auf den Eindruck, den der Gebrauch
einiger mythologischer Figuren macht, und auf die Wirkung
des so wohlklingenden Rhythmus rechnen will, man sich keine
außerordentliche Aufnahme eines solchen Gedichts versprechen
darf. Aber auch nur auf die äußeren Umstände Rücksicht

zu nehmen, zeigen Sie wenigstens, daß Sie für die Horen thun, was nur irgend ein Schriftsteller leisten kann. In drei verschiedenen Gestalten treten Sie nun schon im ersten Jahre auf; und mit welchen Produkten! Bleiben Sie aber ja bei dem Entschluß, in den nächsten Monaten bloß zu dichten. Es gibt doch nichts so Bezauberndes, als die Werke des dichterischen Genies. Nur sie scheinen eigentliche Produktionen, nur sie Werke, die, für sich bestehend, auf die Nachwelt gelangen können. Alles Philosophirende scheint man sich eher als auf eine mechanische Weise (durch Entwickelung, Trennung, Verbindung) entstanden denken zu können, es gleicht mehr einer bloßen Uebung, einer Vorbreitung des Kopfs, es ist mit Einem Wort nicht so in sich vollendet, nicht so ein eigenes Individuum, wie ein Kunstwerk. —

Leben Sie wohl, lieber theurer Freund. Meine Frau grüßt Sie und Lolo herzlich. Sie wird das Reich der Schatten bald auswendig wissen. Sie glauben nicht, welchen Genuß Sie uns geschenkt haben.

(Was verstehe ich in diesem Briefe nicht? Eine briefliche Anfrage an den Lehrer. —

Umschreibende Inhaltsangabe des Schiller'schen Gedichts: „Die Ideale und das Leben" mit Benutzung obigen Briefs. —

Was lobt Humboldt alles an dem Schiller'schen Gedichte — ein Leserbericht an die Freundin. —)

———— o ————

99.

Ueber den Endzweck der Poesie.

J. J. Engel an Herrn 3 . . .

Sie begehen einen Fehler, mein Freund, der sehr verzeihlich ist: denn gewissermaßen hat ihn Sokrates selbst begangen. Sie wollen die Dichtkunst ganz auf unmittelbare Beförderung der Tugend, auf unmittelbare Erweckung edler und rechtschaffener Gesinnungen einschränken. Aber Sie begehen noch einen andern Fehler, den Sokrates nicht beging: Sie wollen auch, daß man das, was Sie für den höchsten Zweck der Dichtkunst halten, in der eignen Theorie derselben zum Grundsatz mache. Sehen Sie hier die Ursachen, warum ich in beiden Punkten von Ihnen abgehe.

Das dichterische Talent, wie Sie wissen, liegt in einer vorzüglichen Stärke und Vollkommenheit der untern, oder wenn Sie lieber wollen, der ästhetischen Seelenkräfte. Die Gabe, sich das Abwesende gegenwärtig zu machen, mit bloß möglichen Vorstellungen sich so zu täuschen, als ob sie Wirklichkeit hätten, fremde, oft weit getrennte Ideen in Verbindung zu bringen und leicht von allem, was die Neigungen des menschlichen Herzens interessiren kann, gerührt zu werden: mit einem Worte, Phantasie, Fictionsvermögen, Witz, empfindliches Herz machen den Dichter. Die Schönheiten, die das Genie vermittelst dieser Kräfte hervorbringt, können den Leser nicht beschäftigen, nicht ergötzen und rühren, ohne daß die ähnlichen Kräfte seiner eignen Seele einen vortheilhaften Eindruck dadurch bekämen. In der geistigen Welt herrscht eben das geheime Verständniß unter den Kräften, das in der physischen herrscht: alle umgebenden Kräfte erwachen, sobald die eine im Spiel ist; alle gerathen in Unruhe, in Thätigkeit; und wie nichts in der Natur plötzlich aufhört, ohne Folgen zurückzulassen, so ist auch keine solcher Uebungen fruchtlos für diese Kräfte. Jeder neue Gebrauch dient, in der geistigen wie in der physischen Welt, zur Erhöhung der Kraft; jede neue Aeußerung macht zu künftigen Aeußerungen der Thätigkeit geschickter. Nicht genug also, wenn wir bei der lebendigen Schilderung eines Dichters unsere Phantasie erhoben fühlen, daß wir nun um dieses eine Gemälde reicher geworden; nicht genug, wenn wir der Geschwindigkeit seines

Witzes folgen, daß wir nur dieses eine von ihm bemerkte Verhältniß von Ideen kennen; nicht genug, wenn wir von seinen
Empfindungen zur innigsten Theilnahme hingerissen worden,
daß wir nun mit diesem einen Gefühle sympathisirt haben:
unsre ganze Phantasie ist nun lebhafter, unser ganzer Witz
ist nun schneller, unser ganzes Herz ist nun weiser geworden.
Nicht nur dies eine Mal haben die ähnlichen Kräfte unsrer
Seele mitgewirkt: auch zu künftigem Wirken haben sie mehr
Fähigkeit, mehr Trieb, mehr Spannung erlangt.

Eben darin nun, liebster Freund, würde ich den wahren,
den höchsten Endzweck der Dichtkunst suchen. Unsre Glück=
seligkeit, wie wir alle einig sind, liegt in der Vollkommenheit
der Natur; unsre Natur besteht aus allen uns anerschaffenen
Kräften: und wer also die eine oder die andere erhöht, es
sei welche es wolle, der hat zu unsrer Vollkommenheit, zu
unsrer Glückseligkeit beigetragen. Es ist eine irrige Vorstellungsart, wenn man sich die Belustigung, die ein Gedicht
gibt, entweder bloß als schädlich, oder bloß als Belustigung,
ohne Einfluß auf's Künftige, denkt. Sie hat allemal ihren
Einfluß und ihren nützlichen Einfluß; nur daß man freilich
auf der einen Seite mehr verderben kann, als man auf der
andern gut gemacht hat.

Schließen Sie hieraus weiter auf die wahre Vorschrift
für die Anwendung der dichterischen Talente! Es ist nicht
nothwendig, daß der Dichter allemal auf unmittelbare Beförderung der Jugend, auf unmittelbare Erweckung edler und
rechtschaffener Gesinnungen arbeite: das sittliche Gefühl ist
nicht das einzige Vermögen der Seele, das er vervollkommnen
kann und vervollkommnen soll: es gehört nur mit in die Reihe
mehrerer Kräfte, die alle geübt und erhöht sein wollen, und
die Uebung der einen Kraft schließt nicht nothwendig die
Uebung aller andern in sich. Aber so wie am Körper der
eine Sinn der edlere, höhere ist, der dem Geiste reichere und
manichfaltigere Ideen zuführt; so wie am Körper der eine

Sinn zum Nachtheil der andern geübt werden kann; so wie
am Körper die Sinne auf die unrechten Gegenstände können
gerichtet, zu falschen Wirkungen, die sie nicht haben sollen,
können verwöhnt werden: ebenso ist in der Seele die eine
Kraft die edlere, höhere, schätzbarere; ebenso läßt sich in der
Seele die eine Kraft zum Nachtheile der andern stärken; eben
so können die Kräfte der Seele an den unrechten Gegenständen geübt, zu falschen Wirkungen, die sie nicht haben sollten,
verstimmt werden. Und so wie man in Ansehung des Körpers
mehr den Sinn des Gehörs als den Sinn des Geschmacks
schärfen, nicht, um den Geruch zu ergötzen, das Auge kränken,
nicht die Fibern des Gefühls zu unnatürlichen Kitzelungen
verwöhnen soll: ebenso soll man in Ansehung der Seele zur
Unterstützung ihrer edelsten und höchsten Kräfte am liebsten
wirken, nicht die untern gegen die höhern empören, nicht den
Kräften eine Richtung geben, die wider die Absichten der
Natur ist. Der Dichter soll zwar die Einbildungskraft stärken;
aber nicht so, daß er die Vernunft zerrütte; er soll den Witz
schärfen, aber nicht so, daß die geselligen Tugenden leiden;
er soll die Liebe besingen, aber nicht so, daß wir ihren Aus-
schweifungen oder wohl gar ihren unnatürlichen Ausartungen
Beifall geben.

So im Allgemeinen, mein Freund, werden Sie mir
meinen Grundsatz hoffentlich gelten lassen; denn eigentlich ist
er nichts, als der erweiterte und verbesserte Ihrige; aber bei
der Anwendung auf einzelne Fälle möchten wir leicht wieder
uneins werden. Eben in dieser Anwendung, deucht mir, ist
Sokrates, oder wenn Sie lieber wollen, Platon zu weit gegangen. Zwar was die griechische Mythologie betrifft, so
hatte er für sie einen Gesichtspunkt, der heutiges Tages weg-
fällt; denn was jetzt zur bloßen poetischen Fiction geworden,
das war damals wirklicher Glaube des Volks; und manche
Vorstellungsart konnte also zu jener Zeit einen Einfluß haben,
den wir jetzt nicht mehr fürchten dürfen. Allein auch in An-

sehung des Sittlichen scheint mir Platon hier und da vor Irrlichtern zu warnen, die bloß in seiner Einbildung schweben; er scheint mir zu oft das Unmoralische des Gegenstandes mit dem Unmoralischen der Schilderung zu verwechseln. Doch wir wollten ja nicht die Anwendungen der Regel, sondern nur die Regel bestimmen; und da wir diese bereits gefunden haben, so fragt sich nur noch, wo wir sie hinsetzen wollen, ob in die Theorie der Dichtkunst oder in die Moral.

Die Moral, wie wir wissen, richtet ihren Blick nicht bloß auf einige, sondern auf alle Kräfte unsrer Natur; sie betrachtet jede in dem Verhältniß, worin sie zur Vollkommenheit unsres ganzen Wesens steht, und sucht sie alle in diejenige Harmonie zu stimmen, von der unsere Glückseligkeit abhängt. Hingegen die Theorie der Dichtkunst hat einen weit engeren Umfang; denn da die Dichtkunst selbst nur auf die untern oder ästhe- tischen Kräfte der Seele wirkt, so kann auch jene Theorie nur auf diese Kräfte Rücksicht nehmen. Der Gegenstand derselben ist die sinnliche Vollkommenheit oder die Schönheit; also bloß diese, insofern sie durch die Sprache, die das Me- dium der Dichtkunst ist, erreicht werden kann, ist der eigent- liche Gegenstand der Poetik. Will diese Wissenschaft auf mehr als auf Schönheit, will sie auf Vollkommenheit bringen, die nicht für's Anschauen kommt, nicht für's Empfinden ge- hört, oder wenn Sie mir dieses Kunstwort erlauben wollen, die nicht Phänomen ist: so vergißt sie ihre eigentliche Be- stimmung und verirrt sich aus ihren Grenzen.

Es ist mit dem Poetischguten wie mit dem Poetischwahren beschaffen; die Vernunft, die ins Innere und auf die Folgen sieht, schätzt es nach einem ganz anderen Maßstabe, als die sinnliche Erkenntniß. Was bekümmert's den Dichter, der bloß für die Einbildungskraft schreibt, ob nicht vielleicht der Ver- nunft nach einer philosophischen Analyse der Begriffe die Dinge ganz anders erscheinen, als sie sich jener malen? Was fragt er nach Widersprüchen, die es nicht unmittelbar für die sinnliche Erkenntniß sind, sondern erst durch mühsames Ueberdenken und Entwickeln herausgebracht werden? Es mag sein, daß jenes goldene Zeitalter, worein sich der Dichter versetzt, nicht vorhanden, nicht einmal möglich war; daß sich bei einer so einfachen und bedürfnißfreien Lebensart, in so kleinen und eingeschränkten Gesellschaften die Vernunft, die Sitten, die Empfindungen nicht zu so einem Grade verfeinern konnten: was thut das alles dem Dichter, der nur unsere Phantasie täuschen, uns nur in einen angenehmen Traum wiegen, uns nur anziehen, rühren, ergötzen wollte? Hat er den Widerspruch zu verbergen gewußt; ist er seiner Voraussetzung treu geblieben; hat er dem Irrthum die Gestalt der Wahrheit gegeben: so hat er alles gethan, was die Gesetze seiner Kunst von ihm fordern. Fehler wider die Logik mag er in Menge begangen haben: wider die Dichtkunst hat er keinen begangen.

Machen Sie die Anwendung, mein Freund, von dem ästhetischen Wahren auf das ästhetische Gute! Die Dichtkunst fordert weiter nichts, als daß der Dichter nicht unmittelbar das moralische Gefühl beleidige, oder daß er sich vor dem Gegentheil des sittlich Schönen hüte, welches allerdings eine Hauptquelle des dichterischen Schönen ist. Um die innere sittliche Güte ist sie ebenso unbekümmert, als um die innere logische Wahrheit. Mag doch die Vernunft gegen die Empfindungen und Leidenschaften streiten, in die uns der Dichter hineinzieht; mag sie doch die Denkungsart, die wir unvermerkt mit ihm annehmen, als schwärmerisch, als leichtsinnig verwerfen; mag sie doch die Charaktere, Gesinnungen, Handlungen, für die er uns einnimmt, die er uns als gut, als liebenswürdig abzubilden weiß, als falsch, als unwürdig. tadeln: was geht das alles die Dichtkunst an, die allein auf's Schöne sieht? allein mit der Empfindung zu thun hat? die zufrieden sein muß, wenn der Mangel der sittlichen Güte des Werks nur nicht Phänomen wird, nur nicht in fühlbare sittliche Häßlichkeit ausartet? Der Dichter hat das Seinige gethan, als Dichter: wer ihn anklagen will, muß sich nicht an den Richterstuhl der Kritik, er muß sich an den höheren Richterstuhl der Moral wenden.

Wenn nun dem so ist, liebster Freund, so kann der Grundsatz, daß der Dichter auf Beförderung der Weisheit und Tugend arbeiten soll, unmöglich in die eigene Theorie der Dichtkunst kommen. Er würde ohne alle Verbindung, nicht als Erkenntnißgrund, sondern als bloße unfruchtbare Maxime dastehn; nicht im Werke selbst, etwa in der Einleitung, im Anfang. Ungefähr wie in der Kriegskunst die nicht weniger wichtige Maxime dastehen würde, daß kein Staat den andern bekriegen soll, als zur Vertheidigung seiner Rechte und zum Schutz seiner Unterthanen. Der gerechte Krieg wird nicht anders, als wie der ungerechte geführt: alle kriegerischen Evolutionen geschehen hier wie dort, und dort wie hier; und wenn Folard entscheiden soll, so ist immer Cäsar der ungleich größere Held als Pompejus, obgleich jener sein Vaterland umzustürzen, dieser es aufrecht zu erhalten suchte. Eben also wird das sittliche Gedicht nicht anders, als wie das unsittliche geschrieben; und wenn es bloß auf dem Ausspruch eines kritischen Aristarch beruht, so ist immer Voltaire der unendlich bessere Dichter, als Racine der Sohn ist.

Wird aber dadurch jenen Maximen nur das Geringste von ihrer Wahrheit oder von ihrer Verbindlichkeit entzogen? Ich denke nicht, liebster Freund. Denn was für die Kriegskunst kein Grundsatz ist, das bleibt noch immer für den Krieger; was für die Dichtkunst keiner ist, das bleibt noch immer einer für den Dichter.

In theoretischen Wissenschaften, wo man nur die Dinge kennen lehrt, wie sie sind, macht man häufig Absonderungen der Begriffe, die man in die Wirklichkeit selbst nicht hinübertragen kann, ohne in Irrthümer zu fallen. In praktischen

Wiſſenſchaften, wo man uns vorſchreibt, was zu thun ſei, macht man ähnliche Abſonderungen: aber in die Wirklichkeit ſelbſt darf man ſie gleich wenig hinübertragen. Die Dichtkunſt ſchreibt freilich nur vor, was der Dichter zu thun hat, inſofern er nichts iſt als Dichter: aber iſt er denn in der That weiter nichts? Iſt er denn nicht auch Menſch? nicht auch Unterthan Gottes? nicht auch Glied der Geſellſchaft? nicht auch Bürger des Staats? Und inſofern er dies alles iſt, hat er nicht andre Pflichten, die wichtiger und nothwendiger ſind, mit jenen zugleich zu erfüllen? Er kann nie zu ſich ſagen: „Ich will jetzt nichts ſein, als Dichter, unbekümmert um meine andern Verhältniſſe." Wenn er dieſe Verhältniſſe nicht aufheben kann (und wie iſt es ihm möglich, daß er ſie aufhebe?), ſo kann er ſich auch nicht von den Pflichten, die ſie ihm auflegen, freiſprechen. Auch würden wir, ſeine Leſer, dieſe willkürliche Trennung ſeiner ſelbſt, dieſe ſpitzfindige Abſonderung ſeiner Verhältniſſe zu ahnden wiſſen. Inſofern er Dichter iſt, ſind wir nur ſeine Kunſtrichter: aber wir ſind auch ſeine Sittenrichter, inſofern er Menſch iſt; und wehe ihm, wenn ihm an dem Tadel des Sittenrichters weniger liegt, als an dem Spotte des Kunſtrichters.

So wie ich mich hier erklärt habe, mein Freund, bleibt der Unterſchied, auf den wir am Ende hinauskommen, nur ſehr geringe. In der Sache ſelbſt ſind wir nur wenig uneins; es iſt beinahe das Nämliche, was wir von einem Ariſtoteles wollen vorgetragen haben: wir ſtreiten nur noch, ob er es lieber in der Poetik vortragen ſoll, oder lieber in der Moral und Politik? Was er gethan hat, wiſſen Sie ſelbſt: und wenn es alſo auf Autoritäten ankommt, ſo habe ich die meinige ſo gut, wie Sie die Ihrige haben. Doch wenn ſie auch die Gedanken des Philoſophen, von dem Sie in Ihrem Briefe ausgehen, etwas genauer und in ihrem ganzen Zuſammenhange erwägen, ſo werden Sie finden, daß er eher auf meiner Meinung, als auf der Ihrigen ist, und daß ich seine Ideen nicht sowohl widerlegt, als vielmehr gesammelt und commentirt habe. Ich bin u. s. w.

(Mittheilung über den Inhalt dieses Briefs an die Freundin. — Briefliche Anfrage an den Lehrer über einiges Unverstandene in diesem Briefe. —

Ist etwas Unsittliches noch schön, kann also, was gegen die Moral streitet, wirklich Poesie sein? Eine andere Wendung obiger Frage oder ein Bedenken über obigen Brief — an den Lehrer.)

———o—·——

100.
Trost in Leiden.
W. v. Humboldt an eine Freundin.

Tegel, den 26. Januar 1830.

Sie müssen, liebe Charlotte, zwei Briefe von mir bekommen haben, die noch unbeantwortet sind. . . . Da ich aber weiß, daß Ihnen meine Briefe Freude machen, und ich gerade einige freie Zeit habe, so will ich Ihnen schreiben, ohne erst eine Antwort abzuwarten. Vielleicht bekomme ich dieselbe auch noch, ehe ich den Brief schließe, da heute noch eine Gelegenheit aus der Stadt herkommt. Es liegt mir sehr daran zu wissen, wie es Ihnen geht, und ob Sie die Ruhe und Heiterkeit wieder gewinnen, die ich Ihnen so sehr wünsche. Noch erfreulicher sollte es mir sein, wenn mein Antheil und meine Rathschläge in der That wirksam dazu beitrügen. Das Wahre und Eigentliche müssen Sie zwar selbst dazu thun. Denn es bleibt immer ein wahrer Ausspruch, daß das Glück im Menschen selbst liegt. Das Freudige, was ihm der Himmel verleihet, beglückt nur, wenn es auf die rechte Art aufgenommen wird, und das Bittere und

Herbe, das das Schicksal ihn erfahren läßt, steht in seiner Gewalt es sehr zu mildern. — —

Was auch gar keinen Trost zuläßt, wie es denn allerdings solche Unglücksfälle gibt, hat Gott noch die Wehmuth zu einer Art Vermittlerin zwischen dem Glück und dem Unglück, der Süßigkeit und dem Schmerz geschaffen. Sie macht den Schmerz zu einem Gefühl, das man nicht verlassen mag, an dem man hängt, dem man sich überläßt mit dem Bewußtsein, daß es nicht zerstörend, sondern läuternd, veredelnd in jeder Art, und auf jede Weise erhebend wirkt. Es ist ein Großes, wenn der Mensch die Stimmung gewinnt, alles, was ihn betrifft, bloß weil es menschlich ist, weil es einmal im irdischen Geschick liegt, dagegen anzukämpfen, aber zugleich so aufzunehmen, wie es sich mit der Bestimmung des Menschen, sich immer reifer und mannichfaltiger zu entwickeln, am besten vereint. Je früher man zu dieser Stimmung gelangt, desto glücklicher ist es. Man kann dann erst sagen, daß man das Leben wirklich erfahren hat. Und um des Lebens willen ist man doch auf der Welt, und nur was man in seinem Gemüthe durch das Leben errungen hat, nimmt man mit hinweg. Es ist ein sehr großes Glück, wenn man alles sein Denken und Empfinden an einen Gegenstand setzt. Man ist dann auf immer geborgen, man begehrt nichts mehr vom Geschick, nichts mehr von den Menschen, man ist sogar außer Stande, etwas anderes von ihnen zu empfangen, als die Freude an ihrem Glück. Man fürchtet auch nichts von der Zukunft. Man kann nicht ändern, was nicht zu ändern ist; aber das Eine, das Hangen an Einem Gedanken, Einem Gefühl, wenn es auch durch den grausamsten Schlag, der einen Menschen betreffen kann, nur zu dem Hangen an einer Erinnerung würde, das bleibt immer. Wer das stille Hangen an Einem Gedanken erreicht hat, besitzt alles, weil er nichts anderes bedarf und verlangt. Noch beruhigender und beglückender ist natürlich solches Hangen an Einem, wenn das

Eine nichts Irdisches, sondern das Göttliche selbst ist. Aber
auch im Irdischen ist solch ein treues, die ganze Seele ein-
nehmendes Hangen an Einem Gefühl immer von selbst auf
das gerichtet, was im Irdischen selbst nicht irdisch ist. Denn
das bloß Irdische ist nicht fähig, die Seele so auf sich zu
heften. Der Probierstein der Echtheit des Gefühls ist nur,
daß es von aller Unruhe frei, mit keiner Art des Begehrens
gemischt sei, daß es nichts verlange, nichts fordere, keine
andre Sehnsucht kenne, als in der Art, wie es ist, fortzu-
dauern. Darum ist das Gefühl für Verstorbene ein so süßes,
so reines, so der Sehnsucht hingegebenes Gefühl, das bis ins
Unendliche fortwährt, ohne sich je zu zerstören, in deren
Wachsthum selbst die Seele ohne Unterlaß Kraft gewinnt,
sich ihr in einer süßen Wehmuth zu überlassen. Sobald das
Gefühle für das Göttliche sind, sind es unstreitig die reinsten
und von aller irdischen Beimischung am meisten geläuterten.
Sie haben zugleich das Eigenthümliche, daß sie der Erde nicht
entfremden und doch allem Drohenden, Schmerzlichen, was
die Erde auch oft hat, den Stachel und den Wehrmuth be-
nehmen. Da der Gedanke an die Verstorbenen mit allem
dem zusammenhängt, was sie im Leben umgab, so sind sie,
statt vom Leben abzuführen, vielmehr immerfort Verknüpfungs-
mittel mit demselben; es gibt in jeder Lage noch immer
Gegenstände, an welchen man sich die Verstorbenen als theil-
nehmend und noch mit dem Leben verknüpft denkt. Diese
knüpfen auch den Zurückbleibenden noch an das Leben, aber
es ist eine Verknüpfung, die dem Leben das Schwere benimmt,
da man sich doch nicht mehr ganz als ihr angehörend betrachtet. Wenn die liebsten Gedanken alle jenseits des Lebens
sind, wenn das Leben keinen hat, der diesen die Wage halten
könnte, so kann, was man sonst im Leben zu fürchten pflegt,
einem irgend gegen irdische Schicksale Gewaffneten nicht sonderlich furchtbar erscheinen. Zeit und Ewigkeit verknüpft sich
im Gemüthe zu einer Ruhe, die nichts mehr stört. Ich

habe mir immer, ehe ich noch die Erfahrung selbst gemacht hatte, gedacht, daß es so sein müßte. Ich habe es nie für möglich gehalten, daß es für einen wahren Verlust auch nur einen scheinbaren Ersatz geben könnte. Jetzt empfinde ich das wörtlich, da das Loos mich getroffen hat. Ja, ich werde mit großer Freude gewahr, daß sich die wahre und richtige Einwirkung, die solcher Verlust haben muß, mit der Zeit immer vollkommener und mächtiger entfaltet, wie die irdische Macht tiefer wird, je länger sie währt. Die Freude, die man am nächtlichen Dunkel hat, und für die ich immer sehr empfänglich gewesen bin, ist dieser Empfindung ähnlich. Man ist allein und will allein sein, man gewahrt äußerlich nichts und innerlich regt sich ein doppeltes Leben. Der Tag ist gewesen und der Tag wird wiederkehren.

Es ist ein schrecklicher Winter in diesem Jahr und noch durchaus keine Aussicht, daß das bald anders werden und sich milder lösen will. Wenn man die viele Noth bedenkt, die es mit sich führt, so ist das sehr beklagenswerth. Allein sonst ist mir keiner so leicht gewesen. Dies liegt in der Ruhe und Einsamkeit, worin ich lebe. Ich gehe alle Tage spazieren, allein außerdem verlasse ich die drei aneinanderstoßenden Zimmer, die ich allein bewohne, nie, und der Anblick der unberührten Schneeflächen und des unendlichen Glanzes, den die Sonne, deren Auf= und Untergang ich von meinen Fenstern aus sehe, und Abends Mond und Venus und die andern Sterne über die Schneeflächen und den gefrornen See ausstrahlen, ist unbeschreiblich. — Leben Sie recht herzlich wohl und bleiben Sie meiner aufrichtigen und innigen Theilnahme versichert. Ganz der Ihrige.

(Ueber einen Trost, welchen v. Humboldt gefunden hat, an die Freundin, welche die tiefe Schwermuth, in welche sie der Tod ihres Bruders versetzt hat, erst gar nicht überwinden und in Wehmuth mildern kann.—)

101.

Ueber Tod und Auferstehung.

W. v. Humboldt an eine Freundin.

Tegel, im October 1832.

Ich habe, liebe Charlotte, Ihren Brief vom 2. October vor einigen Tagen erhalten und er hat mich aufs neue erfreut, und ich danke Ihnen herzlich dafür.

Was sagen Sie zu diesem prachtvollen Wetter? Man kann unmöglich es so ungerührt an sich vorübergehen lassen. Indeß liebe ich an unserm nördlichen Klima das, daß die Jahreszeiten sich von einander unterscheiden und nicht in Gleichförmigkeit in einander fließen. In südlichen Ländern ist das nicht so, der Frühling trennt sich nicht, wie bei uns, vom Winter, er ist mehr nur der noch mildere Theil desselben. Gerade aber der Uebergang aus der Erstarrtheit und der Dumpfheit des Winters in die heitere Lauigkeit des Frühlings macht einen tiefen und anregenden Eindruck auf das Gemüth. Verbunden mit dem Herbst, durch den hindurch die Natur in die Gebundenheit des Winters übergeht, schließt sich der Wechsel und die Folge dieser drei Jahreszeiten an die großen Ideen an, die dem Menschen immer die nächsten sind, das Erstarren im Tode und das Auferstehen zu neuem Leben. Was man um sich sieht und empfindet, und was einer in der innern Tiefe seines Gemüths denkt, stellt unter ganz verschiedenen Formen immer dieser Wechsel und diese Uebergänge dar. Am lebendigsten aber thut es die Natur in den Jahreszeiten, in allem Begraben des Samens in die ihn mütterlich verdeckende Erde, und dem wieder Hervorkeimen aus derselben und vielen andern Erscheinungen, die man symbolisch und allegorisch also deuten und darauf hinziehen kann. Es ist der große Gedanke der Natur selbst, die nur dadurch besteht, daß sie sich ewig wieder erneuert. Wäre man immer recht durchdrungen von dieser Idee, so würde man sehr oft seinen Handlungen, Empfindungen und Gedanken eine andre Richtung geben, als man jetzt oft thut. Man würde nämlich fühlen, daß alles darauf hinausgeht, eine gewisse Reife zu erlangen, mit welcher allein jener Uebertritt aus dem gebundenen und unvollkommenen Zustande in den freieren und unvollkommneren gedacht werden kann. Denn man kann sich doch das Sterben und wieder zu neuem Dasein Erstehen nicht bloß zufällig geschehend oder auf irdische Ereignisse berechnet vorstellen. Das Verlassen dieses Lebens steht gewiß, es geschehe früh oder spät, in unmittelbarer Beziehung auf das innere Wesen des Dahingehenden, und ist immer ein Zeichen, daß nach der Erkenntniß, der nichts verborgen ist, eine fernere Entwickelung auf dieser Erde dem Scheidenden nicht mehr vortheilhaft war. Ebenso kann auch der Tod nicht auf alle gleiche Wirkungen haben, den, welcher im Leben mehr und höher zu geistiger Stärke gereift war, nicht so, wie den führen und stellen, der darin zurückgeblieben. Der Tod und das neue Leben ergreifen nur immer das für sie Gereifte. So muß also auch der Mensch diese Reife in sich befördern, und die Reife für den Tod und das neue Leben ist nur eine und ebendieselbe. Denn sie ist eine Trennung vom Irdischen, eine Gleichgültigkeit gegen irdischen Genuß und irdische Thätigkeit, ein Leben in Ideen, die von aller Welt entfernt sind, ein sich Losreißen von dem Sehnen nach Glück, es ist mit einem Wort die Stimmung, daß man unbekümmert um die Art, wie man hier vom Schicksal behandelt wird, nur auf das Ziel sieht, dem man zustrebt, daß man also Stärke und Selbstverleugnung übt und wachsame Herrschaft über sich selbst. Daraus entsteht die heitre, furchtlose Ruhe, die, nichts Aeußeres bedürfend, sich wie ein zweiter Himmel, ein geistiger, neben dem körperlichen in unbewölkter Bläue über den so in sich gestimmten Menschen ausbreitet. — —

Der Mensch hat sich, wenn er irgend ein innerliches Leben gelebt hat, ein geistiges Eigenthum von Ueberzeugungen, Gefühlen, Hoffnungen, Ahnungen gebildet. Dies ist ihm sicher, ja, im eigentlichen Verstande unentreißbar. Kann er darin sein Glück, seine Beruhigung, seine stille Heiterkeit finden, so ist ihm diese gesichert und geborgen, wenn seine Stimmung auch wehmüthig bleibt. Denn jeder Gegenstand edler Wehmuth schließt sich willig an den eben genannten Theil an. Sobald man überhaupt irgend etwas, was das Gemüth ergreift, in das Gebiet geistiger Thätigkeit hinüberführen kann, wird es linder und mischt sich auf eine sehr versöhnende Weise mit allem, was uns eigenthümlich ist, wovon wir, wenn es auch schmerzte, uns nicht trennen könnten, ja nicht trennen möchten. Ich meine aber unter geistiger Thätigkeit nicht die Vernunft. Diese könnte ein fühlendes Gemüth nur zu starrer Resignation bringen, die immer eine Ruhe des Grabes ist und nicht die schöne lebendige Heiterkeit gewähren kann, von der ich hier rede. Die rein geistige Wirksamkeit hat aber ein viel weiteres Gebiet und verschmilzt mit der Empfindung gerade zu dem Höchsten, dessen der Mensch fähig ist, und diese Verschmelzung enthält das wahre Mittel aller hülfreichen Beruhigung. Der Gedanke verliert in ihr seine Kälte und die Empfindung wird auf eine Höhe gestellt, auf der sich die verletzende einseitige Beziehung auf das persönliche Selbst und den Augenblick der Gegenwart abstumpft.

(Das Naturleben ein Symbol des Menschenlebens — Gedanken am Grabe einer Mitschülerin an deren und die eigene entfernte Freundin.— Gespräch eines Tropenbewohners und eines Deutschen über die Jahreszeiten.)